디지털 시민성 핸드북

디지털 시민성 핸드북

추병완·김하연·최윤정·정나나·신지선 지음

한국문화사

이 책은 춘천교육대학교 시민교육 사업단의 올해년도 연구 과제를 수행한 결과를 담은 것이다. 춘천교육대학교 시민교육 사업단은 교육부와 한국연구재단의 예산 지원을 받아 2019년부터 2022년까지 4년 동안 예비 교사의 시민교육 역량 강화를 위한 다양한 사업을 수행하는 중이다. 춘천교육대학교 시민교육 사업단은 디지털 시민성, 생태 시민성, 다문화 시민성, 글로벌 시민성, 민주 시민성이라는 Big five 시민성의 함양에 도움을 주는 교수 · 학습 지침서를 개발하는 연구를 수행하고 있으며, 이 책은 그러한 연구 활동의 첫 번째 결실이다.

디지털 시민성은 디지털 사회에서 시민이 갖추어야 할 필수 자질이나 역량을 의미한다. 디지털 시민성을 강조하는 많은 사람은 디지털 시민성이 시민성의 새로운 형태라고 강조한다. 전통적인 의무 지향적 시민성 개념에서 벗어나 자기실현이나 시민 참여를 강조한다는 점에서 디지털 시민성은 분명히 새로운 형태의 시민성이라고 말할 수 있다. 그렇다고 해서 디지털 시민성에 대한 논의가 전통적인 시민성에 대한 논의로부터 완전히 자유롭고 독립적인 새로운 형태라고 볼 수만은 없다. 이미 기존의 시민성 논의에서도 인터넷 윤리, 시민 참여와 같은 디지털 시민성의 요소들이 충분히 강조되어 왔기 때문이다.

우리는 이 책에서 디지털 기술을 안전하고 책임 있게 그리고 윤리적으로 활용할 줄 아는 시민을 양성하기 위한 구체적인 교수 · 학습 지침을 개발하는 데 초점을 맞추었다. 특히 이 책에서는 디지털 시민성을 함양하기 위한 교수 · 학습 지침으로서 STAR 전략을 제시하였다. 그 이유는 디지털 시민성을 함양하기 위해서는 디지털 시민성에 관한 기술(Skill) 연습이나 훈련, 사고(Thinking)를 촉진하는 활동, 주요 가치나 개념을 인식(Awareness)하게 하는 활동, 역할 모델링(Role-modeling)을 위한 다양한 기회 부여 등이 종합적·포괄적으로 이루어질 필요가 있기 때문이다. 이에 우리는 영어의 머리글자를 따서 이것을 STAR 전략이라고 부르기로 결정하였다.

이 책은 크게 보아 두 부분으로 구성되어 있다. 하나는 디지털 시민성에 관한 이론적 토대를 제공하는 것이다. 여기서는 디지털 시민성에 관한 다양한 이론적 논의를 다루었다. 다른 하나는 STAR 전략에 따른 디지털 시민성의 구체적인 교수·학습 사례를 세부 기법을 활용하여 제시하는 것이다. 디지털 시민성을 위한 교수·학습 지침서 개발이라는 미지의 영역을 개척하려고, 우리는 이 책의 집필에서 철저하게 집단 지성의 힘에 의존하였다. 우리는 카카오톡을 활용한 실시간 대화 및 개별 원고에 대한 비판적 검토와 더불어 오프라인 만남을 통한 브레인스토밍 및 다양한 협력 활동을 통해 이 책을 완성할 수 있었다. 연구 기간이 4개월로 제한되어 우리가 구상한 것을 이 책에 충분히 담아내지 못한 것이 다소 아쉽기는 하지만, 앞으로 다문화 시민성, 글로벌 시민성, 생태 시민성의 교수·학습 지침서를 개발하기 위한 토대를 마련했다는 점에서 위안으로 삼고자 한다.

우리는 디지털 기술이 개인에게 신체적·정신적으로 더욱 만족한 삶을 영위하고, 사회적으로 더욱 건설적이고 참여 지향적인 삶을 영위하는 데 정말 유용한 도구가 되기를 기대한다. 그리고 디지털 시민성은 디지털 기술이 우리에게 정말 유용한 도구가 될 수 있게 만드는 시민의 자질이자 역량이라고 우리는 굳게 믿는다. 이 책은 지금까지 디지털 시민성에 관한 국내외 많은 연구 결과에 대한 분석을 통해 이루어진 것이기에, 우리의 작업에 도움을 준 수많은 선행연구를 수행한 모든 연구자와 기관에게 마땅히 고마운 마음을 전해야 한다. 끝으로, 우리의 연구 성과를 한 권의 책으로 만들어 준 한국문화사 관계자 분에게 깊이 감사드린다.

2019년 10월
저자를 대표하여, **추병완**

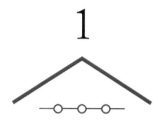

디지털 시민성의
이론적 토대

1강 디지털 시대에서의 시민성   13

   1. 시민과 시민성의 개념   14

   2. 디지털 시대에서 시민성 개념의 변화   22

2장 디지털 시민성의 개념과 중요성   33

   1. 디지털 시민성의 개념 정의   33

   2. 디지털 시민성의 중요성   58

3장 디지털 시민성을 위한 교육   62

   1. 비전을 세우기   63

   2. 포괄적 접근법을 채택하기   65

   3. 민주적이고 안전한 학교 문화를 만들기   65

   4. 기본 원칙에 충실하기   66

   5. STAR 기법을 활용하기   69

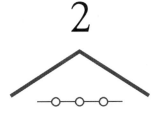

2

디지털 시민성의
교수·학습 방법

4장 기술 훈련(Skills training)　　　　　　　　　　　　**77**

1. 비판적 사고 ··· 77
   Skill-training 디지털 시민성과 비판적 사고　　　　**88**
2. 도덕적 창의성 ·· 98
   Skill-training 디지털 시민성과 도덕적 창의성　　**111**
3. 사이버 의사소통 능력 ·· 124
   Skill-training 디지털 시민성과 사이버 의사소통 능력　　**135**

5장 사고 능력(Thinking ability)　　　　　　　　　　　　**151**

1. 우선순위 정하기 ··· 151
   Thinking ability 건강한 미디어 생활　　　　　　**154**
2. 토론하기 ··· 163
   Thinking Ability 온라인에서 가짜 계정 사용하기의 장단점　　**166**
3. 뉴스 리터러시 교육 ··· 176
   Thinking ability 온라인 뉴스 읽기　　　　　　　**182**

4. 건설적 논쟁 ··· 191
  Thinking Ability 소셜 네트워킹 사이트는 건강한 삶에 좋은가? 195

6장 인식(Awareness)   210

1. 온라인 참여 ··· 210
  Awareness 참여하는 디지털 시민 되기   219
2. 윤리를 가르치기 ··· 226
  Awareness 디지털 윤리 가르치기   235
3. 향상 프로젝트 ··· 242
  Awareness 디지털 격차 해소를 위한 향상 프로젝트   249

7장 역할 모델링(Role-modeling)   256

1. 관찰 학습(observational learning) ······················ 256
  Role-modeling 디지털 시민성과 관찰학습   267
2. 고양(elevation) ·· 276
  Role-modeling 디지털 시민성과 고양   280
3. 모범 감화 ··· 290
  Role-modeling 디지털 시민성과 모범 감화   294
4. 도덕적 전문성 ··· 300
  Role-modeling 디지털 시민성과 도덕적 전문성   309

찾아보기 ··· 320

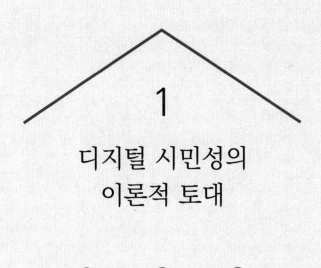

1

디지털 시민성의
이론적 토대

1장
디지털 시대에서의 시민성

추병완(춘천교대)

오늘날 우리는 기술 혁명의 시대에 살고 있다. 기술 발전이 사회에 지대한 영향을 미치는 일이 발생할 때, 우리는 그것을 일컬어 기술 혁명이라고 한다. 디지털 기술은 기술 혁명을 일으키고 있는 여러 가지 기술 가운데 가장 대표적인 것이다. 인류는 지금까지 모두 3차례의 기술 혁명을 경험하였다. 지금 우리는 4번째의 기술 혁명 시대에 살고 있으며, 이것을 흔히 4차 산업혁명이라고 부르기도 한다. 4차 산업혁명은 주요 기술의 융합을 특징으로 한다.

지금까지 우리가 경험한 기계 혁명, 에너지 혁명, 디지털 혁명과 달리 4차 산업혁명은 속도, 범위, 시스템의 영향을 주요 특징으로 한다. 첫째, 속도의 측면에서 볼 때, 인류가 전혀 경험하지 못한 빠른 속도의 획기적 기술 진보가 이루어질 것이다. 둘째, 범위의 측면에서 볼 때, 각국의 모든 산업 분야에서 와해성 기술(disruptive technology)에 의한 대대적인 재편이 이루어질 것이다. 여기서 와해성 기술은 기존 기술 및 시장을 무력화시키는 급진적 기술로서 첨단기술에 의한 것뿐만 아니라 제품 가치와 시장, 경쟁 요소의 변화를 통해서 시장 판도를 재편하는 기술을 말한다. 셋째, 시스템의 영향 측면에서 볼 때, 생산 · 관리 · 지배 구조 등을 포함하여 전체적으로 시스템의 큰 변화가 이루어질 것이다. 4차 산업 혁명에서는 3D 프린팅, 사물 인터넷(IoT), 바이오 공학 등이 부상하며, 이들 주요 기술이 융합하여 더욱 새로운 기술을 창출할 것이다. 물리학적 기술에서는 무인 운송 수단, 3D 프린팅, 로봇 공학 등, 디지털 기술에서는 사물 인터넷, 빅 데이터 등, 생물학적 기술에서는 유전 공학 등이 부상할 것으로 보인다(현대경제연구원, 2016: 3).

우리는 1990년대 중반부터 정보 통신 기술이 유발하는 순기능과 역기능을 몸소 체험하며 살아왔다. 4차 산업혁명 시대에서 디지털 기술은 다른 기술과의 융합을 통해 더욱 진화된 형태로 우리의 삶에 수많은 영향을 줄 것이 분명하다. 온라인과 오프라인의 구분은 점점 무색해지고, 온라인에서 이루어지는 삶의 비중은 날로 커질 것이 분명하다. 이렇듯 삶의 디지털화가 심화될수록 디지털 기술이 주도하는 사회적 변화에 능동적이고 적극적으로 대처하는 시민의 자질과 역량이 지닌 중요성은 커질 수밖에 없다. 디지털 시민성은 바로 이러한 시대적 고민에서 등장한 새로운 개념이다.

1. 시민과 시민성의 개념

오늘날 우리는 스스로를 시민(citizen)으로 규정한다. 하지만 '시민이란 무엇인가?'라는 질문을 받았을 때, 시민은 이런 사람이라고 자신 있게 대답할 수 있는 사람은 그리 많지 않다. 도대체 시민이란 무엇인가? 시민은 어원적으로 폴리스(polis)나 치비타스(civitas)에 속하는 구성원의 의미를 갖고 있다. 시민은 구성원으로서의 권리를 향유하고 의무를 떠맡는 정치 공동체의 구성원을 의미한다. 유럽 평의회는 '한 사회 안에서 공존하는 사람'을 일컬어 시민이라고 규정한다(O'shea, 2003: 8). 유럽 평의회는 국민국가에 권한이 집중되던 시기가 막을 내림에 따라 시민에 대하여 더욱 전체론적인(holistic) 개념 정의가 필요함을 인정한다.

시민에 대한 이렇듯 폭넓은 이해는 우리가 함께 사는 방법을 탐구할 수 있는 잠재적인 새로운 모델을 제안한다. 그러므로 도전은 국민국가의 경계를 넘어서서 공동체의 개념으로 나가는 것이다. 이때 공동체는 개인이 살고 있는 국지적, 국가적, 지역적, 국제적 맥락을 포괄한다. 리블(Ribble, 2011: 7)은 "보편적인 의미에서 볼 때, 시민이라는 용어는 더 큰 국가나 집단에 충성을 보이고, 그 집단의 모든 구성원에게 주어진 권리와 책임을 공유하는 원주민 또는 귀화자로 정의된다."고 제안했다. 이렇듯 시민은 일정한 사회적 기대에 구속되어 있으며, 사회가 긍정적인 방식으로 운영되기 위해서는, 개별 시민이 규칙이나 법을 준수할 뿐만 아니라 그러한 기대에 부합하는 삶을 영위해야 한다. 따라서 시민이라는 용어는 지위와 역할 개념을 포함한다.

한편 시민성(citizenship)이라는 단어는 시민이 갖추어야 할 자질, 조건, 자격을 의미한다. 영어의 citizenship은 맥락에 따라 시민권, 시민성, 시민의식 등 여러 단어로 번역되지만, 이 책에서 우리는 가장 보편적으로 사용되고 있는 시민성이라는 개념으로 통일하여 사용할 것이다.

전통적으로 시민성 개념은 세 가지 주요 요소나 차원으로 구성된 것으로 여겨져 왔다(Carens, 2000: 168). 첫째는 시민적 · 정치적 · 사회적 권리로 정의되는 법적 지위로서의 시민성이다. 여기서, 시민은 법에 따라 자유롭게 행동하고 법의 보호를 주장할 수 있는 권리를 가진 법인(legal person)이다. 두 번째는 시민성을 한 사회의 정치 제도에 적극적으로 참여하는 정치 행위자로 고려한다. 세 번째는 시민성을 정체성의 분명한 원천을 제공하는 정치 공동체의 성원으로 규정한다. 이렇듯 시민성에 관한 전통적인 논의는 법률, 정치, 정체성의 맥락에서 논의되었다.

오늘날 일부 학자는 시민성을 개인이 사회 안에서 존재하는 방식을 중심으로 규정하기도 한다. 시민성 개념은 한 개인이 사회 안에서 인식할 수 있고, 자신의 존재에 필수적인 4개의 차원에서 설명될 수 있다(Schreiner, 2013: 9). 첫째, 시민성의 정치적 차원은 정치 체제에 대한 정치적 권리와 책임을 말한다. 이 차원의 발전은 정치 체제에 대한 지식 그리고 민주적 태도와 참여 기술의 촉진을 통해 이루어진다. 둘째, 시민성의 사회적 차원은 사회에서 대인 관계 행동과 관련되고, 모종의 충성심과 연대성을 요구한다. 사회적 기술 그리고 사회적 관계에 대한 지식이 이 차원의 발전을 위해 필요하다. 셋째, 시민성의 문화적 차원은 공동의 문화유산에 대한 의식을 의미한다. 문화적 차원은 공동의 문화유산에 대한 지식 그리고 역사와 기본 기술(언어 역량, 읽기, 쓰기)에 대한 지식을 통해 발전할 수 있다. 넷째, 시민성의 경제적 차원은 개인과 노동 시장 및 소비자 시장과의 관계를 다룬다. 이것은 일할 권리와 최저 생존 수준 권리를 함의한다. 경제적 기술(직업 관련 활동 및 여타의 경제적 활동)과 직업 훈련은 경제적 차원의 구현에서 필수적인 역할을 수행한다.

정치 철학에서 시민성에 관한 논의는 주로 자유주의 모델(liberal model)과 공화주의 모델(republican model)을 통해 전개되어 왔다. 정치 철학에서 시민성은 개인과 정치 공동체 사이의 관계를 나타낸다. 시민의 지위를 가지고 있거나 또는 획득한 사람은 어느 정도의 권리를 누리는 동시에 어떤 의무를 수행해야 한다. 권리는 시민 각자에게 부여되고 보호되며, 의무는 정치계와 그 구성원에 의해 요구되고 집행된다. 무엇보다 시민은 공동체의 정치 생활에 참여할 권리가 있다. 하지만 정치적 참여가 의무인지의 여부는 여전히 논란거리다. 자유주의 모델에서 참여는 시민이 하고 싶은 대로 또는 하고 싶을 때 참여할 수도 있고 하지 않을 수도 있는 활동임을 암시한다. 하지만 공화주의는 시민성에 대한 견해를 적극적인 참여에 두고 있으며, 이것은 좋은 시민성의 주된 특징이 된다. 이에 대해 더 자세히 살펴보기로 하자.

공화주의 모델의 근거는 아리스토텔레스, 키케로, 마키아벨리, 루소 등과 같은 여러 학자 및 고대 그리스 민주주의와 로마의 공화정으로부터 이탈리아의 도시국가와 노동자 평의회에 이르는 독특한 역사적 경험에서 찾을 수 있다. 공화주의 모델의 핵심 원리는 관직을 교대로 수행하는 경우처럼 고전적인 제도와 관행에 체화되어 있는 시민의 자치(civic self-rule)라고 할 수 있다. 이것은 지배를 하고 지배를 당하는 것으로 시민을 규정했던 아리스토텔레스의 사상을 잘 반영한 것이다. 아리스토텔레스는 임기가 일정하지 않은 관직과 법정에 참여하는 사람을 일컬어 시민이라고 규정했다. 시민은 심의와 사법적인 관직에 교대로 참여할 수 있는 사람을 의미한다. 아리스토텔레스는 시민이라는 명칭은 관직과 국가의 명예에 참여할 수 있는 자들에게만 특별히 적용될 수 있음을 분명하게 말했다(Aristotle, 1275a: 8).

시민의 자치는 루소의 사회계약 프로젝트에도 잘 나타나 있다. 그것은 시민을 자유롭게 하고 법을 정당하게 해 주는 일반의지를 통해 법을 공동으로 제정하는 것이다. 루소는 스스로가 규정한 법에 복종하는 것이 바로 자유라고 굳게 믿었다(Rousseau, 1978: 56). 심의와 의사결정 과정에 적극적으로 참여하는 것은 개인이 신민이 아닌 시민임을 보증한다. 이런 의미에서 공화주의 모델은 정치 행위자로서 시민성의 차원을 강조한다고 볼 수 있다.

자유주의 모델의 기원은 로마 제국과 로마법에 대한 초기 근대적 성찰에서 찾을 수 있다(Walzer, 1989: 211). 로마 제국의 확장은 시민권을 정복된 사람들에게까지 확대시켜 그 개념의 의미를 심오하게 변화시키는 결과를 낳았다. 따라서 시민성은 시민으로서의 권리를 공식화하거나 또는 실행하기보다는 법에 의해 그 권리를 보호받는 것을 의미했다. 시민성은 일상생활의 사실이라기보다는 법적 지위가 되었다(Walzer, 1989: 215). 자유주의 모델에서 시민성의 초점은 법적 지위다. 오늘날 이것은 공유된 또는 공통의 법률 공동체의 성원이 되는 것을 의미한다. 그리고 이때의 공동체는 영토상의 공동체와 동일할 수도 있고 동일하지 않을 수도 있는 것이다(Pocock, 1995: 37). 로마의 경험은 시민성의 법적 차원이 잠재적으로 포용적이고, 무한정으로 확장 가능한 것임을 보여준다. 17세기 이후에 더욱 발전한 자유주의 전통은 시민성을 주로 법적 지위로 이해하였다. 정치적 자유는 다른 개인이나 권위 당국의 간섭으로부터 개인의 자유를 보호하는 수단으로서 중요하다. 그러나 시민은 정치적 영역보다는 주로 민간단체와 애착의 세계에서 이러한 자유를 행사한다.

자유주의 모델에서 시민은 모든 것을 스스로 결정할 수 있는 자율적인 존재다. 개별 시민은 각자 자신에게 주어진 자유를 어떻게 활용할 것인지를 스스로 결정할 수 있다. 이때 사회의 다른 사람이 어느 정도 영향을 줄 수는 있지만, 기본적으로 그는 스스로 결정하는 존재다. 따라서 그는 공적 영역이나 공공 생활에 적극적으로 참여하기로 결정할 수도 있지만 참여하지 않기로 결정할 수도 있다. 공화주의 모델에서 시민은 자신의 이해관계만을 추구하는 이기적 존재가 아니라 공동의 이해관계와 공동선을 추구할 줄 아는 존재다. 따라서 시민은 자치와 공동선을 구현하기 위한 공동의 결정을 내리는데 참여하려는 시민성을 함양해야 한다. 공화주의 모델에서 시민성은 공공 생활에 대한 헌신과 참여를 특징으로 하므로 기본적으로 사적인 영역에서 사회적 투쟁을 무시한다. 자유주의 모델에서는 개인과 그 개인의 권리를 중요하게 여기는 반면에, 공화주의 모델에서는 공동선과 이에 필요한 구성원의 의무와 참여를 강조한다. 자유주의 모델에서는 공공의 이익이 확보되기 어려운 것이 문제점인 반면에, 공화주의 모델에서는 공동선을 빌미로 자칫 개인에게 희생을 요구할 수도 있다는 점이 문제점으로 지적되어 왔다.

1970년대 이후로 페미니스트 이론가는 사적인 분야와 공적인 분야를 엄밀하게 구분하려는 공화주의 모델과 자유주의 모델의 공통된 가정을 신랄하게 비판하였다. 그들의 비판은 정치와 시민성에 대한 대안적 개념의 발전에 추진력을 실어주었다. 고전적 공화주의 모델은 공적 · 정치적 영역을 자유와 평등의 영역으로 보았다. 자유인의 남성 시민만이 자신의 동료와 교류하고 공동선을 심의하면서 무엇이 정의롭거나 정의롭지 못한 것인지 그리고 무엇이 유리하거나 해로운 것인지를 결정한다(Aristotle, 1253a: 11). 정치적 공간은 필요와 불평등의 영역으로 정의되는 사적 영역으로부터 보호되어야 한다. 사적 영역은 폴리스의 물질적 재생산을 안전하게 보장할 수 있어야 한다. 여성은 이러한 생식이나 재생산의 자연 세계와 밀접하게 연관되어 있기에 시민으로서의 권리를 부여받지 못한 채 가정에 전념할 수밖에 없었다.

페미니스트 이론가는 이러한 경직된 구분을 신화적인 것이라고 비판했다. 왜냐하면, 공화주의 모델이 전제하는 분리 그 자체 및 가정에 대한 매우 불평등한 개념 자체가 공적 영역에서 내려진 정치적 결정의 결과이기 때문이다(Okin, 1992: 60). 만약 그러한 구분이 표면적으로 모든 시민이 서로 동등한 입장에서 관계를 맺는 것을 가능하게 했다면, 페미니스트는 그것이 과연 이 목표를 달성하는 이상적인 방법이었는지를 의심한다. 따라서 오킨은 공화주의자에게 다음과 같이 질문하였다. "어느 쪽이 서로 동등하게 행동할 수 있는 더 나은 시민을 배출할 것 같은가?"(Okin, 1992: 64). 평등주의에 근거한 가정은 폭정을 위한 학교처럼 조직된 가정보다 평등한 시민을 위해 훨씬 더 비옥한 땅이다. 이것이 정치적 공간은 사물의 세계에서 절연되어 존재할 수 없다는 것을 의미한다면, 거기엔 큰 손실이 없다.

자유주의 모델은 그것의 한 부분으로서 사적인 영역에 우선권을 준다. 정치적 자유는 도구적인 용어로 여겨진다. 개인의 공식적인 권리는 외부의 간섭으로부터 사적인 영역을 확보하여, 그들의 특정한 이익을 자유롭게 추구할 수 있게 한다(Dietz, 1998: 380-381). 그러나 로크 학파의 평등한 개인주의라는 중립적인 언어는 여성의 종속이라는 실체를 감추고 있다. 아내는 자연스럽게 남편에게 종속되는 것으로 묘사되기 때문에 여성의 영역은 '남성의 재산'으로 읽혀질 수 있다. 여기서도, 사적 영역과 공적 영역의 구분은 여성이 대중에게 접근하는 것을 방해하였다(Okin, 1991: 118).

공적인 것과 사적인 것이 존재하고 있고, 항상 밀접하게 연결되어 있기 때문에(Okin, 1992: 69), 페미니스트 이론가의 비평의 결과는 단순히 여성이 개인이라는 것을 인식하는 것이거나 또는 그들 역시 시민이 될 수 있다는 것을 인정함으로써 시민성의 모델을 만드는 것이 아니다. 오히려 우리는 법과 정책이 어떻게 개인적 상황(예: 강간과 낙태에 관한 법률, 보육 정책, 복지 혜택 배분 등)을 구성하고, 어떻게 일부 '개인적 문제'가 더 넓은 의미를 가지며, 정치적 행동을 통해서만 집단적으로 해결될 수 있는

지를 보아야 한다(Pateman, 1989: 131). 이것은 그러한 구분을 무관하게 만들지 않으며 범주를 붕괴시키지도 않는다. 그러나 그것은 공적인 것과 사적인 것의 경계를 변화와 경쟁에 종속되는 하나의 사회적 구성으로 보아야만 하고, 그것의 위계적 특성화에 저항해야 한다는 것을 의미한다.

만약 우리가 공화주의와 자유주의 모델을 특징짓는 추상화를 폐기한다면, 시민은 정치적 사자 가죽을 벗어버리고(Pateman, 1989: 92) 젠더, 계급, 언어, 인종, 민족, 문화 등의 차이에 의해 특징지어지는 하나의 사회적 세계에 위치한 존재로 나타난다. 정치가 사적·사회적·경제적 삶으로부터 격리될 수 없고 격리되어서도 안 된다는 것을 받아들이는 것은 정치적인 것을 해산시키는 것이 아니라, 어떤 것이든 시민이 선택한 대로 정치적인 것이 되기 때문에 오히려 그것을 되살리는 것이다. 정치에 대한 이러한 맥락적인 개념은 시민성에 대한 보편주의 모델을 겨냥한 비판의 많은 부분을 우리에게 알려주고, 여러 학자가 차별화된 대안을 형성하는 데 많은 영감을 주었다.

시민성 개념은 세계화의 영향 아래 20세기 후반부터 더 복잡해졌다. 교통과 통신 기술의 진보는 경제 협력과 통합, 정책 동화, 지식 전수, 국가 간 문화 안정, 세계 권력의 재분배에 영향을 주면서 국가 간의 상호작용을 크게 촉진하였다. 세계화 과정은 국가 시민성 및 문화 시민성 개념에 도전하는 가운데 인구 이동과 경제적, 사회적 협력의 영향은 또한 유럽 연합(EU) 회원국 내의 초국가 시민성처럼 협력 지역 내에서 세계 시민성의 출현으로 이어졌다. 이러한 상황에서 시민성의 권리와 특권은 보다 거시적인 수준으로 확대되었다. 예를 들어 유럽 연합의 경우처럼 지역 공동체의 회원국 국민에게 이동의 자유를 부여하거나 또는 세계보건기구(WHO)를 통한 의료 정보와 지식 공유의 경우처럼 초국가적 조직 구성원들 간의 지식과 전문 지식을 공유하는 것이다. 세계 시민은 자신의 모국만이 아니라 더 큰 협력 공동체에 대한 책임을 지게 되었다. 권리의 개념도 세계화의 결과로 말미암아 국민국가의 한계를 넘어서고 있다. 이에 따라 기본권(basic rights)과 가능권(enabling rights)이라는 2차원적인 틀이 제안되었다. 전자는 인권, 시민권, 민주 정치적 귀결(corollaries)로 구성되며, 후자는 사람들에게 기본권을 행사할 수 있는 능력을 부여하는 데 필요한 사회 서비스 및 복지 같은 사회적 권리로 구성된다. 이는 세계 시민사회와 세계 시민성을 위해 노력하는 이념에서 비롯된다.

국제 범죄, 불법 이민, 환경 파괴 등과 같은 세계화의 부정적인 영향 역시 다각적인 차원에서 활동하는 국제기관과 규제 기관의 조정, 규제, 중재 역할에 대한 요구를 어느 정도 유발하였으며, 이것은 개별 국가의 주권을 어느 정도 훼손하는 가운데 시민성을 국가적인 영역에서 좀 더 세계적인 수준으로 이동시키는 결과를 낳았다. 대표적인 사례가 기후 변화에 대처하기 위한 생태 명법(ecological imperative)인데, 이것은 개별 국가가 지구 생태계 규정을 준수할 것을 요구한다. 규제 대상 국가의 시민은 국제 환경 규정에 위배된다고 판단될 경우 정부의 결정에 이의를 제기하는 등 환경 보호를 위한 조치를 취할 책임이 있다. 요컨대, 세계화 과정을 통해 국민국가 주권의 일부 요소는 지역 공동체, 국제기구 또는 초국가적 기관으로 상향 이동되거나 또는 개방적 시장 경제로 하향 이동되었다(Law, Chow & Fu, 2018: 56-57).

2. 디지털 시대에서 시민성 개념의 변화

지속적인 세계화 과정과 더불어 인터넷을 비롯한 디지털 기술의 발전은 시민성의 개념에 적잖은 변화를 가져왔다. 퍼트남(Putnam, 2000: 31)

을 비롯한 일부 학자는 정치 참여와 시민 관여가 날로 줄어들고 있고, 이 것은 민주주의의 근본 토대를 파괴하는 것이라고 여겼다. 그들은 많은 사람 특히 젊은 세대가 투표에 참여하거나 또는 배심원으로 참여하는 것과 같은 정치 참여를 더 이상 의무로 여기지 않는다는 사실에 주목하였다. 퍼트남은 미국 사회의 세대 간 차이를 정치 참여에 매우 부정적인 현상으로 규정하였다. 그는 TV나 인터넷을 통해 사람들의 여가 시간을 개인화하는 기술이 사회 자본 붕괴의 주된 원인이라고 본다.

퍼트남은 타인에 대한 신뢰, 즉 사회 신뢰(social trust)는 사회 자본(social capital)의 핵심적인 구성 요소로서 공동체에 대한 개인의 공적 신뢰라고 주장한다. 사회 신뢰는 여타 형태의 시민 참여와 사회 자본과 강력하게 결합되어 있으므로(Putnam, 2000: 222), 시민 각자의 정치 행동이나 정치 참여와 밀접하게 관련된다. 따라서 사회 신뢰가 높은 사람은 공동체 생활에 보다 적극적으로 관여하는 좋은 시민일 가능성이 훨씬 크다(Putnam, 2000: 222). 사회 자본이 많은 사람일수록 정치 참여와 사회 참여에 더욱 적극적이다.

정치 참여와 시민 참여의 감소와 같은 민주적 결손(democratic deficit)을 해결하기 위한 방안의 일환으로 여러 학자는 새로운 시민성 개념을 강조하기 시작했다. 카아(Carr, 2008: 148)는 시민 참여와 관련하여 얇은(thin) 민주주의와 두터운(thick) 민주주의를 구분하였다. 카아의 관점에 따르면, 민주주의는 대의 민주주의와 참여 민주주의로 구분될 수 있고, 대의 민주주의는 얇은 민주주의이고, 참여 민주주의는 두터운 민주주의다. 전자는 선거 과정을 강조하지만, 후자는 비판적 관여와 사회 정의에 초점을 맞춘다. 대의 민주주의를 지지하는 사람은 사회의 개선에 대해 타인과 관계하는데 큰 관심을 기울이지 않는다. 참여 민주주의에 관여하는 사람은 현재의 문제 상태에 적극적으로 도전하고, 현상을 개선하기 위해 노력한다.

뱅크스(Banks, 2008: 136-137)는 단순한 투표 행위를 넘어서서 모종의 행동을 취하는 적극적이고 변혁적인 시민을 육성해야 할 필요성을 강조하였다. 뱅크스는 사회에서 참여 수준에 따라 구분되는 3가지 시민의 유형을 제시하였다. 법률적 시민(legal citizen)은 국민국가로부터 권리를 부여받은 사람이지만 정치 체제에 참여하지 않는 사람이다. 최소 시민(minimal citizen)은 인습적인 후보자와 인습적인 이슈에 관한 지역 및 국가 선거에서 투표하는 사람이다. 적극적 시민(active citizen)은 기존의 사회 · 정치 구조를 지지하고 유지하기 위해 투표를 하는 것 이상의 행동을 취하는 시민이다. 변혁적 시민(transformative citizen)은 인습적인 권위를 넘어서서 가치와 도덕 원칙을 실현하기 위해 행동을 취하는 시민이다. 따라서 그들은 기존의 사회 · 정치 구조에 도전한다. 변혁적 시민의 행동은 설령 그들이 기존의 법, 관습, 구조를 위반하고, 도전하고, 제거한다 할지라도 사회 정의를 증진하는 것을 의도한다. 뱅크스의 유형에서 법률적 시민과 최소 시민은 얇은 민주주의를 실천하는 사람이고, 적극적인 시민과 변혁적인 시민은 더욱 커다란 공동체의 공동선을 증진하는 두터운 형태의 민주주의에 관여하는 사람이다.

최근에 뱅크스(2017: 367)는 이러한 논의를 더욱 발전시켜 4가지 유형의 시민성을 제시하였다. 첫째, 실패한 시민성(failed citizenship)은 한 국가 내에서 태어나거나 그 국가로 이주하여 장기간 그 국가에서 사는 개인이나 집단이 그 국가의 가치와 에토스를 내면화하지 않고, 그 국가에서 구조적으로 배제되었다고 느끼며, 그 국가에 대해 매우 양면적인 감정을 가질 때 존재한다. 실패한 시민성을 경험하는 개인은 국가의 중요하고 공유된 목표보다는 주로 정치적 효능감, 집단 정체성, 구조적 포함에 대한 자신의 욕구에 초점을 맞춘다. 국민국가에 대한 그들의 충성과 헌신은 다양하고 복잡하다. 둘째, 공인된 시민성(recognized citizenship)은 국가나 국민이 개인이나 집단을 정당하고 합법적이며 가치 있는 정치적 조직체의 구성원으로 공개적으로 인정하고, 개인이나 집단에게 참여할 수 있는 완전한 권리와 기회를 제공할 때 존재한다. 공인된 시민성 지위는 개인과 단체에게 국가의 시민 공동체에 완전히 참여할 수 있는 권리와 기회를 부여하지만, 그들의 참여를 요구하지는 않는다. 국가가 공인하는 시민성을 가진 개인은 전혀 참여하지 않는 것을 포함하여 매우 상이한 수준에서 그 정치적 조직체에 참여한다. 셋째, 참여 시민성(participatory citizenship)은 국민국가로부터 인정받은 개인과 단체에 의해 행사된다. 그것은 시민권을 가진 개인이 기존의 법과 협약을 실현하기 위해 그들의 지역사회, 국가, 그리고 세계에서 정치적 결정에 영향을 미치는 투표 행위를 하는 것만큼 최소한의 행동을 취할 때 발생한다. 1965년 8월 6일 존슨(Johnson) 대통령에 의해 투표권 법이 제정된 후 흑인들도 투표할 수 있도록 독려하기 위해 시민권 단체들이 취한 조치가 참여 시민성의 대표적인 사례에 속한다. 끝으로 변혁적 시민성(transformative citizenship)이다. 변혁적인 시민은 인권, 사회 정의, 평등과 같은 가치에 부합하는 정책, 행동, 변화를 시행하고 촉진하기 위한 조치를 취한다. 변혁적인 시민들이 취하는 행동은 기존의 지역, 주 및 국가의 법률을 위반할 수도 있다. 간디와 킹 목사와 같은 변혁적인 시민이 취한 행동의 사례는 비록 국가의 법률을 위반했지만, 인권과 사회 정의와 같은 가치를 실현하고 제도화된 차별과 인종 차별을 없애는데 크게 기여하였다.

이와 아주 비슷한 맥락에서, 웨스트하이머와 케인(Westheimer &

Kahne, 2004: 240)은 〈표 1〉에서 볼 수 있는 바와 같이, 민주 시민의 유형을 개인적으로 책임 있는 시민, 참여하는 시민, 정의 지향 시민으로 구분하였다. 책임 있는 시민은 자신이 속한 공동체 안에서 책임 있게 행동하는 사람이다. 참여하는 시민은 지역적 수준이나 전국적 수준에서 시민 문제나 공동체의 사회적 삶에 적극적으로 참여하는 사람이다. 정의 지향 시민은 사회적 이슈와 부정의를 비판적으로 분석하여 다룸으로써 사회 변화를 모색하는 시민이다. 정의 지향 시민은 사회적·정치적·경제적 구조를 비판적으로 평가하고, 부정의와 씨름하며, 체제 변화를 모색한다. 웨스트하이머와 케인은 개인적으로 책임 있는 시민에서 참여하는 시민과 정의 지향 시민으로 강조점이 바뀌어야 함을 역설하였다.

일찍이 엥글과 오초아(Engle & Ochoa, 1999: 10)는 "민주주의는 결코 완성된 것이 아니다. 민주주의에는 궁극적 해결 방안도 의문의 여지가 없는 답변도 존재하지 않는다. 대신에 민주주의는 개선을 위한 부단한 추구, 즉 모든 사람을 위한 삶의 질을 개선하는 것이 가능하다는 신념을 특징으로 한다. 민주주의의 힘은 그것의 개방성, 새로운 정보와 새로운 조건에 대한 그것의 반응성 그리고 질문과 이의 제기를 촉진하는 것이다."라고 말했다. 카아의 두터운 민주주의와 뱅크스의 변혁적 시민, 웨스트하이머와 케인의 정의 지향 시민 개념은 위에서 엥글과 오초아가 강조했었던 '개선을 위한 부단한 추구, 질문과 이의 제기를 촉진하는 것'과 일맥상통한다. 이렇듯 미디어 기술의 발전에 따른 시민 참여와 정치 참여의 감소 문제를 해결하려고 여러 학자는 비판적 참여와 사회 정의에 초점을 맞춘 새로운 시민성의 확산 필요성을 강조하였다.

<표 1> 시민의 유형

개인적으로 책임 있는 시민	설명	· 자신이 속한 공동체 안에서 책임 있게 행동하는 것 · 일하고, 세금을 내는 것 · 법에 복종하는 것 · 재활용, 헌혈 · 위기 시에 도움을 주기 위해 자원봉사를 함.
	대표적인 행동	· 불우한 사람을 돕기 위한 자선 행사에 음식물을 기부함.
	핵심 가정	· 사회 문제를 해결하고 사회를 개선하기 위해 시민은 반드시 좋은 성품을 지녀야 함. · 시민은 정직하고, 책임감이 있으며, 법을 준수하는 공동체의 구성원이 되어야 함.
참여하는 시민	설명	· 공동체 조직의 적극적인 구성원, 개선 노력 · 도움이 필요한 사람을 돌보고, 경제 발전을 증진하며, 환경 정화를 위해 공동체 시도를 조직함. · 정부 기관이 작동하는 방식을 알고 있음. · 집단 과업을 달성하기 위한 전략을 알고 있음.
	대표적인 행동	· 불우한 사람을 돕기 위한 자선 행사를 조직하는 것을 도와줌.
	핵심 가정	· 사회 문제를 해결하고 사회를 개선하기 위해 시민은 적극적으로 참여하고, 기존 체제와 공동체 구조 안에서 리더십을 발휘해야만 함.
정의 지향 시민	설명	· 표면적인 이유를 넘어서 파악하려고 사회적 · 정치적 · 경제적 구조를 비판적으로 평가함. · 부정의(injustice) 영역을 찾아 해결함. · 민주적인 사회 운동과 효과적인 체제 변화 방법에 대해 알고 있음.
	대표적인 행동	· 사람들이 배고픈 이유를 탐색하고, 근본 원인을 해결하기 위해 행동함.
	핵심 가정	· 사회 문제를 해결하고 사회를 개선하기 위해 시민은 오랜 시간에 걸쳐 부정의 유형을 재생산했던 기존 체제와 구조에 대해 질문하고 논쟁하며 궁극적으로 그런 체제와 구조를 변화시켜야 함.

　그러나 일부 학자는 젊은 세대가 기존의 정치를 바꾸는 역할을 수행하고 있다고 주장하였다. 이를테면, 달톤(Dalton, 2008b: 5)은 여러 조사 결

과를 근거로 하여 교육 수준 증가, 다양성의 증가, 여성 노동력의 증가, 직업 역할에서의 변화와 같은 급격한 사회적 변혁이 타인의 웰빙에 대한 관심 및 공적인 이해관계를 바탕으로 정치에 더욱 적극적이고 직접적으로 관여하는 시민의 증가에 기여했다고 주장했다. 이를 근거로 하여 달톤은 이제 우리가 시민성 그리고 좋은 시민의 개념을 달리 규정해야 한다고 역설했다. 이전 세대는 시민성을 의무의 관점에서 규정했지만, 오늘날의 세대는 관여(engagement)의 관점에서 규정한다. 달톤(2008a: 168)은 두 유형의 시민성을 결합한 시민이 많을수록 민주주의가 더욱 강력해질 수 있다고 생각했다.

달톤(2008a: 27)에 따르면, 의무 기반 시민성 관점은 시민의 기본 역할을 투표하는 것, 정부에 대한 감시 기능을 수행하는 것, 법을 지키는 것으로 본다. 의무 기반 시민은 제한된 정부를 선호하지만, 정부를 매우 신뢰하고 국가에 대한 자부심이 매우 강하다. 한편, 관여 기반 시민성은 직접적인 정치 활동, 평화로운 저항, 기업을 상대로 하는 구매 거부 운동, 다른 시민의 추론을 이해하려는 시도를 포함한다. 관여하는 시민은 정치적으로 더욱 관용적이고, 의무 기반 시민보다 정부에 대해 더 회의적이다. 관여하는 시민은 정부를 타인의 삶을 증진하는데 잠재적으로 좋은 힘으로 규정한다. 또한 관여하는 시민은 사회 전망과 경제 전망에서 더욱 세계적이다.

이와 유사하게 베넷(Bennett, 2008: 14)은 미디어 환경의 변화가 시민성에 미친 영향에 주목하면서 의무적 시민(dutiful citizen)과 실현적 시민(actualzing citizen) 개념을 도입하였다. 그는 디지털 기술이 젊은 세대의 정치 행위와 시민 참여에 미친 영향을 예의주시하면서, 지금 미국의 젊은 세대가 의무적 시민으로부터 실현적 시민으로 변모하고 있다고 주장하였다. 온라인 네트워크 시대의 젊은 시민은 정치적·사회적 이슈에 대한 온갖 지식과 정보를 온라인을 통해 신속하게 주고받으며, 자신의 개인적인 가치에 따라 광범위한 영역에 관심을 드러내며, 다양한 경로와 수단을 통해 실제로 참여하고 관여하는 활동가(activist)의 면모를 보인다. 이렇듯 의무적 시민의 정치 사회화는 주로 학교나 대중매체와 같은 공적 기관에 의해 이루어졌다면, 실현적 시민의 정치 사회화는 온라인 네트워크와 교류에 근거한다. 오늘날 젊은 세대는 의무나 책무로서의 시민성 개념을 거부하는 가운데 개인적 가치를 반영하는 이슈를 다루기 위해 느슨하게 네트워크화 된 활동주의를 선호한다. 베넷은 의무적 시민과 실현적 시민의 구체적인 차이를 〈표 2〉와 같이 제시하였다(Bennett, 2008: 14).

〈표 2〉 의무적 시민과 실현적 시민

의무적 시민	실현적 시민
정부 중심 활동에 참여하려는 책무	정부에 대한 책무 의식 감소, 높은 개별적 목적의식
투표하는 것은 핵심적인 민주적 행동임.	투표하는 것은 개인적으로 규정하는 다른 것(예: 소비자 운동, 지역사회 자원봉사 활동, 초국가적 활동주의)보다 의미가 없음.
대중매체에 의해 이슈와 정부에 대해 잘 알게 됨.	미디어와 정치인에 대한 불신이 부정적인 대중매체 환경에 의해 강화됨.
시민사회 조직에 참여하고, 지지자를 동원하려고 단일 방향의 인습적인 소통을 주로 활용하는 정당을 통해 이해관계를 표현함.	지역사회 행동의 느슨한 네트워크를 선호함. 이러한 네트워크는 친교와 또래 관계 그리고 상호작용적인 정보 기술에 의해 유지되는 얇은 사회적 유대를 통해 수립되고 유지됨.

전통적인 형태의 의무적 시민성에서 개인은 시민 클럽부터 정당에 이르기까지 조직화 된 집단을 통해 시민 생활에 참여하고, 주로 뉴스에 의

해 정보를 얻으며, 개인적 의무감에서 공적 생활에 관여한다. 이와는 달리, 실현적 시민성에서 개인은 소비자 행동처럼 라이프 스타일 관심에 근거한 개인적으로 표현적인 대의 지향 정치를 추구하고, 국지적 수준에서 세계적 수준까지 매우 다양한 직접적인 행동 저항 네트워크에 관여한다. 실현적 시민성을 지향하는 사람은 전통적인 주류 정당 정치적 조직체에는 관심이 없으며, 생활 정치와 환경 이슈 등과 같이 자신이 주도적으로 관련될 수 있고 삶의 의미를 발견할 수 있는 활동에 적극적으로 참여한다. 이에 베넷과 그 동료는 이전의 논의를 더욱 발전시켜 의무적 시민과 실현적 시민의 시민 행동과 커뮤니케이션 유형에서 차이를 〈표 3〉과 같이 제시하였다(Bennett, Wells & Freelon, 2011: 840).

〈표 3〉 의무적 시민과 실현적 시민의 시민 행동과 커뮤니케이션 유형

	시민 행동 유형	커뮤니케이션 논리
의무적 시민	① 정부 또는 공식적인 공적 조직, 제도, 캠페인에 대한 시민의 투입을 지향함. ② 책임과 의무에 근거함. ③ 규정된 사회 집단의 성원 자격을 통해 행동함.	① 뉴스와 정치 광고처럼 관리된 시민 정보를 주로 일방적으로 소비함. ② 개인이 콘텐츠를 생산하는 일이 발생할 때, 그것은 선출된 공직자와 접촉하는 것, 신문에 독자 투고를 하는 것처럼 특수한 제도적 표적을 겨냥함.
실현적 시민	① 정부로부터 소비자 정치, 세계적 활동주의에 이르기까지 여러 형태의 창의적인 시민 투입이 열려져 있음. ② 자기표현을 통한 자기실현에 근거함. ③ 느슨하게 결합된 네트워크를 통해 개인적 이해관계를 위해 행동함.	① 콘텐츠의 소비와 생산 간의 경계가 무색해짐. ② 개별적으로 콘텐츠를 생산하고, 개인적 정체성을 관여와 결합시키는 또래 네트워크에서 그 콘텐츠를 공유함. 이것은 정치 캠페인에서 바이러스성 비디오 공유의 경우처럼 전통적인 정치적 맥락에서도 발생했었음.

베넷과 그 동료는 의무적 시민과 실현적 시민의 차이를 시민 학습과 관련해서도 설명한다. 즉, 의무적 시민과 실현적 시민은 효과적인 시민이 되는데 필요한 지식, 효과적으로 소통하는데 필요한 표현 기술, 집단과 네트워크에 참여하는데 필요한 기술, 특정한 이슈나 정책을 다루기 위해 행동을 취하는데 필요한 기술을 학습하는 방식에서도 커다란 차이를 보인다. 그들은 이것을 〈표 4〉와 같이 제시하였다(Bennett, Wells & Freelon, 2011: 842).

〈표 4〉 의무적 시민과 실현적 시민의 시민학습에서의 4가지 형태

	의무적 시민	실현적 시민
지식 (시민이 알아야 할 정보)	권위 당국(교사, 공무원, 신문)이 제공하는 정보	또래에 의해 창조되고 공유되는 정보
표현 (효과적인 공적 소통 기술 훈련)	제도와 권위 당국에 대한 전통적인 연설 형태(신문에 투고하기, 공무원에게 탄원하기)를 위한 훈련	스스로가 생성하여 배포하는 디지털 미디어(블로그, 선거 비디오, 문화 훼방)를 위한 훈련
집단에 참여하기 (네트워크와 집단을 통해 타인과 연결되는 방법 학습)	전통적이고 위계적인 조직의 구성원 자격을 획득하기	또래가 규정하는 네트워크와 집단의 구성원 자격을 획득하기
행동하기 (특정한 공적 이슈나 캠페인에 시민을 관여시키는 행동)	공식적인 조직과 권위 당국에 의해 규정되고 관리되는 활동	또래에 의해 생성되고 보증되는 활동

실제로 베넷의 개념을 활용하여 미디어 환경과 두 가지 시민성 간의 관계를 검증한 연구에 따르면(Shehata & Ekstroem & Olsson, 2016: 1141), 전통적인 뉴스 미디어 사용은 의무적 시민, 예를 들어 제도적 참여, 정치

신뢰, 외적 효능감과 관련이 있지만, 상호적인 온라인 미디어 사용은 온라인과 오프라인 양자 모두에서 대의 지향적인 활동주의를 포함하여 실현적 시민의 특성을 잘 보여주는 것으로 나타났다.

또 다른 연구는 재활용 프레임을 소재로 하여 의무적 시민성과 관여형 시민성의 행동 결과를 예측하였다(Mcbeth, Lybecker & Garner, 2010: 15). 이 연구에서 의무적 시민성은 재활용을 개인적 책임으로 규정하지만, 관여적 시민성은 재활용을 시민 참여의 형태로 규정하였다. 연구진은 응답자들이 전반적으로 두 가지 시민성이 모두 중요하다고 여기고 있지만, 관여형 시민성을 더 지향하는 사람일수록 관여형 재활용 프레임을 지지하고 의무적 시민성을 더 지향하는 사람은 관여형 재활용 프레임을 지지하지 않는다는 사실을 발견했다. 관여적인 시민은 재활용 프로그램을 지지하고, 일상생활에서 재활용을 실천하겠다는 의욕이 더욱 강한 것으로 나타났다.

2장
디지털 시민성의 개념과 중요성

추병완(춘천교대)

1. 디지털 시민성의 개념 정의

인터넷 그리고 웹에 기반을 둔 활동은 인간이 생각하는 방식, 타인과 소통하는 방식 그리고 사회에 참여하는 방식에 커다란 영향을 미친다. 디지털 미디어와 웹 기반 네트워크 환경은 인간이 자신, 타인 그리고 세계에 대한 새로운 관점을 취하도록 만들고 있다. 이를테면 오늘날 젊은 세대에게 온라인과 오프라인을 구분하는 경계 그리고 전통적인 국가 간의 경계 개념은 점점 무색해지는 추세다.

앞에서 부분적으로 윤곽이 드러난 바와 같이, 디지털 시민성은 디지털 기술과 미디어의 발전에 따른 새로운 사회 변화를 시민성 개념에 포함시킨 것이라고 볼 수 있다. 하지만, 오늘날 학자나 기관마다 디지털 시민성의 개념을 규정하는 방식은 사뭇 다르다. 기술의 발전과 그 기술의 사용을 통해 사회가 이전보다 더욱 사회적(social)인 모습을 갖춤과 동시에 세계화가 급속하게 진전됨에 따라서 시민성은 새로운 의미를 갖게 되었다. 이에 리블(Ribble, 2011: 13)은 디지털 시민성을 새로운 시민성으로 규정한다. 하지만 라이온스(Lyons, 2012: 40)는 디지털 시민성을 시민성의 부분 집합으로 본다. 그래서 우리는 먼저 디지털 시민성에 관한 여러 개념 정의를 살펴볼 것이다.

먼저 리블은 디지털 시민성을 디지털 기술의 사용을 위한 행위 규범(Ribble & Bailey, 2006: 26), 디지털 기술의 사용과 관련하여 적절하고 책임 있는 행동에 관한 규범(Ribble, 2011: 10)으로 정의하였다. 그는 디지털, 네트워크, 세계화 사회에서 시민이 서로 협력할 때 자신 및 타인의 안전을 보장하기 위해 기술을 윤리적이고 책임 있게 사용하는 것을 일컬어 디지털 시민성이라고 규정하였다. 리블은 디지털 시민성의 범주와 구성 요소를 〈표 4〉와 같이 제시하였다(Ribble, 2011: 44).

〈표 4〉 디지털 시민성의 범주와 구성 요소

범주	구성 요소
학생의 학습과 학업 수행	디지털 접근
	디지털 리터러시
	디지털 커뮤니케이션
학교 환경과 학생 행동	디지털 에티켓
	디지털 보안 또는 자기 보호
	디지털 권리와 책임
학교 환경 바깥에서의 학생의 생활	디지털 법
	디지털 상업
	디지털 건강과 웰니스

① 디지털 접근(digital access): 사회에서 완전한 전자적 참여

기술 사용자는 모든 사람이 기술을 사용할 동일한 기회를 갖고 있지 않음을 인식할 필요가 있다. 평등한 디지털 권리와 지지적인 전자적 접근을 향한 노력은 디지털 시민성의 출발점이다. 기술을 제공하고 기술에 대한

접근을 확장하도록 돕는 것은 모든 디지털 시민의 목표가 되어야 한다. 사용자는 제한된 접근에 놓인 사람이 있기에 여타의 자원이 제공될 필요가 있음을 명심할 필요가 있다. 생산적인 시민이 되기 위해 우리는 어느 누구도 디지털 접근을 거부당하지 않도록 헌신적인 노력을 기울여야 한다.

② 디지털 리터러시(digital literacy): 기술과 그것의 사용에 관한 교수·학습 과정

학교는 기술 투입의 분야에서는 많은 진전을 이루었지만, 아직 해야 할 많은 것이 남아 있다. 새로운 초점은 어떤 기술을 가르쳐야 하고, 그것을 어떻게 사용해야 하는지에 주어져야만 한다. 모든 학생은 디지털 사회에서 학습하는 방법을 배워야만 한다. 달리 말해, 학생은 어느 것이든, 어느 때이든, 어디에서든 학습하도록 배워야만 한다. 기업, 군대, 의료계는 21세기에서 기술이 얼마나 달리 사용되는지를 보여주는 탁월한 사례다. 새로운 기술이 출현했으므로, 학생은 그 기술을 신속하고 적절하게 사용하는 방법을 배울 필요가 있다. 디지털 시민성은 학생이 높은 수준의 정보 리터러시 기술을 갖출 수 있도록 새로운 방식으로 학생을 교육하는 것을 포함한다.

③ 디지털 커뮤니케이션(digital communication): 정보의 전자적 교환

디지털 혁명에서 중요한 변화 가운데 하나는 다른 사람과 커뮤니케이션을 할 수 있는 개인의 능력이다. 19세기에 커뮤니케이션 형태는 제한되어 있었다. 21세기에 커뮤니케이션 선택지는 엄청나게 증가하였다. 디지털 커뮤니케이션 선택지의 확대는 사용자가 타인과 즉각적인 커뮤니케이션을 계속 할 수 있도록 해 주었기에 모든 것을 변화시켰다. 이제 모든 사람은 언제 어디서 어느 누구와도 커뮤니케이션을 할 수 있는 기회를 갖고 있다. 불행하게도 많은 사용자는 수많은 상이한 커뮤니케이션 선택지에 직면했을 때 적절한 결정을 내리는 방법을 배우지 않았다.

④ 디지털 에티켓(digital etiquette): 행동이나 절차의 전자적 기준

기술 사용자는 디지털 시민성을 다룰 때 가장 긴요한 문제 가운데 하나로 디지털 에티켓을 종종 파악한다. 학생들은 기술을 사용하기 전에 디지털 에티켓을 배우지 않는다. 많은 사람들은 디지털 에티켓에 대해 타인에게 말하는 것을 불편하다고 느낀다. 종종 규칙과 규제가 만들어지거나 또는 부적절한 사용을 멈추도록 단순히 기술이 금지된다. 규칙과 정책을 만드는 것으로는 충분하지 않다. 우리는 모든 학생에게 이 새로운 사회에서 책임 있는 디지털 시민이 되도록 가르쳐야만 한다.

⑤ 디지털 보안/자기 보호(digital security, self-protection): 안전 보장을 위한 전자적 예방 조치

어느 사회에서나 훔치거나 타인을 훼손·파괴하는 사람이 있기 마련이다. 이것은 디지털 공동체에도 그대로 해당한다. 우리의 안전을 위해 공동체 안의 타인을 신뢰하는 것만으로는 충분하지 않다. 그래서 우리는 문을 잠그고 경보 장치를 울리게 한다. 이것은 디지털 안전에도 그대로 해당한다. 우리는 바이러스 차단, 데이터 백업 등을 해 두어야 한다. 우리는 우리가 사용하는 기술 장비에 대한 통제력을 가져야 한다. 우리는 책임 있는 시민으로서 파괴나 손해를 유발할 수 있는 외적인 힘으로부터 우리의 정보를 보호해야만 한다.

⑥ 디지털 권리와 책임(digital rights & responsibilities): 디지털 세계에서 모든 사람에게 확대된 자유

　미국 헌법에 권리 장전이 있듯이, 모든 디지털 시민에게 확장된 일군의 기본적인 권리가 존재한다. 디지털 시민은 프라이버시, 자유 언론과 같은 권리를 갖는다. 기본적인 디지털 권리는 디지털 세계에서 다루어지고 논의되고 이해되어야만 한다. 이러한 권리에 따르는 책임이 주어지기 마련이다. 사용자는 적절한 방식으로 기술을 사용하는 방식을 정의하는 것을 도와야만 한다. 디지털 사회에서 이 두 분야는 모든 사람이 생산적인 사람이 되기 위해 협력해야만 한다.

⑦ 디지털 법(digital law): 행동과 행위에 대한 전자적 책임

　디지털 법은 사회 안에서 기술의 윤리를 다룬다. 비윤리적 사용은 절도와 범죄의 형태를 드러낸다. 윤리적인 사용은 사회의 법률을 준수하는 형태로 드러난다. 사용자는 온라인에서 훔치는 것 또는 다른 사람의 일, 정체성, 재산을 훼손하는 것이 범죄임을 이해할 필요가 있다. 사용자가 윤리적인 사회에서 인식할 필요가 있는 사회의 규칙이 존재한다. 이러한 법은 온라인에서 일하거나 노는 사람 등을 포함하여 모든 사람에게 적용된다. 타인의 정보를 해킹하는 것, 불법적으로 음악을 다운로드하는 것, 표절하는 것, 파괴적인 단어를 사용하는 것, 트로이 목마를 만들어내는 것, 스팸을 보내는 것, 다른 사람의 아이디나 재산을 절도하는 것은 비윤리적인 것이다.

⑧ 디지털 상업(digital commerce): 전자 상거래

　기술 사용자는 시장 경제의 많은 부문이 전자적으로 행해지고 있음을

이해할 필요가 있다. 정당하고 합법적인 교환이 일어나고 있지만, 판매자 또는 구매자는 그것과 관련된 문제를 인식할 필요가 있다. 인터넷을 이용한 구매 활동이 매우 활발하게 이루어지고 있음에도 불구하고 불법적인 다운로드, 포르노그래피, 불법 도박과 같은 문제가 여전히 많이 발생하고 있다. 사용자는 새로운 디지털 경제에서 유능한 소비자가 되는 방법을 배울 필요가 있다.

⑨ 디지털 건강과 웰니스(digital health & wellness): 디지털 기술 사회에서 신체적 · 심리적 웰빙

시력 보호, 반복적 스트레스 신드롬, 건전한 인체공학적 실천은 새로운 기술 사회에서 다루어질 필요가 있는 문제다. 신체적 안전을 넘어서서 인터넷 중독과 같은 더욱 만연한 심리적 문제가 있다. 사용자는 기술의 내재적 위험에 대해 배울 필요가 있다. 디지털 시민성은 기술 사용자가 교육과 훈련을 통해 자신을 보호하는 방법을 학습하게 하는 문화를 포함한다.

교육에서 기술을 위한 국제 학회(ISTE: the International Society for Technology in Education)는 글로벌 디지털 사회에서 교수 학습을 위한 프레임워크로서 학생과 교사를 위한 기준을 마련하였다. 두 기준은 모두 디지털 시민성을 포함한다. 먼저 학생용 기준에서 디지털 시민성은 다음의 내용을 포함한다(ISTE, 2007: 2).

첫째, 학생은 기술과 관련된 인간 · 문화 · 사회 이슈를 이해하고, 법률적 · 윤리적 행동을 실천한다.

둘째, 정보와 기술을 안전하고 합법적이며 책임 있게 사용하는 것을 옹호하고 실천한다.

셋째, 협력, 학습, 생산성을 지원하는 기술의 사용에 대해 긍정적인 태도를 지닌다.

넷째, 평생 학습을 위한 개인적 책임을 진다.

다섯째, 디지털 시민성을 위한 리더십을 발휘한다.

한편 교사를 위한 기준은 다음의 내용을 포함한다(ISTE, 2008: 2).

첫째, 교사는 진화하는 디지털 문화에서 국지적이고 세계적인 사회적 이슈와 책임을 이해하고, 자신의 교직 관행에서 합법적이며 윤리적인 행동을 구현한다.

둘째, 저작권 존중, 지적 재산권 존중, 출처의 적절한 인용을 포함하여 디지털 정보와 기술의 안전하고, 합법적이며 윤리적인 사용을 옹호하고 시범을 보이면서 가르친다.

셋째, 적절한 디지털 도구와 자원에 대한 공평한 접근을 제공하는 학습자 중심적인 전략을 사용하여 모든 학습자의 다양한 요구를 충족시킨다.

넷째, 기술과 정보의 사용에 관련된 디지털 에티켓과 사회적으로 책임 있는 사회적 상호작용을 증진하고 모델이 된다.

다섯째, 디지털 시대의 커뮤니케이션과 협력 도구를 사용하여 다른 문화의 동료와 학생들과 접촉하면서 문화적 이해와 세계적 인식을 발전시키고 모범이 된다.

유럽 평의회는 디지털 시민성 개념이 온라인 세계가 제공하는 혜택과 기회를 활용하는 능력, 속성 및 행동의 범위를 포괄하는 동시에 잠재적 위해성에 대한 회복탄력성을 구축하도록 진화했음을 강조한다. 유럽 평의회는 디지털 시민성이란 효과적인 의사소통 및 창조의 기술을 바탕으로 디지털 환경에 긍정적이고 비판적이며 능숙하게 참여하는 능력, 기술의 책임 있는 사용을 통해 인권과 존엄성을 존중하는 형태의 사회적 참여를 실천하는 능력을 의미한다고 규정한다. 이것은 구체적으로 디지털 기술을 가지고 유능하고 긍정적으로 관여하는 것(창조하는 것, 일하는 것, 공유하는 것, 사귀는 것, 투자하는 것, 노는 것, 소통하는 것, 학습하는 것), 모든 수준(정치, 경제, 사회, 문화, 상호 문화)의 공동체(국지, 국가, 세계)에서 적극적이고 책임 있게 참여하는 것(가치, 태도, 기술, 지식), 공식적·비공식적 무대에서 평생 교육의 이중 과정에 관여하는 것, 인간의 존엄성을 지속적으로 옹호하는 것, 인권과 문화 간의 차이를 존중하는 것(Frau-Meigs et al., 2017: 15)을 포함한다. 이렇듯 디지털 시민은 광범위한 역량의 개발을 통해 지역, 국가, 세계 등의 온라인 및 오프라인 공동체에 적극적이고 긍정적이며 책임감 있게 참여할 수 있는 사람을 말한다. 또한, 디지털 기술은 본래 와해성이 있고 끊임없이 발전하기 때문에, 개인의 역량 계발과 구축은 가정과 학교에서 가장 어린 시절부터 공식적, 비공식적 교육 환경에서 시작해야만 하는 평생의 과정으로 여겨져야 한다.

유럽 평의회의 디지털 시민성 모델은 〈그림 1〉과 같다. 이 그림을 간략하게 설명하면 다음과 같다. 먼저 그림의 맨 아래에 있는 민주적 문화를 위한 역량은 디지털 시민성을 위한 토대를 마련한다. 5개의 기둥은 디지털 시민성을 효과적으로 실천하는데 필요한 구조를 나타낸다. 정책, 행위자, 전략, 기반 시설과 자원, 평가의 5가지 기둥은 디지털 시민성의 발달을 위한 전체 구조를 지지해주는 역할을 수행하며, 그 중에서도 정책과 평가의 두 기둥이 매우 중요하다. 왜냐하면, 실제로 교육 관련 분야에서 발전과 진보는 대체로 정책과 모범 사례에 의해 형성되며, 이는 효과적인 모니터링 및 평가 방법론을 통해 분석되어 반복적으로 실행될 수 있기 때문이다. 정책과 평가의 양 기둥 사이에는 이해 당사자(교사와 학습자에서 부터 콘텐츠와 정책 입안자) 및 이용 가능한 자원과 기반 시설이 존재하며, 이것은 디지털 시민성 교육의 성공 수준에 중요한 역할을 수행한다. 그리고 기둥의 정중앙에는 모든 연령의 학습자가 오늘과 내일의 민주주의에서 활동적인 시민으로서 자신의 잠재력을 완전히 개발할 수 있도록 하는 것을 목표로 하는 구체적인 실천 방법을 안내하는 전략이 존재한다.

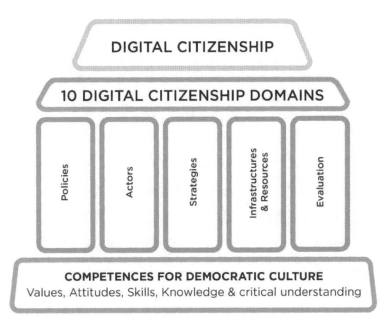

〈그림 1〉 유럽 평의회의 디지털 역량 발달 모델

유럽 평의회는 10가지 디지털 시민성 영역을 제시한다. 이것을 자세히 살펴보면 다음과 같다(Richardson & Milovidov, 2019: 15-16).

① 온라인에 존재하기(Being online)

· 접근과 포함: 이 영역은 디지털 격차의 여러 형태를 극복하고 디지털 공간을 소수자와 상이한 견해를 가진 사람에게 개방하는데 필요한 일련의 역량을 포함한다.

· 학습과 창의성: 이 영역은 일생 동안 디지털 환경을 통한 학습에 대한 태도 및 학습 의욕 그리고 여러 맥락에서 상이한 도구를 활용하여 여러 가지 창의성을 발달시키고 표현하는 역량을 언급한다.

· 미디어 및 정보 리터러시: 이 영역은 해석하고 비판적으로 이해하며 디지털 미디어를 통해 자신의 창의성을 표현할 수 있는 개인의 능력을 언급한다.

② 온라인에서의 웰빙(wellbeing online)

· 윤리와 공감: 이 영역은 온라인에서 윤리적 행동 그리고 타인의 감정과 관점을 인식하고 이해하는 능력과 같은 기술에 근거하여 타인과 상호작용하는 것을 언급한다. 공감은 긍정적인 온라인 상호작용 및 디지털 세계가 부여하는 가능성의 실현을 위해 필수 불가결한 것이다.

· 건강과 웰빙: 이 영역은 디지털 세계에서 자신의 웰니스에 영향을 줄 수 있는 이슈와 기회에 대한 인식을 언급한다. 디지털 시민은 가상공간과 현실 공간 두 곳에 모두 거주한다. 이러한 이유 때문에 디지털 역량의 기본 기술은 충분한 것이 못 된다. 개인은 건강과 웰빙을 더욱 잘 인식하게 해 주는 일군의 태도, 기술, 가치, 지식을 필요로 한다.

· e현존(ePresence)과 소통: 이 영역은 디지털 시민이 온라인에서 자신

의 이미지를 구축하여 유지하고, 타인과 긍정적이고 일관된 온라인 상호작용을 하는데 도움을 주는 개인적·대인 관계적 특성의 발달을 언급한다.

③ 온라인에서의 권리(Rights online)

· 적극적 참여: 이 영역은 디지털 시민은 자신이 살고 있는 민주적 문화에 적극적이고 긍정적으로 참여하는 가운데 책임 있는 결정을 내리기 위해 디지털 환경에서 상호작용하는 방법을 상세하게 알 필요가 있다는 역량과 관계된다.

· 권리와 책임: 이 영역은 온라인 세계에서 시민의 권리와 책임을 인식하고 이해하는 것을 언급한다. 시민이 물리적 세계에서 권리와 책임을 향유하는 것처럼, 디지털 시민은 온라인 세계에서 모종의 권리와 책임을 갖는다.

· 프라이버시와 안전: 이 영역은 2가지 상이한 개념을 포괄한다. 프라이버시는 주로 자신 및 타인의 온라인 정보를 보호하는 것과 관련되고, 안전은 온라인 행동과 행위에 대한 개인의 인식과 더욱 관련된다.

· 소비자 인식: 소비자 인식이란 소셜 미디어와 여타의 가상 사회 공간과 같은 넓은 차원을 가진 월드 와이드 웹(www)은 디지털 시민인 우리가 동시에 소비자가 된다는 것을 의미하는 환경임을 인식하는 것과 관련되어 있다. 온라인 공간의 상업적인 특성과 실재를 이해하는 것은 디지털 시민으로서의 자율성을 유지하기 위해 개인이 다루어야만 할 중요한 능력 가운데 하나다.

한편, 민주적 문화를 위한 역량은 다음의 내용을 포함한다. 민주적 역량은 민주적 상황에 의해 제시된 요구, 도전 및 기회에 적절하고 효과적으로 대응하기 위해 관련된 심리 자원(즉, 가치, 태도, 기술, 지식, 이해)을 동원하여 사용하는 능력을 뜻한다. 유럽 평의회는 디지털 시민성 교육을 통해 모든 개인이 20가지 민주 시민성 역량의 전역을 숙달할 수 있는 기회를 제공해야 한다는 입장을 견지한다(Frau-Meigs et al., 2017: 15-16).

① 가치: 인간 존엄성과 인권을 소중히 여기기, 문화적 다양성을 소중히 여기기, 민주주의 · 정의 · 공정 · 평등 · 법치를 소중히 여기기
② 태도: 문화적 다름 및 상이한 신념 · 세계관 · 관행에 대한 개방성, 존중, 공중도덕, 책임, 자기 효능감, 모호성을 관용하기
③ 기술: 자율적인 학습 기술, 분석적 · 비판적 사고 기술, 경청과 관찰 기술, 공감, 유연성과 적응성, 언어적 · 소통적 · 다중 언어적 기술, 협동 기술, 갈등 해결 기술
④ 지식과 비판적 이해: 자신에 대한 지식 및 비판적 이해, 언어와 소통에 대한 지식 및 비판적 이해, 세계(정치, 법, 인권, 문화, 종교, 역사, 미디어, 경제, 환경, 지속 가능성)에 대한 지식과 비판적 이해

끝으로, 유럽 평의회는 디지털 시민성을 발달시키기 위한 시도에서 고려해야 할 9가지 원리를 제시한다(Richardson, & Milovidov, 2019: 18-19). 이러한 원리는 맥락, 정보, 조직의 3가지 유형으로 구분된다. 첫째, 디지털 시민성의 전제 조건으로서 고려되어야 할 맥락 원리는 디지털 기술에 대한 접근, 기본적인 기능적 기술 및 디지털 리터러시 기술, 안전한 기술적 기반 시설이 마련되어야 한다. 둘째, 정보와 관련된 원리는 권리와 책임에 대한 지식, 신뢰할 수 있는 정보의 원천, 참여 기술을 포함한다. 끝으로 개인 및 사회 수준에서 디지털 시민성을 발휘하면서 살아가는

데 필요한 조직 원리는 유연한 사고와 문제 해결, 커뮤니케이션, 시민성을 구현할 기회를 포함한다. 이를 상세하게 살펴보면 다음과 같다.

디지털 시민성의 전제 조건으로서 고려되는 맥락 원리는 다음의 3가지 사항을 포함한다. 첫째, 디지털 기술에 접근하는 것이 중요하다. 정보 통신 기술은 현대 사회에서 일상생활의 필수적인 부분이기 때문에, 디지털 기술을 배제한 민주 시민성 개념을 상상하는 것이 어렵게 되었다. 대부분의 부모가 가정에서 디지털 도구를 아이에게 제공하는 것을 목표로 하고 있지만, 연령에 맞는 기술의 균형 잡힌 사용이 무엇보다 중요하며, 모든 아이에 대한 접근의 평등은 학교에서 디지털 기술에 공평하게 접근할 수 있는 기회의 제공에 크게 의존한다.

둘째, 기본적인 기술 및 디지털 리터러시 기술의 습득이 중요하다. 그것이 없다면, 시민은 정보에의 접근·읽기·쓰기·투입·게시가 불가능하고, 여론조사에 제대로 참여할 수 없으며, 디지털 기기를 사용하여 공동체에서 자신의 의사를 제대로 표현할 수 없다. 학교는 일반적으로 이 분야의 핵심 이해당사자로 인정된다. 하지만, 정책 입안자의 역할도 매우 중요하다. 교사들이 필수 도구와 훈련으로부터 실제적인 이득과 혜택을 경험하고, 교육과정이 학습에서 디지털 기술의 사용을 적극 장려하며, 교실에서 학생들이 충분한 양질의 디지털 자원과 기술을 자유롭게 연습·활용하는 것이 보장되려면, 정책 입안자의 역할이 매우 중요하다.

셋째, 모든 연령의 시민들이 온라인 커뮤니티 활동에 디지털로 참여할 수 있는 충분한 자신감과 신뢰를 가질 수 있도록 하는 안전한 기술 인프라도 전제 조건이다. 이 세 번째 전제 조건은 디지털 시민성의 첫 번째 수준인 맥락 원리를 완성한다. 전통적으로 데이터 보호를 위한 책임은 기기 소유자와 사용자에게 주어졌지만, 플랫폼 제공자와 이동 통신사는 궁극적으로 안전한 디지털 환경을 제공하고, 보안 조치를 단순화할 책임이 있다.

정보 원리는 다음과 같다. 넷째, 권리와 책임에 대한 지식은 디지털 시민으로서 적극적으로 참여하기 위한 열쇠다. 가치와 태도에 의해 형성되고, 가치와 태도를 형성하기도 하는 이러한 지식은 가정과 학교를 포함하여 우리가 배우고, 살고, 상호작용하는 모든 온라인과 오프라인 환경에서 암묵적으로 그리고 명시적으로 학습된다. 역량 축적 효능성과 결과는 그것이 적용되는 매우 다양한 맥락을 고려할 때, 이 원리로 측정하기가 어렵다.

다섯째, 신뢰할 수 있는 정보 출처는 공동체 생활에 적극 참여하기 위해 필수적이다. 신뢰할 수 있는 정보 출처가 없다면, 디지털 시민성은 극단주의로 변할 수 있고, 참여를 단념시키고 심지어 특정 계층의 사람들이 그들의 디지털 시민성을 행사하는 것을 방해할 수도 있다. 학교와 가정은 비판적 사고와 교육적 관행을 통해 분별력을 기르는 데 중요한 역할을 하는 반면, 디지털 플랫폼과 이동 통신사는 정보 출처의 신뢰성을 확보하는 데 있어 큰 역할을 한다.

여섯째, 참여 기술은 다양한 범주의 인지 능력과 실천 능력에 달려 있다. 이 기술의 발달은 아주 어릴 때부터 가정과 학교에서 계속된다. 이러한 기술은 언제 어떻게 말을 꺼내야 할지를 아는 것, 의미를 완전히 파악하기 위한 공감과 문화적 이해, 비판적 사고 및 구두·문서 표현 기술을 모두 포함한다.

개인적·사회적 수준에서 디지털 시민성을 구현하며 사는 것과 관련된 조직 원리는 다음과 같다. 일곱째, 유연한 사고와 문제 해결은 이전의 어떤 원리보다 민주적 문화를 위한 4가지 역량의 영역 모두를 더 폭넓게 조합해야 하는 고도의 인지 능력이다. 문제 해결에는 당면한 이슈에 대한 이해·분석·종합·귀납·연역이 필요하지만, 무엇보다도 그것은 탐구 중심의 활동을 통해 인지 발달을 촉진하는 초기 유년기 이후의 학습 활동에 달려 있다. 가정과 학교에서 학습 맥락 외에도, 디지털 플랫폼과 이동통신사는 우리가 배우는 방식도 사실상 학습에 사용되는 도구에 의해 형성되므로, 점점 더 많은 역할을 수행해야만 한다.

여덟째, 두 번째 조직 원리인 커뮤니케이션은 정보를 소통·배포·수신하는 데 사용되는 기술과 도구를 모두 말한다. 학교와 가정은 아이들이 디지털 도구를 사용하기 전에 권리와 책임, 공감, 프라이버시 및 보안을 이해하고 적용하도록 돕기 위해, 아이들이 대면 상황에서 어린 시절부터 커뮤니케이션 기술을 연습할 수 있도록 지원하고 가능하게 하는 데 중요한 역할을 한다. 이것은 교육과정 개발에 상당한 의미를 가지고 있으며, 기업의 측면에서는 교육 분야와의 협력과 더불어 아동 및 청소년 사용자에게 제공하는 도구에 대한 더 큰 분별력을 필요로 한다.

끝으로, 시민성 기회는 궁극적인 지침 원리다. 시민성 기회가 없다면, 디지털 시민은 자신의 시민성 기술을 연마하거나 자신의 권리와 책임을 행사할 수 없다. 시민성 기회는 알고리즘이 오픈 소스 형태이고, 사용자가 자신에게 맞는 것을 자유롭게 선택하며, 그리고 보복에 대한 두려움 없이 발언권을 가질 수 있는 유연하고 개방적이며 중립적이며 안전한 프레임워크를 필요로 한다.

UNESCO 방콕 지부는 정보 통신 기술의 안전하고 책임 있는 사용을 통한 디지털 시민성 함양 프로젝트의 일환으로 우리나라 이화여대의 학교폭력예방연구소에 의뢰하여 아시아 태평양 국가 학생의 디지털 시민성

을 조사하였다. 유네스코 방콕 지부는 디지털 시민성의 측정 도구를 개발
하는 과정에서 디지털 시민성 역량을 〈표 5〉와 같이 5가지 영역으로 세분
화하였다(Shin et al., 2019: 76-80).

〈표 5〉 디지털 시민성의 영역과 역량

영역	역량
디지털 리터러시	ICT 리터러시
	정보 리터러시
디지털 안전 및 회복탄력성	아동의 권리 이해
	개인 정보, 프라이버시, 평판
	건강과 웰빙을 증진하고 보호하기
	디지털 회복탄력성
디지털 참여와 행위자	상호작용, 공유, 협력
	시민 참여
	네티켓
디지털 정서 지능	자기 인식
	자기 조절
	자기 동기 부여
	대인 관계 기술
	공감
창의성과 혁신	창의적 리터러시
	문제 진단 및 해결
	평생 학습
	협력
	디지털 경제를 위한 기술
	놀이와 표현

이를 상세하게 살펴보면 다음과 같다(Shin et al., 2019: 76-80). 첫째,
디지털 리터러시는 견문이 넓고 박식한 결정을 내리기 위해 디지털 도구
와 정보를 찾고, 비판적으로 평가하며 효과적으로 활용하는 능력을 의미
한다. 이것은 인지적 영역에서 디지털 도구와 정보를 효과적으로 사용하
는 것과 관련된다. 디지털 리터러시는 ICT 리터러시와 정보 리터러시로

구성된다. ICT 리터러시는 디지털 환경에서 데이터, 정보, 콘텐츠에 접근하고 탐색하며 그것을 활용하기 위해 ICT 하드웨어와 소프트웨어를 책임 있게 관리하고 조작할 수 있는 능력을 의미한다. 정보 리터러시는 견문이 넓고 박식한 결정을 내리기 위해 디지털 정보를 찾고 비판적으로 평가하며 효과적으로 활용할 수 있는 능력을 의미한다.

둘째, 디지털 안전 및 회복탄력성은 디지털 공간에서 학생이 자신 및 타인을 해로움으로부터 보호할 수 있는 능력을 의미한다. 이것은 4가지 하위 역량으로 구성되어 있다. 아동 권리의 이해는 세계적 및 국지적 환경에서 아동의 법적 권리와 책무를 이해하는 것을 뜻한다. 개인 정보, 프라이버시, 평판은 자신과 타인을 위해(harm)로부터 보호하면서 개인적으로 식별 가능한 정보를 활용하고 공유하는 방법을 이해하는 것과 관련된다. 건강과 웰빙을 증진하고 보호하기는 건강 위험을 식별하고 관리하며, 자신의 신체적·심리적 웰빙과 타인의 웰빙을 보호하고 증진하기 위해 디지털 기술을 사용할 수 있는 아동의 능력과 관련된다. 디지털 회복탄력성은 아동과 청소년이 직면하는 위험한 상황을 회피하거나 또는 대처하게 하는 방식에서 자신의 경험을 예방·반응·변형하는 능력을 의미한다. 이를 통해 아동과 청소년은 자신의 기술, 역량, 전망을 향상시킨다.

셋째, 디지털 참여와 행위자는 ICT를 통해 공평하게 상호작용하고 관여하며 사회에 긍정적으로 영향을 줄 수 있는 능력을 뜻한다. 이것은 타인과 정보를 공유하는 것, 긍정적인 국지적·세계적 결과를 위해 ICT 기반의 활동에 참여하는 것, 네티켓에 근거한 상호작용을 하는 것을 포함한다.

넷째, 디지털 정서 지능은 개인 내적 및 대인 관계적인 디지털 상호작용에서 정서를 인식·조절·표현하는 능력을 뜻한다. 이것은 5개의 하위 역량으로 구성된다. 자기 인식은 자신의 기분·정서·충동을 설명하고,

자기반성을 통해 그것이 디지털 세상에서 자신과 타인에게 영향을 미치는 방식을 설명할 수 있는 능력이다. 자기 조절은 온라인에 관여하는 동안 자신의 정서·기분·충동을 관리할 수 있는 개인의 능력을 의미한다. 자기 동기 부여는 난관에도 불구하고 자신의 내적·외적 목표를 달성하려고 주도성과 헌신을 드러내는 개인의 능력을 뜻한다. 대인 관계 기술은 소통하고, 래포를 구축하며, 다양성을 포용하고, 갈등을 관리하며, 건전한 결정을 내리려고 긍정적인 온라인 관계에 관여하는 개인의 능력을 함의한다. 공감은 디지털 상호작용을 하는 동안에 타인의 감정·욕구·관심에 대한 인식과 동정심을 드러낼 수 있는 능력을 나타낸다.

끝으로, 디지털 창의성과 혁신은 ICT 도구를 사용하여 콘텐츠를 창조하는 것을 통해 자신을 표현하고 탐색할 수 있는 개인의 능력을 뜻한다. 이것은 특히 온라인에서 가시적인 산출물과 자기표현과 관련하여 디지털 도구와 자원을 활용하는 것과 관련된다. 디지털 시민은 문제를 해결하고 변화를 지원하기 위해 자신이 습득한 지식과 정보에 근거하여 스스로를 표현할 수 있어야 한다. 이 영역은 디지털 리터러시에 근거하여 긍정적인 결과를 생성할 수 있는 개인의 역량을 강조한다. 창의적 리터러시는 디지털 콘텐츠를 창조·적용·수집하려고 기술을 적용하고 도구를 활용할 수 있는 능력을 나타낸다. 표현은 자신의 정체성을 표상하고 창조적으로 표현하려고 기술을 사용할 수 있는 능력을 의미한다.

한편 최문선(2016: 573)은 디지털 시민성을 〈그림 2〉와 같이 범주화하였다. 이를 자세하게 살펴보면 다음과 같다(추병완, 2018: 37-39). 첫째, 디지털 윤리는 인터넷 사용자가 인터넷을 적절하고 안전하게 그리고 윤리적으로 사용하면서 인터넷 활동에 책임 있게 관여하는 것을 의미한다.

이러한 관점은 사이버 공동체를 인간이 생활하고, 상호작용하며, 서로 소통하는 새로운 생활공간으로 간주한다. 디지털 윤리는 3가지 하위 요소로 구성된다. 첫째는 기술과 인터넷을 안전하고 책임 있게 그리고 윤리적으로 이용하는 것이다. 훌륭하고 좋은 디지털 시민은 디지털 기술과 인터넷의 적절하고 효과적인 사용에 관한 규범과 가치를 명확하게 알고 있다. 둘째는 디지털 인식(digital awareness)이다. 디지털 시민은 일상생활에서 디지털 기술의 확산적인 사용에서 기인하는 정치적·사회적·문화적·경제적·교육적 이슈를 명확하게 인식할 필요가 있다. 셋째는 디지털 권리와 책임이다. 디지털 시민은 자신과 타인의 권리 및 책무를 보호할 수 있어야 한다. 훌륭하고 좋은 디지털 시민은 디지털 세계의 이점을 풍부하게 경험하면서도, 일반 국가의 시민과 마찬가지로 사이버 세계에서 적절한 언어를 사용하고, 익명성에 기대지 않고 신원을 밝힌 채 법률적·도덕적 규범을 준수하고, 유덕한 사람이 되고자 끊임없이 노력한다.

〈그림 2〉 디지털 시민성의 4가지 범주

둘째, 미디어 및 정보 리터러시는 온라인에 접근할 수 있고, 온라인에서 정보를 사용·생성·창조할 수 있으며, 타인과 적극적·건설적으로 소통할 수 있는 개인의 능력을 의미한다. 이것은 생산적인 온라인 활동에 중추적인 미디어와 정보에 관한 비판적 기술과 역량을 함축한다. 출판물 기반의 기능적, 인지적, 탈(脫)맥락적인 읽기 및 쓰기 기술로 정의되는 전통적인 리터러시 관점과 달리, 미디어 및 정보 리터러시는 정보의 필요성을 인식하고, 정보에 접근하는 방법 및 정보를 평가하고 종합하며 정보를 가지고 소통할 수 있는 능력을 의미한다. 또한 미디어 및 정보 리터러시는 디지털 미디어에 내장된 사회 권력과 정치에 대한 비판을 포함한다. 이를 통해 학생은 그 정보를 생산한 사람의 목소리를 인식할 수 있음과 더불어 그 정보에 누구의 목소리가 제대로 반영되어 있지 않은지를 비판적으로 이해할 수 있게 된다.

미디어 및 정보 리터러시는 3가지 하위 구성 요소로 이루어진다. 첫째, 디지털 접근은 누구나 효과적·효율적으로 인터넷에 접근하는 것을 의미한다. 일단 누구나 쉽게 인터넷에 접속할 수 있어야 완전한 온라인 참여가 가능하므로 디지털 접근은 미디어 및 정보 리터러시의 근간을 이룬다. 하지만 단순히 인터넷에 접속하는 것이 인터넷을 효과적으로 사용하는 것을 보장하지는 못한다. 그러므로 두 번째 구성 요소인 기술적 기능이 필요하다. 기술적 기능은 컴퓨터나 스마트폰과 같은 새로운 디지털 기술을 사용하는 방법과 같은 리터러시와 역량에 관한 도구적 관점을 나타낸다. 이러한 기능은 인터넷 활동을 성공리에 완수할 수 있는 선결 요건이다. 셋째, 심리적 역량이다. 이것은 정보를 평가하고, 온라인에서 비판적으로 읽고 쓸 수 있으며, 단순한 기술적 숙달을 훨씬 넘어서서 온라인에서 자신을 효과적으로 표현할 수 있는 능력을 의미한다. 따라서 학생은

데이터를 선정·분류·분석·해석하고 비판적으로 이해하는 능력, 타인과 소통하거나 사진이나 비디오를 공유하는 사회적 소통 역량을 포함한 구체적이고 특정한 능력, 기술, 역량을 갖추고 있어야 한다.

디지털 시민성의 세 번째 범주는 참여 및 관여다. 이것은 정치적·사회경제적·문화적 참여를 포함하는 여러 유형의 관여를 언급한다. 이 범주의 2가지 하위 요소는 커다란 관여 형태로서 정치 참여와 협소한 참여로서 개인적 관여다. 정치 지향적인 관점에서 인터넷은 정치적 정책에 관한 새로운 형태의 토의와 심의를 위한 공적인 장소다. 또한 인터넷은 투표율과 투표 참여를 높이기 위한 효과적인 도구가 된다. 인터넷을 통한 온라인 청원과 같은 정치 참여는 디지털 시민성의 중요한 한 축을 담당한다. 온라인에서 개별적 형태의 참여는 그 본질에서 반드시 정치적일 필요가 없다. 학생을 비롯한 많은 젊은 세대는 더욱 개인적이고 이해관계에 치우친 방식에서 교류적인 인터넷 활동에 관여한다. 오락과 관련한 청원이나 가난한 사람을 돕는 인터넷 활동주의와 같은 온라인에서 청소년 문화와 대중문화는 더욱 개별화된 형태의 온라인 활동주의에 해당한다. 이들은 자기실현적인 관점의 시민을 지향한다. 따라서 개별화된 형태의 참여는 정부 정책에 참여하려는 낮은 의무감, 정치적 소비자주의나 자원봉사와 같은 생활 정치에 대한 강한 관심, 기존 미디어와 정치에 대한 불신, 사회 활동을 위한 느슨한 형태의 네트워크에 참여하는 것을 주요 특징으로 한다.

마지막으로 비판적 저항은 참여와 관여보다 더욱 비판적이고 급진적인 관점을 취한다. 그러나 둘 사이의 구분이 항상 분명한 것은 아니다. 둘 모두 사이버 세계에서 적극적이고, 목표 지향적인 참여에 관련되어 있다. 참여와 관여는 온라인 청원에 서명을 하거나 페이스북(facebook)에서 '좋아요.' 버튼을 누르는 것처럼 원 클릭 활동주의(one-click activism)인 경우가 많다. 참여와 관여는 기존 체제나 온라인 사건에서 인터넷 사용자의 참여 선택권을 정당화 한다. 이와는 달리, 비판적 저항은 더욱 창조적이고, 혁신적이며, 비선형적이고, 비위계적인 형태의 참여로써 매우 심층적인 수준의 디지털 관여라고 말할 수 있다. 비판적 저항은 다문화교육의 대가인 뱅크스(Banks, 2008)가 말하는 변혁적 시민의 이미지와 매우 유사하다. 앞에서 살펴본 바와 같이, 뱅크스는 사회 정의를 실현하고 현상유지에 도전을 제기하려고 모종의 행동을 취하는 변혁적 시민을 중시하였다. 비판적 저항의 2가지 하위 요소는 기존 권력 구조에 대한 비판과 정치적 활동주의다. 기존의 권력 구조에 대한 비판은 탈중심화, 개방성, 투명성, 합의, 유연성, 보편적 접근, 반상업주의, 반권위주의와 같은 해커(hackers)의 가치를 지향하면서 기존 권력 구조를 비판하는 것이다. 달리 말해, 그것은 지나치게 권위적이고 상업화된 현재의 인터넷 환경에 대한 비판을 의미한다. 따라서 권위주의적인 목소리가 지배하는 지나치게 통제된 인터넷 환경이나 과도하게 정부가 관리하는 가상 세계에 단순히 학생을 접하게 하는 것은 올바른 디지털 시민성 교육의 형태가 아니다. 참된 디지털 시민성은 오프라인과 온라인에 걸쳐 있는 권력, 이데올로기, 불평등, 조직화와 같은 기존의 권력 구조에 대한 비판을 수용해야만 한다.

한편 정치적 활동주의는 '아랍의 봄'과 같은 최근의 획기적인 사건과 관련된다. 디지털 시민은 불평등에 도전하고, 풀뿌리 운동과 활동주의자 네트워크를 통해 사회를 변혁하려고 인터넷을 도구로 사용한다. 이를테면, 이집트의 젊은 세대는 소셜 미디어를 활용하여 기존 권력에 저항하면서 정치에 적극적으로 참여하였다. 우리나라의 경우에도 디지털 시민이 스마트폰을 활용하여 조직적인 촛불 시위를 전개한 사례가 있다. 이렇듯 비판적 저항은 기존 사회의 불평등한 권력 관계를 인식하고, 현상유지에 도전을 제기하면서, 주변화 상태에 놓인 사회적 약자와 소수를 포함한 모든 구성원을 위한 참된 민주적 과정을 요구하는 형태로 나타난다.

끝으로, 지역사회에 온라인 안전에 대한 지원을 제공하는 뉴질랜드에 기반을 둔 비영리 단체인 넷세이프(Netsafe)는 디지털 시민성을 미디어와 기술을 통해 사람 및 정보와 적절하고 효과적으로 상호작용하는 방식을 포함하는 기술, 가치, 행위를 모두 포괄하는 것으로 규정한다. 네세이프의 디지털 시민성 개념 정의는 다음의 9가지 내용을 포함한다(https://www.netsafe.org.nz/digital-citizenship-and-digital-literacy/).

첫째, 정보 통신 기술을 자신 있고 유능하게 사용한다.
둘째, 교육·문화·경제 활동에 참여하려고 기술을 사용한다.
셋째, 사이버 공간에서 비판적 사고 기술을 활용하고 발전시킨다.
넷째, 디지털 기술의 언어, 상징, 텍스트에 대한 리터러시를 갖고 있다.
다섯째, 정보 통신 기술의 도전을 인식하고 그것을 효과적으로 관리할 수 있다.
여섯째, 정보 통신 기술을 사용하여 타인과 긍정적이고 의미 있는 방식으로 관계를 맺는다.
일곱째, 정보 통신 기술의 사용에서 정직, 진실성, 윤리적 행동을 몸소 보인다.
여덟째, 디지털 세계에서 프라이버시 개념과 언론의 자유를 존중한다.
아홉째, 디지털 시민성의 가치에 기여하고, 그것을 적극적으로 증진한다.

넷세이프(Netsafe)는 2018년에 디지털 시민성에 관한 백서를 발간하였다. 넷세이프는 이 백서에서 서로 연결된 세계에서 평생 학습자로서 적극적으로 참여할 수 있는 지식, 기술, 태도, 가치관에 초점을 맞춘 디지털 시민성 개념을 제시한다. 동시에 넷세이프는 디지털 시민성 발달의 3 단계 모델을 제시한다. 가장 낮은 수준의 발달은 일련의 디지털 리터러시 기술(digital literacy skill)이다. 다음 수준은 디지털 유창함(digital fluency)인데 이것은 디지털 환경과 맥락에 대한 지식과 이해, 온라인과 오프라인 공간과의 통합, 그리고 적절한 태도와 가치 발달을 통해 온라인에서의 긍정적 연결과 개인적 진실성을 위한 성향을 포함하기 위해 디지털 역량을 확장하는 것을 의미한다. 가장 높은 수준인 디지털 시민성은 여러 가지 맥락에 참여함으로써 디지털 유창함을 입증할 수 있는 높은 수준의 최종적인 결과물이다. 넷세이프는 이러한 3수준에 맞춘 디지털 시민성 발달을 지원하는 보호(protecting), 안내(guiding), 학습(learning) 프레임워크를 강조한다. 즉, 어린 나이부터 안전한 디지털 학습 환경의 제공을 통해 어린이를 보호하는 것, 온라인 안전 기술을 발달시키도록 그리고 프로그램 및 자원을 통해 긍정적으로 디지털 기술을 사용하도록 안내하는 것, 여러 가지 의미 있는 맥락에 적극적으로 참여하여 공동체의 자기 관리적인 구성원으로서 기여하려는 학생의 학습을 지원하는 것으로 강조점이 변화된다(Law, Chow & Fu, 2018: 64-65).

지금까지 우리는 디지털 시민성의 개념 정의와 관련된 기존의 연구 결과를 간략하게 살펴보았다. 디지털 시민성은 미디어 및 정보 리터러시의 일부 혹은 총체적 부분으로서 그리고 시민 참여나 정치 참여를 위한 준비로서 여겨지기도 하지만, 디지털 시대를 살아가는 시민이 갖춰야 할 디지털 역량으로 여겨지기도 한다(Law, Chow & Fu, 2018: 62-63). 디지털 시민성의 규범적 관점을 중시하는 사람은 적절하고 책임 있게 디지털 기술을 사용할 수 있는 규범, 즉 디지털 시민으로서의 권리와 책임을 강조한다. 일부 학자는 디지털 시민성을 온라인에서 사회에 참여하는 능력, 특히 정치 참여의 전조로서 파악한다. 그런가하면 일부 학자는 디지털 미디어 리터러시를 갖춘 사람을 디지털 시민성의 전형으로 파악한다. 이를 통해 우리는 디지털 시민성이 단순한 디지털 리터러시만이 아니라 디지털 기술을 활용한 참여와 비판적 저항, 웰빙과 회복탄력성, 디지털 윤리와 에티켓을 포함하는 매우 포괄적인 행동 규범으로 발전하고 있음을 발견할 수 있었다. 한 마디로 말해, 디지털 시민성은 디지털 기술과 미디어 환경에서 우리가 시민으로서 번영하는 삶을 영위하기 위해 갖추어야 할 지식, 기술, 가치·태도, 행동 역량을 모두 포괄하는 개념으로 진화하는 중이다.

따라서 디지털 시민성의 개념을 규정할 때 우리는 다음의 두 가지 사항에 유념해야 한다. 첫째, 디지털 시민성을 현실 공간과 완전히 분리된 영역에 존재하는 시민성으로 규정해서는 안 된다. 디지털 시민은 사회 활동에 참여하기 위해, 시민적 의무 이행과 권리 행사에 필요한 정보를 얻기 위해, 원활한 재정 및 경제 활동을 위해 디지털 기술을 빈번하게 활용하는 사람이다. 디지털 시민성의 궁극적인 실현은 바로 그 시민이 숨을 쉬며 살아가고 있는 현실 공간에서 완벽하게 그리고 제대로 구현될 수 있다. 디지털 시민은 디지털 기술을 효과적으로 활용하여 삶의 질을 향상시키고, 현실 문제의 해결에 적극적으로 참여하는 시민이다. 디지털 기술과 그 기술이 생성한 디지털 미디어 환경은 디지털 시민성의 구현을 더욱 촉진하는 역할을 수행한다. 이를테면, 디지털 환경은 시민 간의 연결을 확대·강화하고, 비판적 참여와 저항을 유발하는 역할을 수행하면서 디지털 시민성의 구현을 촉진시켜 준다.

둘째, 디지털 시민성은 일종의 행동 규범이므로 도덕성과 유리될 수 없으며, 오히려 디지털 기술은 도덕적 이탈을 촉진하는 속성이 있으므로, 디지털 시민성에서 도덕성의 중요성은 마땅히 강조되어야 한다. 박기범 (2014: 33)은 "당위론적 시민성의 관점에서는 합리성, 실천성, 도덕성이 균형을 이루어야하지만, 사회적 요구와 지향점 그리고 아날로그 사회의 현실적 한계로 인해 전통적 시민성은 합리성과 실천성의 활성화 정도가 약화되고, 상대적으로 도덕성이 활성화되는 경향을 갖는다. 한편, 디지털 미디어의 발달에 기인한 새로운 시대는 시민들이 전통적 사회에서의 권력 관계와 책임에 기인하는 사회적 압력으로부터 자유로울 수 있다. 이는 다원성과 공동체 구성원 사이의 역동적 상호작용을 촉진하여 창조적인 대안을 산출할 수 있는 기반이 된다. 그러나 도덕성 측면에서 개인 정신의 파괴, 무책임, 인권 침해, 사회적 혼란이라는 문제점을 초래할 수 있다. 결국 디지털 시민성은 합리성과 실천성이 활성화되고, 도덕성은 상대적으로 약화되는 성격을 갖는다."고 지적한다. 온라인에서 도덕 이탈(moral disengagement) 및 탈억제(disinhibition)에 관한 연구는 디지털 기술 환경에서 인간의 도덕성이 부서지기 쉬운 매우 연약한 기획임을 잘 보여준다. 이러한 문제를 해결하려면, 디지털 윤리가 디지털 시민성의 근간이 되어야만 한다.

2. 디지털 시민성의 중요성

앞에서 우리는 디지털 시민성이 의미하는 바가 무엇인지에 대해 살펴보았다. 물론 그것만으로도 디지털 시민성이 중요한 이유를 어느 정도 규명할 수 있지만, 여기서는 디지털 시민성이 중요한 이유에 대해 더욱 구체적으로 살펴보고자 한다. 디지털 세상의 미래는 사용자가 디지털 시민성에 대해 제대로 알고 참여할 수 있는지의 여부에 달려 있기 때문이다.

고대 그리스나 로마에서 모든 사람이 시민의 자격을 갖추지 못했던 것처럼, 디지털 세상에서 단순히 인터넷에 접속하는 사람을 시민이라고 규정할 수는 없다. 디지털 시민성을 갖춘 사람만이 제대로 된 좋은 디지털 시민이라고 우리는 말할 수 있다. 악화가 양화를 구축하듯이, 좋은 디지털 시민이 부족할 경우 그야말로 우리의 미래는 디지털 디스토피아가 될 것이 분명하다. 디지털 시민성은 우리 모두가 온라인 세계에서 디지털 기술을 안전하고 책임 있게 그리고 도덕적으로 사용하여 자신의 사이버 웰니스 증진에 기여하게 해 준다. 디지털 시민성은 디지털 시대의 책임 있는 구성원으로서 우리 모두가 반드시 갖추어야 할 필수 사항이지 절대 선택 사항이 아니다. 현실 사회가 좋은 시민에 의해 유지될 때 우리의 민주주의가 더욱 건강해지는 것처럼, 온라인 세계 역시 좋은 디지털 시민에 의해 유지될 때 시민 각자의 번영(flourishing)과 참된 디지털 민주주의가 실현될 수 있는 것이다. '한 아이를 키우려면 한 마을이 필요하다.'는 것은 오늘날 교육계에서 가장 많이 회자되는 말 가운데 하나다. 하지만, 디지털 시민성과 관련하여 볼 때, 그 반대도 역시 사실일 수 있음을 깨닫는 것이 중요하다. 한 마을 또는 공동체의 번영과 웰빙은 디지털 민주주의 문화 안에서 공유된 목적을 향한 그 구성원 각자의 적극적인 공헌의 수준에 의해 측정될 수 있기 때문이다. 이런 맥락에서 디지털 시민성이 중요한 이유는 다음과 같다.

첫째, 디지털 시민성은 우리를 보호하는 기능을 수행한다. 디지털 기술이 구현하는 온라인 세계는 우리가 살고 있는 물리적 세계만큼 실제로 존재하고 편재한다. 결과적으로, 우리는 타인 속에서 하나의 존재로 살기 마련이다. 일단 우리가 디지털 세계에 들어가면 현실처럼 가시적이고 실제적인 유형의 법을 인식하기 어렵고 도덕적으로 쉽사리 이탈할 수 있기 때문에, 디지털 시민이 주도적으로 자기 통치(self-rule)를 해야 한다. 우리가 디지털 시민성 교육을 해야 하는 주된 이유는 사용자가 온라인 세계에서 자신과 다른 사람에 대한 존중과 책임을 모두 실천하도록 권면하기 위함이다. 디지털 기술을 안전하고, 책임 있게, 효과적으로 그리고 무엇보다도 도덕적으로 사용하는 것은 온라인 세계에서 우리 자신 및 타인을 보호하는 방패 역할을 수행한다.

둘째, 디지털 시민성은 디지털 시민으로서 권리와 책임을 행사하고 실행하게 함으로써 온라인 세계를 더욱 건강하고 튼튼하게 만드는 역할을 수행한다. 우리가 만든 온라인 세계는 그 구성원이자 사용자인 시민이 자신의 권리와 책임을 올바르게 구현하는 정도에 따라 그 품격과 질이 결정되기 때문이다. 온라인 세계에서 모든 사용자가 디지털 시민성을 발휘하는 좋은 시민이 될 때, 우리는 디지털 시민의 공평과 평등의 이념을 실제적으로 실현할 수 있다. 디지털 기술의 사용자 사이에 참여와 기여에서의 격차가 발생한다는 것은 그만큼 평등의 이념이 제대로 구현되지 않았음을 반증하는 것이기 때문이다.

셋째, 디지털 시민성은 사회 자본의 형성에 기여한다. 일반적으로 사회 자본은 사회 구성원 상호 간의 이익을 위해 조정 및 협동을 촉진하는 규범, 신뢰, 네트워크를 의미한다. 사회 자본은 사회 구성원에게 공유된 행동 규범과 공통의 문화적 정체성을 부여함으로써 사회 질서를 가능하게 하는 역할을 수행하기 때문에 매우 중요하다. 좋은 디지털 시민은 자신의 디지털 리터러시를 바탕으로 다양한 사회적 관계를 형성해 나간다. 디지털 기술을 사용하여 우리는 결속적 사회 자본(bonding social capital)과 교량적 사회 자본(bridging social capital)을 모두 형성할 수 있다. 여기서 결속적 사회 자본은 현재 구성되어 있는 강한 유대 관계를 계속 유지시키는 자본이며, 교량적 사회 자본은 새롭고 약한 관계를 새롭게 생성하는 자본이다.

넷째, 디지털 시민성은 21세기 기술을 구축한다. 디지털 시민성의 구성 요소는 21세기 기술과 밀접하게 관련되어 있다. 디지털 시민성은 ICT 및 정보 리터러시와 같은 기초 리터러시, 그리고 비판적 사고/문제 해결, 창의성, 협력, 의사소통과 같은 4C 역량, 더 나아가 호기심, 주도성, 인내/투지, 적응력, 리더십, 사회문화적 인식과 같은 인성 특질의 함양과 밀접하게 관련되어 있다. 또한 디지털 시민성의 중요한 구성 요소 중 하나인 디지털 윤리는 이러한 기초 리터러시, 핵심 역량, 인성 특질의 토대를 마련해 줌으로써 윤리적 소양에 근거한 21세기 기술을 구축할 수 있도록 도와준다.

3장
디지털 시민성을 위한 교육

추병완(춘천교대)

일반적으로 시민교육은 시민으로서 역할과 책임을 위해 학생을 준비시키는 것, 특히 그 준비 과정에서 교육의 역할을 강조한다. 시민교육에 관한 기존의 논의는 크게 세 부류로 나눌 수 있다. 먼저 시민성에 관한 교육(Education ABOUT citizenship)은 국가의 역사, 정부 및 정치 생활의 구조와 과정에 대한 충분한 지식과 이해를 학생에게 제공하는 것에 초점을 맞춘다. 시민성을 통한 교육(Education THROUGH citizenship)은 학생이 학교와 지역사회 그리고 그것을 넘어서서 적극적이고 참여적인 경험을 통하여 행동하면서 배우는 것을 포함한다. 이러한 학습은 지식 요소를 강화시켜 준다. 끝으로, 시민성을 위한 교육(Education FOR citizenship)은 시민성에 관한 교육과 시민성을 통한 교육을 포괄하고, 학생이 성인 생활에서 조우하는 역할과 책임에 적극적이고 민감하게 참여할 수 있도록 일군의 도구와 역량(지식과 이해, 기술과 태도, 가치와 성향)을 갖추게 하는 것을 포함한다. 이것은 학생의 전반적인 교육 경험을 시민성과 연결시킨다.

우리는 이러한 논의로부터 시민교육이 지향해야 할 3가지 중요한 목표를 확인할 수 있다. 첫째, 자격(qualification)의 측면이다. 이것은 학생이 현재 그리고 미래의 시민으로서 어떤 것을 실행하도록 또는 어떤 상태가 되도록 허용하는 지식, 기술, 이해, 성향, 판단 형식을 학생에게 제공하는 것을 목표로 삼는다. 둘째, 사회화(socialization)의 측면이다. 이것은 특정한 사회적·문화적·정치적 질서의 성원이나 일부분이 되는 방식, 규범과 가치의 전수, 기존의 지식 및 행동 방식으로 끌어들이는 것을 함의한다. 셋째, 주체화(Subjectification)의 측면이다. 이것은 정치적 주체가 되는 것, 사회·정치적 질서로부터 자율적이고 독립적으로 존재하는 방식, 새로운 존재 및 행동 방식이 실존할 수 있는 과정이나 또는 고유한 주체로서 존재하는 것을 포함한다. 이러한 사실은 시민교육이 기존의 사회·정치적 질서를 재현하는 데만 기여하거나 또는 그러한 질서(자격과 사회화)에 개인이 적응하도록 돕는 학습 형태에 한정될 수 없음을 보여준다. 시민교육은 또한 해방이라는 차원을 포함하고 있으므로, 학생이 자율적이고 독립적이며 고유한 행위 주체가 되도록 돕는 것(주체화)을 포함해야만 한다. 이것은 디지털 시민성 교육에도 그대로 적용될 수 있다. 디지털 시민성을 위한 교육이 성공하려면, 교사는 교실에서 자격, 사회화, 주체화의 측면을 중시하는 교수·학습 방법을 활용해야 한다. 여기서는 지속 가능하고 양질의 '디지털 시민성을 위한 교육'이 실현되기 위한 기본 조건에 대해 살펴보고자 한다.

1. 비전을 세우기

학교에서 디지털 시민성을 위한 교육이 성공하려면 학교는 먼저 비전을 수립해야 한다. 비전은 중요한 것이어야 하고 범위에서 포괄적이어야 한다. 사이버 따돌림과 같은 단일 이슈는 매우 중요하지만, 그것만으로는 변화를 위한 실제적이고 장기적인 비전을 마련하지 못한다. 사이버 따돌림과 같은 이슈를 학교 공동체에서의 다른 실제적이고 중요한 문제와 관련시키거나 또는 더욱 큰 맥락에서 조사할 필요가 있다. 비전을 설정하는 것은 몇 가지 사항을 포함한다.

첫째, 핵심 가치나 역량을 식별한다. 비전을 설정하려면 디지털 시민성 교육을 받은 학생이 보여줘야 할 궁극적인 모습을 먼저 마음속에 그릴 수 있어야 한다. 따라서 비전을 세울 때는 다음과 같은 질문에 답을 해 봐야 한다. "우리는 학생이 무엇을 알고, 무엇을 할 수 있기를 바라는가?" 앞에서 다루었던 디지털 시민성의 개념 정의 및 구성 요소는 학교가 디지털 시민성 교육을 위한 비전을 설정할 때 많은 도움을 줄 수 있다.

둘째, 교직원 사이에 합의를 이루어야 한다. 학교는 교직원 사이에 브레인스토밍이나 토의를 통해 학교가 다루어야 할 디지털 시민성에 대해 합의를 이루는 것이 바람직하다. 합의를 이루는 전략은 디지털 시민성 교육에 대한 모든 교직원의 헌신을 유도하는데 매우 필요하다.

셋째, 설정된 비전을 학교 공동체의 모든 구성원과 공유해야 한다. 학교는 디지털 시민성을 위한 비전을 모든 교직원, 학생, 학부모가 공유할 수 있게 해야 한다. 학교는 디지털 시민성 교육을 통해 목표로 삼는 것, 기대하는 학생의 능력이나 행동, 학교와 지역사회에 가져오는 긍정적 효과 등에 대해 모든 구성원이 알고 소통할 수 있게 해야 한다.

넷째, 실행 절차를 마련해야 한다. 학교는 디지털 시민성 함양을 위한 구체적인 실행 절차를 마련해야 한다. 이 단계에서는 구체적인 교육 목표, 내용, 지도 방법, 평가, 가정 및 지역사회와의 연계 지도 계획 등에 대한 종합적인 실행 계획을 마련해야 한다.

2. 포괄적 접근법을 채택하기

디지털 시민성을 위한 교육은 교과 수업과 비교과 활동, 가정과 지역사회와의 연계, 다양한 교육 방법 및 학습 주제의 적용 등을 포함하는 포괄적이고 종합적인 접근법을 채택해야만 성공할 수 있다. 첫째, 디지털 시민성을 위한 교육은 학교교육의 모든 생활 장면과 활동을 통해 이루어져야 한다는 점에서 포괄적이다. 둘째, 가정 및 지역사회와의 유기적인 협력 관계를 통해 이루어진다는 점에서 포괄적이다. 셋째, 다양한 교육 방법이나 활동을 폭넓게 적용한다는 점에서 포괄적이다. 따라서 학교는 교과 수업과 비교과 활동을 통해 디지털 시민성을 함양하는 다양한 방법을 모색해야 한다. 교사는 자신이 가르치는 과목을 통해 디지털 시민성을 비중 있게 다루어야 한다. 이때 교사는 교과 지식과 학생의 삶을 연결시키면서 학생의 삶에 방식에 대한 성찰 기회를 제공해야 한다. 학교는 학생의 흥미와 자발적 참여에 근거한 다양한 비교과 활동 기회를 제공해야 한다. 학교는 가정과 지역사회를 디지털 시민성을 위한 교육의 동반자로 여기고, 가정과 지역사회로부터의 협력을 유도해야 한다. 디지털 시민성에 대해 학교, 가정, 지역사회가 한 목소리를 내는 것이 중요하기 때문이다. 또한, 학교는 디지털 시민성과 관련된 다양한 교육 방법, 활동, 주제, 내용을 활용할 수 있어야 한다.

3. 민주적이고 안전한 학교 문화를 만들기

학교 문화는 학교 공동체 안에 퍼져 있는 모든 조건, 기대, 신념, 행위를 포괄한다. 학교 문화는 그 구성원의 가치와 태도 그리고 그 환경 안의 관계의 본질을 반영한다. 디지털 시민성을 위한 교육이 성공하려면 학교 문화가 안전하고 민주적이어야 한다. 민주적 학교는 다음과 같은 특징을 보인다. 첫째, 민주적 학교는 자기표현과 상이한 관점의 탐색을 생성하는 민주적 에토스를 촉진한다. 둘째, 민주적 학교는 학생회처럼 학생이 자기 의견을 목소리로 낼 수 있는 기회를 허용하는 구조를 갖고 있다. 셋째, 민주적 학교는 학생의 리더십을 권면한다. 학교의 민주적 분위기는 민주 사회에 필수적인 학생의 사회적 신뢰감에 기여한다. 민주적 풍토는 학생이 자기 생각을 표현하도록 권면하는 것, 학생의 관용과 개방성을 발달시키는 것, 사회적 책임감을 증진하는 것, 정치적 갈등에 대한 인식을 심화시키는 것, 시민적 지식을 증가시키는 것, 애국심에 대한 헌신을 유발하는 것, 도움이 필요한 사람을 돕는 것과 긍정적으로 관련된다. 미국에서 행해진 종단연구 결과에 따르면, 고등학교 재학 시절에 제도와의 유대감은 성인 초기의 정치 참여와 지역사회 참여를 예측한다. 또한 학교 조직이나 학생 조직과의 동일시는 협동심과 집단 책임감, 전체의 선을 위해 개인적 희생을 감수하려는 의욕을 발달시킨다. 이러한 연구 결과는 민주적 학교 풍토가 학생의 시민 의식 발달에 중요한 영향력을 행사한다는 것을 잘 보여준다. 한편 학교 문화는 학생이 신체적·정서적·심리적으로 안전하다는 느낌을 가질 수 있어야 한다. 안전한 학교 문화는 서로 돌보고 보살펴 주는 것, 공통의 가치와 신념, 민주적 가치·권리·책임 존중, 문화적 다양성 존중, 법과 질서 존중, 공통의 사회적 기대, 분명하고 일관된 행동 기데, 교직원과 학생에 의한 적절하고 긍정적인 역할 모델링, 개인차 존중, 지역사회·가정·학생·교직원의 유대와 관여를 특징으로 한다.

4. 기본 원칙에 충실하기

디지털 시민성을 위한 교육이 성공하려면 우리는 몇 가지 기본 원칙에 충실해야 한다. 첫째, 온라인 안전에 대한 접근법만이 아니라 디지털 시민성 교육의 설계 및 실행에서 학생을 적극적이고 능동적인 행위자로 간주해야 한다. 학생은 디지털 시민성의 수동적인 수혜자가 아니다. 그들은 디지털 시민성에서 스펀지나 빈 그릇과 같은 수동적 존재로 여겨져서는 안 된다. 우리는 학생 스스로가 자기 나름의 디지털 시민성을 함양할 수 있는 가능성을 지닌 적극적이고 능동적인 행위자로 간주해야 한다.

둘째, 디지털 시민성을 위한 교육은 그 계획과 실행에서 포용성, 감응성, 공평성을 지향해야 한다. 디지털 시민성을 위한 교육은 모든 학생을 위한 포용적인 것이 되어야 한다. 디지털 시민성을 위한 교육은 개별 학생의 리터러시 수준이나 흥미와 관심에 초점을 맞춘 감응적인 것이어야 한다. 그리고 디지털 시민성을 위한 교육은 모두에게 공평한 접근 및 참여 기회를 제공해야 한다.

셋째, 보호(protecting)와 촉진(promoting)의 균형을 모색해야 한다. 디지털 환경에서 자신과 타인을 안전하게 보호하는 방법은 매우 중요하지만 그것만으로는 충분하지 않다. 이를테면 '해서는 안 되는 것'에 초점을 맞춘 접근법인 보호 위주의 패러다임은 학생의 관심을 끌기 어렵다. 아무리 디지털 기술이 위험하고 해로움을 준다 해도, 지금의 학생들은 어차피 디지털 기술 시대에서 살 수밖에 없다. 따라서 우리는 학생이 디지털 기술을 유익하고 안전하고 도덕적인 방식으로 사용할 수 있는 역량을 갖출 수 있도록 촉진·육성·진흥·권장하는 것에 더 많은 비중을 둘 필요가 있다. 이를테면 역기능과 같은 부정적인 측면 못지않게 순기능과 같은 긍정적인 측면의 사례를 균형 있게 학생이 접할 수 있게 해야 한다. 이제 우리는 '학생이 온라인에서 무엇을 하지 못하게 할까?'를 고민할 것이 아니라 '학생이 온라인에서 무엇을 더 잘 하게 해야 할까?'에 대해 깊이 생각해보아야 한다. 이제 우리는 온라인에서 여러 도전, 기회, 위험을 학생 스스로가 자기 관리할 수 있는 역량과 성향을 길러주는 촉진 패러다임에 대해 깊이 고민해야 한다.

넷째, 디지털 시민성에 대한 교육과정의 설계에서 상향식과 하향식 방법을 조화롭게 활용할 수 있어야 한다. 디지털 시민성과 관련한 교육과정은 여러 수준에서 논의될 수 있다. 이상적 수준은 연구자나 학자의 주장, 연설 그리고 관련 문헌에서 공식화 된 일반적인 교육학적 목표를 의미한다. 공식적 수준은 교사가 반드시 따라야만 할 지침을 의미한다. 국가나 교육청 단위에서 공식적으로 문서화 된 교육과정을 언급한다. 해석적 수준은 교사가 공식적 교육과정을 해석하는 방식을 의미한다. 개별 교사는 공식적 교육과정에 대한 자기 나름의 해석을 할 수가 있다. 예를 들어, 교사는 사례나 다른 주제를 추가하고, 다른 방법을 사용하며, 간혹 어떤 내용을 생략하거나 건너뛸 수 있다. 교육 체제마다 교사가 이러한 해석을 할 수 있는 재량이나 자유에서 차이가 있기는 하지만, 어느 교육 체제에서든 교사는 공식적 교육과정에 대해 자기 나름의 해석을 할 수 있는 여지를 어느 정도 갖고 있다. 조작적 수준은 교사가 교실에서 실제로 가르치고 있는 것을 포괄한다. 하지만 교실에서 교사의 실천은 자신이 의도했던 것과 다를 수도 있다. 따라서 연구자나 동료 교사와 같은 제 3자가 관찰한 것이 그 교사의 실제적인 실천이나 관행에 해당한다. 경험적 수준은 교육과정에 대해 학생이 경험한 것을 언급한다. 간혹 학생들은 내용의 일부를 빠뜨리거나 또는 내용을 재해석할 수 있다. 이 수준은 학생이 실제로 경험한 것에 관한 것이다. 학생마다 상이한 경험을 할 수 있다. 마지막으로 효과 수준은 교육과정의 결과에 초점을 맞춘다. 이것은 학생이 교육과정에 대해 실제로 배운 것을 지칭한다. 가치와 도덕적 영역의 관점에서, 우리는 경험적 수준과 효과 수준을 명료하게 구분할 수 있다. 예를 들어, 학생은 타인을 도울 때 배려의 가치를 경험할 수 있다. 이 경험이 그 학생의 태도를 어떻게 변화시켰는지 그리고 그 학생이 자신의 삶에서 배려를 얼마나 소중하게 여기는지는 또 다른 과정의 결과다. 그것은 그 경험에 개인적 의미를 부여하고, 자신이 지닌 가치에 대해 성찰한 것의 분명한 결과로 나온 것이고, 이것이 바로 효과 수준이다. 여기서 우리는 교육과정의 수준을 설명의 편의를 위해 하향식으로 보여주었으나, 실제 디지털 시민성과 관련한 교육과정의 설계하여 운영할 때는 상향식과 하향식이 모두 활용될 수 있다. 디지털 시민성과 관련하여 학생의 삶에 미친 구체적인 효과에서 출발하여 공식적 교육과정으로 이어질 수도 있다. 따라서 디지털 시민성 교육에서 교사는 가르치는 사람인 동시에 교사 연구자(teacher researcher)로서의 소명을 다해야 한다.

5. STAR 기법을 활용하기

디지털 시민성은 디지털 시대를 살아갈 시민이 갖추어야 할 지식과 이해, 가치·태도, 행동 역량을 포괄하므로, 디지털 시민성을 위한 교육은 조직적이고 체계적인 수업 기법의 적용을 요구한다. 디지털 시민성을 위한 교육은 디지털 시민성에 관한 학생의 인식(Awareness), 사고 능력(Thinking ability), 기술 훈련(Skills training), 역할 모델링(Role-modeling)을 종합적으로 발달시킬 수 있어야 한다. 그래서 우리는 첫 글자를 따서 이것을 STAR 기법이라고 부를 것이다. 이것을 글자 순서대로 설명하면 다음과 같다.

첫째, 기술 훈련이다. 학생이 디지털 세상을 안전하고 도덕적이며 책임 있게 살기 위해 반드시 갖춰야 할 기술이 있다. 예를 들어, 비판적 사고 기술은 디지털 시민성의 매우 중요한 구성 요소다. 학생이 책임 있는 생산 소비자로서 활동하기 위해서는 창의적인 사고 기술도 필요하다. 또한 온라인에서 생길 수 있는 갈등을 건설적이고 평화롭게 해결할 줄 아는 기술도 습득할 필요가 있다. 또한 온라인에서의 사회적 관계에서 타인과 명확하게 의사소통하는 기술도 필요하다.

둘째, 사고 능력을 촉진시키는 활동이다. 이것은 학생 스스로가 자신의 디지털 시민성을 촉진하고 구성하는데 필수적인 것이다. 사고 능력은 학생이 스스로 생각하는 방법을 배울 수 있도록, 그리고 자신의 삶에서 개인적으로 만족스럽고 사회적으로 건설적인 의사결정을 내릴 수 있도록 도와주기 때문이다. 또한 사고와 판단 능력은 학생이 이전에 접했던 도덕적·시민적 가치를 내면화할 수 있는 기회를 제공하여 준다. 이를테면, 딜레마 토론, 가치 분석, 건설적 논쟁, 가치 명료화 토론 전략은 학생의 사고 및 판단을 촉진할 수 있는 유용한 수업 기법이다.

셋째, 인식을 돕는 활동이다. 디지털 시민성이 무엇인지, 그것이 왜 중요한지를 인지적으로 명확하게 이해하고 인식하도록 돕는 활동은 디지털 시민성을 위한 교육에서 결코 간과할 수 없는 부분이다. 교사는 이야기, 동영상, 설명, 보상과 처벌, 규칙, 피드백 등을 통해 디지털 시민성에 관한 학생의 이해와 인식을 심화시킬 수 있다.

넷째, 역할 모델링이다. 교사는 디지털 시민성에 관한 자신의 생각·감정·경험을 학생과 공유하면서, 디지털 시민성의 부정적 모습과 긍정적 모습에 학생이 접해보게 하면서, 디지털 시민성의 모델이 되는 자원 인사를 초빙하면서 학생에게 다양한 역할 모델링의 기회를 제공할 수 있다. 교사는 디지털 시민성을 학생에게 직접 모델링하는 것만이 아니라, 역사나 문학 속에 내재된 가상의 인물이나 당대의 실존 인물과 같은 다양한 역할 모델을 학생에게 제시해 줄 수 있는 문지기 역할을 수행해야 한다.

참고 문헌 ────────────────────────

김민정 · 최동연(2017), "청소년을 위한 디지털 시민성 척도 개발 및 교육에서의 시사점", 『한국교육공학회 학술대회발표자료집』, 2017(1), 54.

김은미 · 양소은(2013), "디지털 네이티브의 시민성", 『한국언론학보』, 57(1), 305-334.

박기범(2014), "디지털시대의 시민성 탐색", 『한국초등교육』, 25(4), 33-46.

서진완(2009), "Review: 디지털 시민의식에 관한 주요 논쟁 그리고 더하기", 『한국지역정보화학회지』, 12(1), 85-102

안정임 · 서윤경 · 김성미(2013), "청소년의 디지털 시민성에 관한 연구: 미디어 리터러시와 교육경험의 영향력을 중심으로", 『시민교육연구』, 45(2), 161-191.

윤성혜(2017), "대학 교양교육으로서 디지털 시민교육(digital citizenship education)의 필요성과 방향", 『교양교육연구』, 11(3), 35-62.

이승훈 · 김상돈(2009), "인터넷과 디지털 시민성에 관한 탐색적 논의: 인터넷 이용 형태와 온라인 정치참여의 관계를 중심으로", 『한국지역정보화학회지』, 12(1), 31-58.

이지혜(2017), "사회과교육의 디지털 시민성에 관한 연구", 『학습자중심교과교육연구』, 17(1), 21-39.

조일수(2009), "디지털 시민의식에 관한 규범적 연구", 『한국지역정보화학회지』, 12(1), 11-29.

최문선 · 박형준(2015), "탐색적 · 확인적 요인 분석을 통한 한국형 디지털 시민성 척도 타당화 연구", 『시민교육연구』, 47(4), 273-297.

최문선 · 박형준(2016), "대학생의 디지털 시민성에 영향을 주는 변인", 『시민교육연구』, 48(3), 211-237.

추병완(2018), "학교 교육과정에서 디지털 시민성", 『디지털 시민성+교육』 (pp. 36-39), 대구: 한국정보화진흥원.

현대경제연구원(2016), 『4차 산업의 등장과 시사점』, 서울: 현대경제연구원.

황용석 · 이현주 · 박남수(2014), "디지털 시민성의 위계적 조건이 온 · 오프라인 시민참여에 미치는 영향에 관한 연구: 디지털 시민능력을 중심으로", 『사회과학연구』, 25(2), 493-520.

Aristotle (2000), *The politics*, T. A. Sinclair (trans), New York: Penguin.

Banks, J. A. (2008), "Diversity, group identity, and citizenship education in a global age", *Educational Researcher*, 37(3), 129-139.

Banks, J. A. (2017), "Failed citizenship and transformative civic education", *Educational Researcher*, 46(7), 366-377.

Bennett, W. L. (2008), "Changing citizenship in the digital age", In W. L. Bennett (Ed.), *Civic life online* (pp. 1-24). Cambridge: MIT Press.

Bennett, W. L., Wells, C. & Freelon, D. (2011), "Communicating civic engagement: Contrasting models of citizenship in the youth web sphere", *Journal of Communication*, 61, 835-856.

Carens, J. H. (2000), *Culture, citizenship, and community. A contextual exploration of justice as evenhandedness*, Oxford: Oxford University Press.

Carr, P. (2008), "Educators and education for democracy: Moving beyond 'thin' democracy", *Inter-American Journal of Education for Democracy*, 1(2), 147-165.

Choi, M. (2016), "A concept analysis of digital citizenship for democratic citizenship education in the Internet age", *Theory & Research in Social Education*, 44(4), 565-607.

Dalton, R. J. (2008a), *The good citizen: How a younger generation is reshaping American politics*, Washington, DC: CQ Press.

Dalton, R. J. (2008b), "Citizenship norms and the expansion of political participation", *Political Studies*, 56(1), 76-98.

Dietz, M. G., (1998), "Context is all: Feminism and theories of citizenship", in A. Phillips (ed.), *Feminism and politics* (pp. 378-401), Oxford: Oxford University Press.

Engle, S., & Ochoa, A. (1988), *Education for democratic citizenship: Decision making in the social studies*, New York: Teachers College Press.

Frau-Meigs, D., O'Neill, B., Soriani, A. & Tomé, V. (2017), *Digital citizenship education: Overview and new perspectives*, Strasbourg: The Council of Europe.

Law, M., Chow, S. & Fu, K. (2018), "Digital citizenship and social media: A curriculum perspective", In J. Voogt et al. (Eds.), *Second handbook of information technology in primary and secondary education* (pp. 53-68), New York: Springer.

Mcbeth, M. K., Lybecker, D. L. & Garner, K. A. (2010), "The story of good citizenship: Framing public policy in the context of duty-based versus engaged citizenship", *Politics & Policy*, 38(1), 1-23.

Netsafe (2018), *From literacy to fluency to citizenship: Digital citizenship in education* (2nd ed.), Wellington, NZ: Netsafe.

Okin, S. M., (1991), "Gender, the Public, and the Private", In A. Phillips (ed.), *Feminism and politics* (pp. 116-142), Oxford: Oxford University Press, 116-142.

Okin, S. M. (1992), "Women, Equality, and Citizenship", *Queen's Quarterly*, 99(1), 57-72.

O'Shea, K. (2003), *A glossary of terms for education for democratic citizenship*, Strasbourg: The Council of Europe.

Pateman, C. (1989), *The disorder of Women: Democracy, feminism and political theory*, Cambridge: Polity Press.

Putnam, R. D. (2000), *Bowling alone: The collapse and revival of American community*, New York: Simon and Schuster.

Ribble, M. (2011), *Digital citizenship in schools* (2nd ed.), Washington, DC:

ISTE.

Ribble, M. (2012), "Digital citizenship for educational change", *Kappa Delta Pi Record*, 48(4), 148-151.

Ribble, M. & Bailey, G. D. (2006), *Digital citizenship in schools*, Washington, DC: ISTE.

Richardson, J. & Milovidov, E. (2019), *Digital citizenship education handbook*, Strasbourg: The Council of Europe.

Rousseau, J. J. (1762/1978), *On the social contract with Geneva Manuscript and Political Economy*, J. R. Masters (trans.), New York: St. Martin's Press, 1978.

Schreiner, P. (2013), *Education for democratic citizenship in the context of Europe: Material and resources for churches and educators*, Münster: ICCS.

Shehata, A. & Ekström, M. & Olsson, T. (2016), "Developing self-actualizing and dutiful citizens: Testing the AC-DC model using panel data among adolescents", *Communication Research*, 43(8), 1141-1169.

Shin, T., Hwang, H., Park, J., Teng, J. X. & Dang, T. (2019), *Digital kids Asia-Pacific insights into children's digital citizenship*, Bangkok: UNESCO Bangkok Office.

Walzer, M. (1989), "Citizenship", in T. Ball, J. Farr & R. L. Hanson (Eds.), *Political innovation and conceptual change* (pp. 211-220), Cambridge: Cambridge University Press.

Westheimer, J. & Kahne, J. (2004), "What kind of citizen? The politics of educating for democracy", *American Education Research Journal*, 41(2), 237-269.

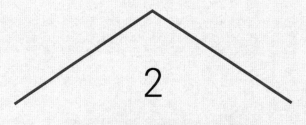

2

디지털 시민성의
교수·학습 방법

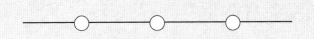

4장
기술 훈련(Skills training)

정나나(연무중학교)

1. 비판적 사고

오늘날 우리 사회가 고도의 지식·정보화 사회로 진입하게 되면서 규모를 가늠할 수 없을 정도로 많은 양의 정보와 데이터가 생산되고 있다. 또한 수많은 온라인 미디어가 등장하면서 누구든지 정보를 창출할 수 있게 되었으며 언제 어디서나 원하는 정보를 손쉽게 향유할 수 있게 되었다. 그렇지만 정보 통신 기술의 발전이 이러한 긍정적인 변화만을 가져온 것은 아니다. 2013년 세계경제포럼(The World Economic Forum)은 "대량의 잘못된 정보가 현대사회 주요 리스크의 하나"라고 밝혔고, 세계적 컨설팅기업 가트너(Gartner)는 2017년 미래전망 보고서에서 "2022년이 되면 대부분의 사람들이 진짜 정보보다 허위 정보를 더 많이 접할 것"이라고 발표했다(구본권, 2018).

실제로 정보의 홍수 속에서 수많은 가짜 뉴스가 횡행하고 있다. 거짓 정보의 유통은 새롭게 등장한 현상은 아니지만, 미디어 환경이 변화함에 따라 게이트키핑이나 사실 검증 등 잘못된 정보에 대한 여과 장치가 존재했던 전통 언론과는 달리 온라인이나 소셜 미디어의 경우 일반인에 의해 생산되거나 진위나 품질에 대한 확인되지 않은 정보들이 무분별하게 유입되어 유통되고 있다(Allcot & Genzkow, 2017; 염정윤 외, 2018: 42에서 재인용). 또한 취향에 맞는 정보에만 노출되어 개인의 고정관념과 편견이 강화되기 쉬운 변화된 미디어 환경 속에서 가짜 뉴스만을 공신력 있는 정보원으로 평가하게 되거나 부정확한 정보를 기반으로 세계를 파악하고(Week & Garrett, 2014; 염정윤 외, 2018: 42-43에서 재인용), 정확한 정보에 기반한 사람들과 다른 방향의 선호를 갖게 되므로(Kuklinski, Quirk, Jerit, Schwieder & Rich, 2000; 염정윤 외, 2018: 43에서 재인용) 불필요한 사회적 갈등이 유발되기도 한다.

이와 같은 현상은 넘쳐나는 정보 속에서 양질의 정보와 지식을 선별하고 합리적으로 판단할 수 있는 비판적 사고 교육의 필요성을 더욱 부각시키는 계기가 되었다. 사이버 공간에서 비판적 사고 기술을 활용하여 미디어 메시지를 분별하여 받아들이고 선용하는 미디어 리터러시는 디지털 시민이 갖추어야 하는 필수적인 역량임에도 불구하고, 교육을 통하지 않고서는 결코 습득할 수 없기 때문이다. 따라서 지금까지 산업 사회를 살아가기 위한 기초 역량이 3R(Reading, Writing, Arithmetic)이었다면, 정보 사회에서는 이와 함께 비판적 사고(Critical Thinking)를 필두로 한 4C(창의성(Creativity), 협업(Collaboration), 의사소통(Communication))가 필수 역량으로(이동국 외, 2014: 1) 강조될 수밖에 없다. 이러한 맥락에서 다국적 연구 프로젝트인 ATC21S(Assessment and Teaching of Twenty-First Century Skills)은 미래 사회를 살아가기 위해 필요한 핵심역량을 규명하면서 '비판적 사고력'을 중요한 사고 방법으로 제시하였다. 국제적인 비영리 교육기관인 P21(Partenrship for 21st Century Skills)에서도 학습과 혁신 역량으로 '비판적 사고'를 선정하였다(이동국 외, 2014: 5).

그렇다면 비판적 사고란 무엇인가? 비판적 사고에 대한 접근과 연구가 다양한 학문분야에서 이뤄져왔기 때문에(Sternberg, 1986; 방선희, 2011: 64에서 재인용), 비판적 사고는 〈표 6〉과 같이 다양하게 정의된다(노영란, 2009: 34-36; 최훈, 2008: 94-97; 방선희, 2011: 63-66; 황치성, 2017: 23-24에서 재인용).

〈표 6〉 학자별 비판적 사고 정의

J. Dewey (1910, 1916)	어떤 신념이나 가정된 지식의 형식을, 그것의 근거와 그것이 도달하려는 결론에 비추어 적극적이고 지속적이며 조심스럽게 고려해 보는 반성적 사고
E. Glazer(1941)	어떠한 믿음이나 증거로 미루어 추정된 지식의 형태, 그리고 결론으로 취해지는 것을 조사하고자 하는 노력을 지속적으로 요구하는 것
R. H. Ennis(1991)	무엇을 믿고 또는 행동해야 하는지를 결정하는 데 요구되는 합리적이고 반성적인 사고
J. E. McPeck(1981)	진술에 대한 평가뿐만 아니라 반성적 회의를 가지고 어떤 문제를 해결하기 위해 관여하는 성향과 기능
Beyer(1988)	진술, 논증, 경험에 대해 평가하고 오류를 찾아내는 사고
M. Lipman(1988)	준거에 의존하고 자기 수정적이고 맥락에 민감하기 때문에 판단을 용이하게 하는 사고
B. N. Moore & R. Parker(1989)	무엇을 믿고, 행할 것인지에 대한 현명한 결정을 그 목적으로 하는 여러 가지 의도적인 정신적 과정

비판적 사고에 대한 근대적 개념화는 듀이(Dewey)의 반성적 사고에서 그 뿌리를 찾을 수 있고(노경주, 2002; 최훈, 2010; 황치성, 2017), 이후 글레이저(Glazer), 에니스(Ennis), 멕펙(McPeck), 베이어(Beyer) 등을 통해 체계화되었다(노영란, 2009; 방선희, 2011; 황치성, 2017). 비판적 사고에 대한 이와 같은 다양한 개념 정의는 학생들은 물론 연구자들까지

혼란스럽게 한다는 판단 하에 최근 미국 철학회(American Philosophicl Association)는 델파이 방법을 통해 에니스(Ennis), 베이어(Beyer), 파커(Parker), 폴(Paul), 립먼(Lipman)과 같은 비판적 사고 연구의 권위자들의 견해를 수렴하여 비판적 사고 및 주요 개념에 대한 정의를 내렸다(The Ameracan Philosophical Association, 1990; 김명숙, 2002: 112-113에서 재인용). 다음은 미국 철학회의 델파이 보고서에 제시된 비판적 사고의 정의이다.

비판적 사고는 해석, 분석, 평가, 추론을 산출하는 의도적이고 자기 규제적인 판단인 동시에 그 판단에 대한 근거가 제대로 되어 있는지, 증거(eveidential), 개념(conceptual), 방법론(methodological), 준거(criteriological), 또는 맥락적(contextual) 측면들을 제대로 고려하고 있는지에 대한 설명을 산출하는 의도적이고 자기 규제적인 판단이다.

입장에 따라 비판적 사고에서 중시하는 점은 각각 다르지만 연구자들은 대체로 비판적 사고가 기능(skills)과 성향(dispositions)의 두 요소로 구성된다는 점을 인정한다(노영란, 2009: 37-38). 한편 델파이 보고서는 비판적 사고자에 대한 정의와 비판적 사고 교육에 대해 다음과 같이 밝혔다(The Ameracan Philosophical Association, 1990: 3; 김명숙, 2002: 114-115에서 재인용).

이상적인 비판적 사고자는 습관적으로 이유를 꼬치꼬치 묻고, 잘 알고자 하고, 근거를 중요시하며, 평가에 있어 열린 마음을 갖고 있고, 유연성이 있으며, 공정하고, 개인적 편견을 다룸에 있어서 성실하고, 판단을 내리는 데 있어서 신중하고, 기꺼이 재고(再考)하고, 현안 문제들에 대하여 명료하고, 복잡한 문제를 다루는 데 있어서 체계적이고, 유관한 정보를 부지런히 찾고, 준거를 선택하는 데 있

어서 합리적이고, 집중하여 탐구하고, 주제와 탐구의 상황이 허락하는 한 되도록
정확한 결과를 끈기 있게 추구한다. 그래서 훌륭한 비판적 사고자를 교육시킨다
는 것은 이 이상을 향해 노력한다는 것을 뜻한다. 즉, 훌륭한 비판적 사고자 교육
은 비판적 사고 기법을 터득하게 함과 동시에, 꾸준히 유용한 통찰을 산출하는,
그리고 이성적이고 민주적인 사회의 초석을 이루는 성향을 육성하는 것이다.

즉, 비판적 사고는 판단과 결정을 위한 기능적 측면뿐만 아니라 개인적
특성이나 습관, 태도 등의 사고 성향을 포함한다(방선희, 2011: 65-66).
그러므로 비판적 사고를 잘 하는 비판적 사고자(critical thinker)가 되기
위해서는 비판적으로 사고하는 데 필요한 인지적 능력과 함께 비판적으
로 사고하기 위한 정서적 성향을 동시에 갖추어야만 한다. 마찬가지로 비
판적 사고 교육은 학생으로 하여금 비판적 사고 기능뿐만 아니라 비판적
사고 성향을 함양하도록 하는 것을 목적으로 해야 할 것이다.

연구자들은 비판적 사고의 구성요소인 비판적 사고 기능 및 비판적 사
고 성향의 항목에 대해서도 다양한 견해를 보인다. 먼저 비판적 사고기
능은 세분화된 비판적 사고 행위나, 세분화된 사고 행위를 위한 구체적
인 능력 및 전략으로 제시된다(노영란, 2002: 38). 델파이 보고서에서는
비판적 사고 기능과 하위 기능을 다음과 같이 분류한다(The Ameracan
Philosophical Association, 1990: 12; 노영란, 2002: 38에서 재인용).

- 해석-범주화하기, 중요성을 이해하기, 의미를 명확하게 하기
- 분석-개념을 검토하기, 주장을 확인하기, 주장을 분석하기
- 평가-의견을 평가하기, 주장을 평가하기
- 추론-증거에 관해 묻기, 대안을 추측하기, 결론을 도출하기
- 설명-결과를 진술하기, 과정을 정당화하기, 주장을 제시하기
- 자기규제-자기검사, 자기수정

다음으로 비판적 사고의 정의적 측면에 해당하는 비판적 사고성향에 대해서는 델파이 보고서에서 열아홉 가지로 제안하고 있으며, 파시온 (Facione, 1994)은 이 내용을 최대한 반영하여 아래와 같이 일곱 가지로 제시하였다(Facione, 2002; 노영란, 2002: 40에서 재인용).

- 진리 추구   • 비판적 사고에 대한 자신감
- 열린 마음   • 호기심
- 분석성   • 판단의 성숙   • 체계성

우리가 가급적 일상생활에서 접하는 문제해결에 도움이 되는 비판적 사고 교육의 내용을 선정하여 실제 문제 상황에 비판적 사고의 원리를 적용하는 학습 경험을 제공할 때(김명숙, 2002: 128), 비판적 사고의 전이(轉移)를 높일 수 있고 비로소 교육의 효과를 높일 수 있다(Nickerson, 1987; 김명숙, 2002: 127에서 재인용). 이러한 관점에서 미디어 리터러시 영역에서 다루는 비판적 사고 교육이 학생들이 일상적으로 접하는 미디어 메시지에 기초하기 때문에 실제 경험이나 지식과의 연관성 속에서 다룰 수 있다(황치성, 2017: 7)는 주장은 중요한 의의를 갖는다. 디지털 시민성 함양을 위한 비판적 사고 교육은 학생들의 실생활 맥락을 소재로 삼아 비판적 사고를 해 보도록 연습시킬 수 있으며, 이 과정에서 비판적 사고의 영역 간 전이가 자연스럽게 일어날 수 있기 때문이다. 전체 국민의 91.5%가 인터넷을 이용하고 있으며 만 3세 이상 모바일 인터넷 이용률은 90.4%에 이르는 상황에서(한국인터넷진흥원, 2019: 25, 52), 언제 어디에서나 정보통신기기로 여가활동, 정보획득 활동, 소비·금융 활동, 커뮤니케이션 활동을 즐기는 학생들에게, 비판적 사고를 발휘하여 온라인 정보를 선별할 수 있도록 연습할 기회를 제공하는 수업은 진정으로 학생의 삶

과 앎을 연계할 수 있는 가치 있는 수업이자 효과적인 수업이 될 수 있을 것이다.

아울러 미국 미디어 리터러시 센터(Center for Media Literacy, 이하 CML)에서 개발한 수업 가이드북에 의하면, 학생들에게 미디어 메시지를 분석하도록 하는 활동은 다음과 같은 이점을 가져다준다. 첫째, 관찰과 해석을 강화시킨다. 둘째, 이해와 인식을 심화시킨다. 셋째, 선입견, 고정관념을 극복하게 한다. 넷째, 편견과 관점을 밝혀낸다. 다섯째, 문제를 해결하기 위한 동기를 부여한다. 여섯째, 함축적 메시지들을 명확하게 드러낸다. 일곱째, 미디어 제작자에게 관점과 의미를 제공한다. 여덟째, 메시지의 효과 및 함축성에 관한 것을 깨닫게 한다(Worsnop, 2003; 황치성, 2017: 111에서 재인용).

그러므로 교사는 학생들이 온라인에서 접할 수 있는 다양한 미디어 메시지를 비판적으로 평가해 볼 기회를 제공해야 한다. 실제로 학생들이 사실 여부를 확인하는 온라인 정보의 종류는 'SNS 게시물(53.%)'이 가장 많았고 다음으로 '포털사이트 뉴스 섹션 또는 언론사 홈페이지에 있는 뉴스 기사(53.2%)', '동영상 공유/스트리밍 사이트(37.2%)', '채팅/메신저 대화방(29.4%)'의 순서로 사실을 확인한다는 점, 사실 확인 이유로는 '연출된 듯 보이거나 지나치게 자극적인 정보인 경우(54.2%)'가 가장 높으며 그 외 '자극적이고 감성적인 제목(35.8%)', '작성자가 누구인지 정확하지 않은 정보(28.4%)'인 경우의 순서로 나타났다는 점, 사실 확인 방법으로는 주로 '인터넷 포털 사이트에서 추가 검색하여 같은 내용의 다른 정보가 있는지 확인(82.1%)'하는 법에 그치며 그 외 '정보를 제공하는 사이트가 정확하고 믿을 수 있는 곳인지 확인(32.6%)'하거나 '제시된 사진, 인물, 정보, 통계 등의 출처가 정확한지 확인(27.5%)'한다는 점은(한국정보화진

홍원, 2018: 50-51), 교사들이 수업을 통해 학생들이 어떤 온라인 정보를 어떻게 비판적으로 분석하도록 지도해야 하는지를 시사한다. 첫째, 교사는 학생들이 가장 낮은 비율로 사실 여부를 확인하는 채팅이나 메신저 대화방 정보를 중심으로 하여 다양한 온라인 정보를 평가해 보도록 장려해야 한다. 둘째, 겉으로는 온라인 정보에 자극적인 내용이 포함되어 있지 않은 것처럼 보일지라도 반드시 이에 대한 비판적 분석이 이뤄질 필요가 있다는 점을 지도해야 한다. 셋째, 교사는 온라인 정보 평가 시 단일한 평가 기준만을 활용하여 평가하는 행위를 지양하도록 강조함으로써 학생들이 다양한 방법과 기준을 활용하여 온라인 정보를 활용할 수 있도록 조력해야 한다.

다음은 초등학교와 중등학교 수준에서 유용한 것으로 증명된 것으로서, 비판적 사고를 강화하는 데 도움을 줄 수 있는 활동 방법(Kirschen-baum, 추병완 외 역, 2006: 381-382) 중에서 디지털 시민성 함양을 위한 비판적 사고 수업에 접목할 수 있을 만한 방법이다.

- 신문의 사설을 활용한다 : 신문 사설의 칼럼니스트가 무엇에 대해 찬성하고 있는지 또는 반대하고 있는지를 학생들로 하여금 알아내도록 한다. 칼럼니스트가 동의하거나 반대하는 입장, 사람, 신념 혹은 가치들이 무엇인지 밝히도록 한다. 칼럼니스트가 자신의 입장에 대해 어떤 근거를 제시하고 있는가? 그 주장들은 논리적이고 설득력이 있는가?
- 학생들로 하여금 TV 광고를 시청하도록 한다 : 집에서 시청한 TV, 비디오 광고를 학급에 가져오도록 한다. 광고를 분석한다. 그것이 생산품에 대해 어떤 정보를 제공하고 있는가? 그들의 주장은 무엇인가? 그들이 증거로써 주장을 뒷받침하고 있는가? 소비자들에게 영향을 미치기 위하여 어떤 광고와 선전 전략들이 사용되었는가? 이러한 전략들은 효과가 있는가? 왜 그런가, 혹은 왜 그렇지 않은가? 학생들은 이러한 광고에 영향을 받는가?

교사는 학생들이 각양각색의 온라인 미디어 메시지를 평가하는 과정에서 적합한 준거를 활용하여 비판적 사고를 발휘할 수 있도록 안내함으로써, 학생들이 유일한 한 가지 기준이나 자의적인 기준에 따라 온라인 정보를 평가하는 우(愚)를 범하지 않도록 해야 한다. 1989년에 세계 최초로 미디어 리터러시 과목을 공교육에 도입한 캐나다의 온타리오 주에서는 미디어 리터러시 수업 시, 베이어(Beyer)가 제시한 비판적 사고 기능을 활용하여 다음 여섯 가지 기능을 비판적 사고를 위한 체크리스트로 활용하고 있다(황치성, 2017: 29).

- 사실과 의견 구분하기
- 주장이나 정보원의 신뢰성 평가하기
- 진술의 정확성 평가하기
- 주장이나 진술의 편견 탐지하기
- 논리적 비일관성 평가하기
- 주장의 강도 평가하기

　　교사는 학생들로 하여금 이 체크리스트를 수정 및 변형하여 온라인 정보를 비판적으로 평가하는 기준으로 활용하도록 지도할 수 있다. 이와 관련하여 황치성(2017)은 CML에서 개발한 다섯 가지 핵심개념(Jolls & Thoman., 2008; 황치성, 2017: 106에서 재인용), 즉 '저자', '미디어 포맷', '오디언스', '콘텐츠', '목적'에 기초한 다섯 가지 핵심질문을 통해 학생들이 디지털로 연결된 글로벌 미디어 문화에서 시민으로서 삶의 방식을 탐색하고 실천하도록 할 수 있다고 강조하였다. 다음은 미디어 메시지 소비자들을 위한 다섯 개의 핵심개념과 질문들이다(황치성, 2017: 126-155).

- 핵심개념1. 모든 미디어 메시지들은 구성된다.
  핵심질문1. 누가 이 메시지를 만들었는가?
- 핵심개념2. 미디어 메시지는 그 자체의 규칙을 가지고 창의적인 언어를 사용

해 구성된다.

핵심질문2. 나의 주목을 끌기 위해 어떤 창의적 기법들이 사용되었는가?

• 핵심개념3. 동일한 메시지라도 사람들은 그것을 다르게 경험한다.

핵심질문3. 사람들이 메시지를 어떻게 달리 이해하는가?

• 핵심개념4. 미디어는 내재된 가치와 관점을 가진다.

핵심질문4. 이 메시지에는 어떤 가치, 라이프스타일 관점이 반영되어 있는가 또는 생략되어 있는가?

• 핵심개념5. 모든 미디어 메시지는 이익이나 권력을 얻기 위해 만들어진 것이다.

핵심질문5. 이 메시지는 왜 보내졌는가?

교사는 학생들이 위 내용을 활용한 〈표 7〉을 기준으로 가짜 뉴스를 판별하는 연습을 하도록 기회를 제공할 수 있다. 예를 들어 중학생들에게는 〈표 7〉에 나타난 것처럼(황치성, 2017: 226-231), 첫 번째 핵심개념과 핵심질문에 따른 세부 질문을 모두 제시하고 이를 기준으로 하여 뉴스의 진위 여부를 확인해 보도록 할 수 있고, 고등학생들에게는 첫 번째 핵심개념과 핵심질문만을 제시한 뒤 학생들 스스로 이에 따른 세부 질문을 제기해 보도록 하여 자신들이 고안한 세부 질문을 바탕으로 뉴스의 내용이 진실인지 혹은 거짓인지 판별하도록 안내할 수 있다.

〈표 7〉 첫 번째 핵심 개념과 핵심 질문에 따른 세부 질문 예시

핵심개념	핵심질문	세부 질문
모든 메시지는 구성된다.	누가 이 메시지를 만들었는가?	정보를 어디에서 입수했는가? 웹사이트를 통해 본 것인가, 소셜 미디어 피드를 통해 본 것인가 아니면 아는 사람으로부터 전달받은 것인가?
		그 정보가 수록된 URL은 정확한 것인가?
		법적 책임자가 누구인지, 조직의 구성원들은 누구인지를 표시해놓고 있는가?
		그 정보를 수록한 웹사이트에 운영자나 운영기관의 편집방침이나 기준을 갖고 있는가?
		정보를 담고 있는 디자인이 자연스럽고 세련된 것인가?
		가짜뉴스에 등장하는 출처는 정확한 것인가? 그 출처는 잘 알려져 있는 출처인가? 아니면 확인 가능한 출처인가? 혹은 그 정보의 어느 부분인가에 바이라인이 달려 있는가?
		하나 혹은 소수의 출처만을 이용하고 있는가 아니면 다양한 출처를 인용하고 있는가?
		다양한 취재원을 이용하고 있는가?
		그 사이트가 제공하는 뉴스가 보다 잘 알려진 사이트에서 찾을 수 있는 뉴스인가? 그렇다면 서로 유사한 내용인가 아니면 다른 내용인가?
		그 정보는 수정 혹은 조작되지 않은 것인가?
		해당 정보가 게시된 날짜가 현재 시점인가?
		다른 뉴스미디어에서도 그 정보를 다루고 있는가?

디지털 시민성과 비판적 사고

1. 교수·학습 활동의 개관

학습 주제	온라인에서 비판적 사고의 중요성			
학습 목표	온라인에서 비판적 사고가 필요한 이유를 설명할 수 있다. 핵심질문을 활용하여 온라인 정보를 비판적으로 평가할 수 있다.			
학년(군)	중학교 1-2학년	관련 교과목	도덕	정보화 시대에 우리는 어떻게 소통해야 하는가?
			국어	매체의 표현방법 · 의도평가
관련 성취기준	[9도02-05]	정보화 시대에 요구되는 도덕적 자세와 책임의 도덕적 근거와 이유를 제시하고, 타인 존중의 태도를 통해 다양한 방식으로 의사소통할 수 있다.		
	[9국02-07]	매체에 드러난 다양한 표현 방법과 의도를 평가하며 읽는다.		
차시 분량	2차시	핵심역량	지식 정보 처리 역량	
수업 지침	· 도입에서 학생들이 신문 기사를 통해 비판적 사고의 필요성을 인지하도록 한다. 이때 학생들이 자신의 태도와 자세를 성찰해 보도록 안내한다. · 전개에서 모둠별로 온라인 정보를 비판적으로 평가하도록 하는 핵심 질문을 고안하고, 이를 바탕으로 온라인 정보를 평가해보도록 한다. 이 과정에서 학생들이 실제로 비판적 사고를 발휘하도록 독려한다. · 정리에서 학생들이 '비판적 사고'를 다른 사물에 빗대어 표현하도록 한다. 이를 통해 수업에서 배운 점과 느낀 점을 짧은 글과 그림으로 정리할 수 있도록 지도한다.			
토론 주제	· 가짜 뉴스에 속지 않으려면 어떻게 해야 할까?			

더 나아가기	· 학생들에게 외국의 팩트 체킹 사이트(Snopes, Politifact, FactChek)에 접속해보도록 안내한다. · 학생들에게 '비판적 사고를 활용한 온라인 정보 평가'를 목표로 하여, 일주일 동안 성찰일지를 기록해 보도록 안내한다.

2. 교수·학습 활동의 예시

도입   **기사로 생각 열기**

◎ 수업 시작 인사 후, 학생들에게 다음 기사를 제시하여 비판적 사고의 필요성에 대한 흥미를 유발하도록 합니다. 신문 기사 (가)와 (나)는 모두 사이버 공간 이용자들이 확인되지 않은 정보를 사실이라고 믿고 성급하게 퍼트려 발생한 사건에 대해 다루고 있습니다. 학생에게 기사의 내용과 비슷한 경험을 한 적이 있는지 질문하여, 학생 자신이 피해자가 되었던 경험뿐만 아니라 검증되지 않은 정보를 무턱대고 믿고 행동했던 경험이 없는지 성찰해보도록 안내합니다.

☞ (가)와 (나)를 모두 읽고 질문에 답해 봅시다.

(가)

전국에 270개 가맹점을 보유한 유명 음식점이 휘청거린 것은 인터넷에 미확인 정보가 퍼지면서부터였다. 몇 년 전, 회원 수가 170만 명에 육박하는 한 인터넷 카페에 "종업원에게 배를 발로 차이는 등 폭행을 당했다"는 임신부의 글이 올라왔다. 전국적인 불매 운동의 시발점이 됐고, 사건 발생지로 지목된 해당 지점에는 "5초마다 욕설 전화가 왔다"고 한다. 경찰 조사 결과, 종업원의 폭행 의혹은 실체가 없는 것으로 드러났지만 때는 늦었다. 숱한 욕설에 시달린 주인은 손해를 감수하고 급하게 가게를 정리한 뒤 시골로 농사를 지으러 내려갔다.

(나)

33년 동안 버스 운전을 하면서 "단 한 번도 승객에게 욕을 한 적이 없다"는 버스 기사 A씨는 지난해 '48시간의 지옥'을 경험했다. 한 온라인 커뮤니티에 "○○번 버스의 운전기사가 어린아이 혼자만 먼저 내린 것을 확인하고도 뒷문을 열어 달라는 엄마의 요구를 무시했다"는 글이 올라온 뒤부터였다. '파렴치한 버스 기사'로 낙인이 찍히면서 ○○시버스운송조합 홈페이지에는 하루 2000여 건의 항의성 민원이 폭주했다. 조사 결과, 버스 기사의 유기 방조 혐의는 사실이 아닌 것으로 드러나 여론은 이틀 만에 잠잠해졌지만 당사자와 가족이 경험한 충격과 공포는 아직 남아 있다. A씨는 사건 발생 반년이 흐른 뒤에도 "＿＿＿＿＿＿＿＿㉠＿＿＿＿＿＿＿＿" 고 말했다.

*출처 : 조선일보(2018.11.24.), 채선당 · 240번 버스 · 이수역 사건... '인터넷 마녀사냥' 왜 반복되나?

Q. 기사 (가)와 (나) 같은 사건이 발생하게 된 공통적인 이유는 무엇일까요?

사이버 공간 이용자들이 검증되지 않은 정보나 주장을 무비판적으로 받아들이고 성급하게 행동하였다.

Q. 빈 칸 ㉠에 들어갈 내용은 무엇일까요?

아직도 그 때의 악성 댓글을 떠올리면 매우 고통스럽다.

그 때 받은 상처가 아물지 않아 굉장히 힘들다.

Q. 기사의 내용과 비슷한 경험을 한 적이 있나요? 어떤 문제가 발생하였나요?

단체 채팅방에 '미세먼지 수치가 심해져서 휴교한다.'는 내용의 글이 올라와서 확인하지 않은 채로 학급 친구들에게 알려주었다. 친구들이 나로 인해 지각을 하게 되었고, 그 이후로 친구들이 내가 하는 말을 잘 믿지 않게 되었다.

친한 친구가 장난삼아 자신의 소셜 네트워크 서비스(SNS)에 나와 관련된 거짓 정보를 올렸다. 그 내용을 접한 친구들을 모두 직접 만나 사실이 아니라고 해명하였지만, 소문은 쉽사리 사라지지 않았고 이로 인해 오랜 시간 동안 괴로웠다.

Q. 기사 (가)와 (나) 같은 사건이 발생하지 않기 위해서 우리가 온라인 정보를 접할 때 갖춰야 할 바람직한 태도는 무엇일까요? 그 이유는 무엇인가요?

검증되지 않은 정보를 무비판적으로 받아들이지 않아야 한다. 모든 온라인 정보가 완전히 신뢰할 만한 것은 아니기 때문이다. 만일 사실로 확인되지 않은 잘못된 정보를 섣불리 믿고 유포할 경우에 다른 사람에게 큰 피해를 줄 수 있다. 나 자신도 역시 피해를 입을 수 있다. 비슷한 일이 반복된다면 유용한 온라인 정보라 할지라도 이를 신뢰하는 사람은 없을 것이다.

전개 1　　**핵심 질문 만들기**

⊙ 도입의 활동을 통해 학생들은 온라인 정보를 무비판적으로 신뢰해서는 안 되며, 어떤 내용이든 비판적 사고를 활용하여 평가해야 한다는 점을 알게 되었을 것입니다.

이 활동에서는 학생들이 베이어(Beyer)의 이론에 기초한 '비판적 사고를 위한 여섯 가지 체크리스트'를 활용하여, 모둠별로 온라인 정보를 비판적으로 평가하기 위한 핵심 질문을 고안해 보도록 합니다. 이때, 각 항목 당 한 가지 이상 핵심 질문을 만들고 총 여섯 가지 이상 창안해 보도록 안내합니다. 학생들은 핵심 질문에 대해 탐구하는 과정에서 온라인 정보를 비판적으로 평가하기 위해 발휘해야 하는 비판적 사고 기능이 무엇인지 스스로 익히며, 자신이 평소 온라인 정보를 접할 때의 태도와 습관이 어떠했는지 반성적으로 성찰함으로써 비판적 사고 성향을 함양하는 기반을 마련하게 될 것입니다.

☞ 여러분들은 이전 활동을 통해 온라인상에서 어떤 정보를 접하든지 비판적으로 평가해야 한다는 점을 알게 되었을 것입니다. 그렇다면 우리는 온라인 정보를 평가할 때 어떤 기준에 따라 분석할 수 있을까요? 다음은 캐나다 학생들이 미디어 메시지를 비판적으로 평가할 때 활용하는 여섯 가지 체크리스트입니다. 이 내용을 참고하여 모둠별로 온라인 정보를 비판적으로 평가하기 위한 핵심 질문을 총 여섯 가지 이상 만들어 봅시다. 각 항목 당 핵심 질문을 한 가지 이상 만들어야 한다는 점에 유의하십시오.

온라인 정보의 비판적 평가를 위한 핵심 질문	
1. 사실과 의견 구분하기	예시 : 글쓴이의 주관적인 생각에 해당하는 부분은 무엇인가?
2. 주장이나 정보원의 신뢰성 평가하기	예시 : 지나치게 오래된 자료는 아닌가?
3. 진술의 정확성 평가하기	예시 : 사실에 근거한 내용인가?
4. 주장이나 진술의 편견 탐지하기	

5. 논리적 비일관성 평가하기	
6. 주장의 강도 평가하기	

☞ 모둠별로 온라인 정보를 비판적으로 평가하기 위한 핵심 질문을 총 여섯 가지 이상 만들어 보았나요? 완성한 내용을 발표해 봅시다. 다른 모둠의 발표를 잘 듣고 우리 모둠에서 미처 생각하지 못한 내용이 있는지, 우리 모둠의 온라인 정보 평가 기준을 보완할 수 있는 내용이 있는지 경청해 봅시다.

전개 2 유용한 온라인 정보 출처 소개하기

◎ 전개1 활동에서 학생들은 모둠별로 탐구를 통해 온라인 정보를 비판적으로 평가하기 위한 핵심질문을 10가지 이상 도출하였습니다. 또한 모둠별로 구상한 핵심질문을 전체적으로 공유함으로써 자신의 모둠이 구상한 핵심질문을 보완할 수 있었을 것입니다.

이제 전개2 활동을 통해 모둠별로 가족, 친구, 선생님께 소개하고 싶은 내용을 선정한 뒤, 이와 관련된 신뢰할 만한 정보를 제공하는 온라인 정보 출처를 소개해 보도록 합니다. 이 과정에서 전개1 활동에서 만들었던 핵심 질문을 활용하여 온라인 정보를 비판적으로 평가하고 그 내용을 함께 적어보도록 지도합니다. 학생들은 각양각색의 온라인 정보의 출처, 즉 뉴스, 블로그, 포스트, 카페, SNS 등에서 제공하는 정보를 실제로 분석하는 과정에서 비판적 사고 기술을 활용하는 연습을 할 수 있습니다. 발표 시에는 자신들이 찾은 유용한 정보를 소개하는 것이 아니라 '유용한 정보를 제공하는 출처'가 어느 곳인지에 대해 발표하도록 하고, 잘못된 정보와 유용한 정보를 어떻게 구분하였는지 자세히 말해보도록 지도합니다. 이 활동을 할 때는 모둠별로 핸드폰이나 태블릿을 활용하도록 하거나 학급 구성원 전체가 컴퓨터실로 이동하도록 해야 합니다.

☞ 이제 모둠별로 가족, 친구, 선생님께 소개하고 싶은 온라인 정보의 주제를 선정한 뒤, 유용하고 신뢰할 만한 정보를 제공하는 출처(사이트)는 어디인지, 그 이유는 무엇인지 발표해 봅시다. 이 과정에서 여러분들이 완성한 핵심 질문에 따라 뉴스, 블로그, 포스트, 카페, 소셜 네트워크 서비스(SNS) 등에서 제공하는 정보를 비판적으로 평가해 보아야 합니다.

〈활동 방법〉

1. 가족, 친구 선생님께 소개하고 싶은 온라인 정보의 주제 선택하기
- 모둠별로 논의를 통해 가족이나 친구, 선생님께 소개하고 싶은 정보가 무엇인지 선택하도록 한다. 웬만하면 다른 모둠이 선택한 주제와 중복되지 않은 주제를 선택하도록 안내한다. 예를 들면 학생들은 휴가철 여행지로 추천할 만한 곳, 효과 좋은 다이어트 방법, 다양한 운동 방법 등 자신들의 관심사에 따라 각양각색의 주제를 선정할 수 있다.

2. 온라인 정보 평가를 통해 신뢰할 만한 온라인 정보 수집하기
- 모둠별로 핸드폰이나 태블릿, 컴퓨터를 활용하여 온라인 포털 사이트에서 제공하는 다양한 온라인 정보 중에서, 사전, 뉴스, 블로그, 카페, 소셜 네트워크 서비스(SNS), 광고 등을 검색하여 선택한 주제와 관련된 신뢰할 만한 유용한 정보를 수집하도록 안내한다. 이 과정에서 반드시 모둠별로 이전 활동에서 만든 '온라인 정보 평가를 위한 핵심 질문'을 활용하여 온라인 정보를 실제로 평가해 볼 수 있도록 지도한다.

3. 온라인 정보 출처(사이트)의 신뢰도 나타내고, 발표하기
– 모둠별로 수집한 온라인 정보의 신뢰도를 별점으로 나타내고 그렇게 평가한 이유를 꼼꼼하게 적어보도록 안내한다. 그리고 유용하고 신뢰할 만한 정보를 제공하는 온라인 정보 출처(사이트)는 어디인지 발표하여 학급 구성원들과 공유하도록 지도한다.

온라인 정보 평가 결과

예시

*우리 모둠이 선택한 온라인 정보 주제 : 효과적인 다이어트 방법
1. 우리 모둠이 평가한 온라인 정보 출처(사이트) : 온라인 포털 사이트 ○○○에서 제공하는 뉴스 중에서 '○○○'라는 제목의 기사(https://…)
2. 온라인 정보 평가 결과

온라인 정보의 비판적 평가를 · 위한 핵심 질문	평가 결과
1. 글쓴이의 주관적인 생각에 해당하는 부분은 무엇인가?	첫 문단과 마지막 문단은 기자의 주관적인 생각에 해당한다.
2. 지나치게 오래된 자료는 아닌가?	올해 작성된 자료로 최신 자료라고 볼 수 있다.
…(하략)…	…(하략)…

3. 온라인 정보 출처(사이트) 평가 : ★★★☆☆ 출처가 명확하고 올해 작성한 기사로 최신 자료로 볼 수 있다. 효과적인 다이어트 방법에 대해 …… 내용을 중심으로 소개하고 있으나 기자의 주관적인 생각을 마치 사실인 것처럼 보도한 부분이 있으므로 이 기사에 나타난 정보를 무턱대고 믿고 받아들여서는 안 된다.

◎ 이 활동에서는 학생들이 '비판적 사고의 중요성'과 관련된 글을 읽고, 비주얼 씽킹(visual thinking)을 활용하여 '비판적 사고란 □다'라는 문장을 완성하고 그림을 그려 학습한 내용을 정리하도록 합니다.

☞ 우리는 위 활동을 비판적 사고를 활용하여 온라인 정보를 평가해 보았습니다. 다음은 '비판적 사고의 중요성'과 관련된 글입니다. 이 글의 내용을 참고하여 오늘 학습한 내용을 '비판적 사고란 □(이)다'라는 문장을 완성하고 그림을 그려 정리해 봅시다.

누군가 소크라테스를 찾아와 다급하게 소리쳤다. "여보게 소크라테스 이럴 수가 있나? 방금 내가 밖에서 무슨 말을 들었는지 아나. 아마 자네도 이 이야기를 들으면 깜짝 놀랄 거야. 그게 말이지……" 이 때 소크라테스가 말했다. "아직 말하지 말고 잠깐만 기다리게. 자네가 지금 급하게 전해주려는 소식을 체로 세 번 걸렀는가?" 그는 소크라테스의 말을 이해하지 못해 머리를 갸우뚱거렸다. "체로 세 번 걸렀냐니? 무슨 체를 말하는 건가?" "첫 번째 체는 진실이네. 지금 말하는 내용이 사실이라고 확신할 수 있나?" "아니 그냥 거리에서 주워 들었네." "두 번째 체로 걸러야겠군. 그럼 자네가 말하는 내용이 사실이 아니더라도 최소한 선의에서 나온 말인가?" 그러나 그 사람은 우물쭈물하며 아니라고 답했다. "그럼 세 번째 체로 걸러야겠군, 자네를 그렇게 흥분하게 만든 소식이 아주 중요한 내용인가?" "글쎄." "자네가 나에게 전해 주려는 소식이 사실도 아니고, 게다가 선의에서 비롯된 마음으로 전해주려는 것도 아니고, 더구나 중요한 내용도 아니라면 나에게 말할 필요가 없네. 이런 말은 우리의 마음만 어지럽힐 뿐이네."

*출처 : 황치성(2018), 미디어 리터러시와 비판적 사고, 18-19.

답변 예시

비판적 사고란 '정수기'다.

왜냐하면 정수기를 통해 더러운 물을 깨끗하게 거를 수 있듯이, 우리는 비판적 사고를 활용하여 온라인 정보가 신뢰할 만한지 아닌지 확인할 수 있기 때문이다. 만일 온라인 정보를 접할 때 비판적 사고를 활용하지 않는다면, 정수기로 거르지 않은 물을 마시게 되는 것과 같이 잘못된 정보를 무조건 수용하게 되는 문제가 발생할 수 있다.

비판적 사고란 _____(이)다.
왜냐하면

2. 도덕적 창의성

최근 정보통신 기술의 발달과 스마트폰 보급 확대로 인해 쌍방향으로 소통할 수 있는 뉴 미디어(New Media)가 등장하면서, 개인이 다양한 콘텐츠를 직접 생산하고 공유할 수 있는 커뮤니케이션 플랫폼인 '1인 미디어'가 인터넷 개인방송을 중심으로 활성화되고 있다(한국소비자원, 2017: 1, 3). 매체 이용의 개인화가 점차 고연령층으로 확산되고 있으며 스마트폰이 TV를 제치고 일상생활의 필수 매체로 부상하고 있다는 사실은(이두황 외, 2018: 7-9), 정보의 생산자와 소비자 간의 경계를 모호하게 만들어 사용자가 곧 콘텐츠의 공급 주체로 거듭날 수 있는 기반을 조성하는 데 기여하였다. 이와 같은 흐름 속에서 소셜 크리에이터와 같은 '1인 창작자(Creator)'는 디지털시대 미디어 시장의 새로운 콘텐츠 공급원으로 급속히 부상하였다(오동일, 2016: 54, 58).

무엇보다 1인 미디어를 통해 창작자들은 단 1명의 시청자만 있어도 방송을 할 수 있으므로 기존의 전통적인 미디어가 다루고 있는 콘텐츠 분야뿐만 아니라 게임, 음악, 스포츠, 먹방, 취미, 시사, 정보 등과 같이 일상 속에서 쉽게 접할 수 있는 소재들을 포함한 다양한 장르의 콘텐츠를 발굴하고 구현함으로써, 사용자들에게 재미와 흥미를 선사할 수 있게 되었다(오동일, 2016: 48). 하지만 이와 동시에 유튜브(Youtube)로 대표되는 인터넷 개인 방송이 급성장하면서 음란물 노출부터 폭력·혐오 등을 포함한 자극적이고 선정적인 콘텐츠에 대한 문제가 심각한 사회문제로 대두되고 있다. 대중의 관심이 곧 수익으로 연결되는 구조 하에서, 수익 창출에 혈안이 된 일부 창작자들이 반사회적인 유해 콘텐츠들을 양산하여 이를 여과 없이 송출하고 있기 때문이다. 실제로 먹방, 쿡방, 게방, 톡방의 범주를 넘어서 도박, 막말, 장애인비하, 불법(도로상 과속/경주 등), 성기 노출, 속옷 벗기, 실제 성관계 등을 보여주는 콘텐츠가 실시간으로 '중계' 되어 사회적으로 문제시되기도 하였다(이동후, 2016; 이하림 · 유홍식, 2017: 129에서 재인용).

이와 관련하여 우려스러운 점은 1인 미디어에 대해서는 방송 프로그램에 대한 제재에 비해 강제력이 적은 '시정요구'를 통해서만 규율될 수 있고, 인터넷 개인 방송이 생방송으로 이뤄진다는 특성으로 인해 사전 제재가 거의 불가능하다는 것이다(한국소비자원, 2017: 17, 52). 게다가 인터넷 개인 방송의 시청자 중 일부가 10대 청소년들이라는 점은 더욱 심각한 문제가 된다(한국소비자원, 2017: 14). 유해한 콘텐츠가 청소년들의 정서에 막대한 악영향을 끼칠 수 있기 때문이다. 가령 폭력적이고 선정적인 내용은 청소년들에게 폭력에 대한 둔감화(desensitization) 또는 사소화(trivialization)를 초래할 수 있으며, 폭력이나 잘못된 성행위의 모방, 성에 대한 잘못된 가치관이나 태도를 형성할 수 있다(강남준 · 김지환, 1999; 김형지 · 윤영민, 2011; Bandura, 2002; Berkowit, 1990; 이하림 · 유홍식, 2017: 144에서 재인용).

일각에서는 이러한 문제에 대해 1인 창작자들의 자율적 규제에 맡기거나 국가 차원에서의 법적 규제를 강화해야 한다는 '금지와 규제'의 입장을 내세운다. 그러나 자율적 규제나 법적 규제를 통해 문제를 근본적으로 해결할 수 있다고 장담하기는 쉽지 않다. 조회수가 수익과 직결되는 구조 하에서 방송인 및 방송인이 소속된 플랫폼 내에서의 자발적인 규제가 이뤄지기 어려운 것이 사실이고, 유해 콘텐츠를 송출한 방송인의 활동을 영구적으로 중지시키는 등의 강력한 규제를 앞세우더라도 방송인은 언제든지 새로운 계정을 만들거나 다른 플랫폼으로 옮겨 방송을 진행할 수 있기 때문에(이두황 외, 2018: 73), 문제를 근본적으로 해결하기에는 난점이

곳곳에 도사리고 있기 때문이다.

그렇기 때문에 이러한 경우 유해한 콘텐츠를 생성해서는 안 된다는 점에 중점을 두는 금지와 규제의 입장에서 문제를 바라보기 보다는, 타인과 사회에 기여할 수 있는 창의적 콘텐츠를 생성하는 것이 바람직하다는 점에 착안한 입장을 활용하는 것이 문제를 실질적으로 해결하는 데 도움이 될 것이다. 이는 문제행동에 대해 사후 반응적 처지보다는 예방과 전반적인 삶의 방식 변화에 초점을 두는 긍정적 행동 지원(김지수 외, 2015: 52)을 활용하는 관점과 일맥상통한다. 단순히 문제행동 자체의 감소에 관심을 두는 접근 방식은 문제행동의 일시적인 감소를 가져올 수 있으나 행동의 지속성, 중재행동의 유지 또는 일반화에는 실패할 수 있다는 한계에 봉착할 수밖에 없다(Scott & Nelson, 1999; 조정연, 2012: 177에서 재인용). 즉, 학교 현장에서 긍정적 행동 지원 접근을 활용하여 학생들에게 기대되는 적절한 행동을 가르치고 적절한 행동이 나타날 때 촉진과 강화를 제공하며 학생이 의미 있게 수업에 참여하도록 지지적 환경을 조성하는 것과 마찬가지로(Webber & Plotts, 2008, 2014; 김지수 외, 2015: 52에서 재인용), 1인 창작자에 대해서도 선정적이고 자극적인 콘텐츠 대신 타인과 사회에 선한 영향력을 미칠 수 있는 참신한 콘텐츠를 생성하도록 장려하는 분위기를 조성하고 이러한 콘텐츠에 대한 적합한 보상을 제공하는 방향으로 나아가야 한다. 이와 관련하여 암을 앓고 있는 자신의 일상을 방송하여 비슷한 처지에 있는 사람들과 소통함으로써 긍정적 영향을 전파하거나, 항암 치료를 하면서 얻은 유익한 정보를 널리 알리고 암환자에 대한 고정관념과 편견을 깨는 데 앞장서는 1인 방송인들의 이야기는 적절한 예시가 될 수 있다(오연서, 2019).

그러므로 이 책의 3장에서 디지털 시민성을 위한 교육을 위해 보호

(protecting)와 촉진(promoting)의 균형을 모색해야 한다고 설명한 바와 같이, 디지털 시민성을 함양하기 위해 창의성을 주제로 한 수업에서도 '학생이 유해 콘텐츠를 창안하지 못하도록 하기'에 초점을 맞춘 보호 위주 패러다임이 아니라, '학생이 선한 영향력을 전파하는 콘텐츠를 창안하도록 하기'에 주안점을 두어야 한다. 다시 말해 학생들로 하여금 유해 콘텐츠를 개발하지 못하도록 강조하기보다는 타인과 사회에 이로움을 가져다 줄 수 있는 창의적인 콘텐츠를 개발할 수 있도록 장려하고 권장해야 한다. 대부분의 학생들은 아직 1인 미디어의 사용자에 머물러 있지만, 시간이 지남에 따라 적극적인 정보 생산자가 되어 1인 미디어 시대의 능동적인 주체로 거듭날 가능성이 매우 높기 때문이다.

그러나 만일 창의적 인간이 자신에게만 이익이 되는 연구나 혹은 사회에 해악이 되는 산물을 생산하는 데만 창의성을 사용한다면, 개인은 물론 사회 전체에 불행을 야기할 수 있다(이미식, 2012: 1206). 분명히 자극적이고 선정적인 콘텐츠를 개발하여 유명세를 얻은 방송인들은 창의성을 갖춘 사람들이겠지만, 인간의 창의적 노력 중 많은 것들이 폭력과 기만적 술책에 이용된다는 '창의성의 어두운 면(the dark side of creativity)'에 주목해 보면(McLaren, 1993; 최병연, 2017: 24에서 재인용), 모든 창의성이 언제나 바람직하고 유익한 것은 아니라는 사실을 알 수 있다. 보워스(Bowers)는 창의성이 "교사의 어휘 가운데 가장 남용되고 있는 것 중 하나"라고 지적하고 다른 사람에게 끼칠 영향력에 대한 고려 없이 창의성을 강조하는 교육 모토를 비판하고 창의성에 대한 관점의 중심을 개인과 공동체 관계의 측면에서 볼 필요가 있다고 강조하면서, 창의성 교육이 궁극적으로는 사회와 환경의 복지를 목표로 해야 한다고 주장한다(Bowers, 1995: 50; 이정렬, 2016: 6에서 재인용).

이와 관련하여 부정적 창의성과 악의적 창의성에 대해 살펴보면 먼저 부정적 창의성은 두 가지 유형, 즉 창작자의 의도와 관계없이 부정적인 결과를 가져온 창의성과 행위자가 부정적으로 자신의 이득을 얻기 위해 창의성을 활용하는 것으로서 이 경우 반드시 타인에게 고의적으로 피해를 주려는 의도가 포함되어 있는 것은 아니다(최병연, 2017: 26). 악의적 창의성이란 개인이나 집단이 고의적으로 타인이나 다른 집단에 해를 끼칠 목적으로 생성한 새롭고 유용한 산출물이며, 여기에는 타인에게 해를 주려는 행위자의 고의가 포함되어 있다(최병연, 2017: 26-27).

그런데 이미식(2012: 1207)에 의하면 중학생 시기는 창의성의 발현이 자아발달과 밀접하게 연결될 수 있으며 이익과 손해라는 현실적인 논리보다 분별력과 비판적 사고능력이 발달하는 단계이므로 도덕적 창의성 교육에 관심을 가져야 할 발달 단계이자, 창의성이 삶의 의미 및 목표와 연관되어서 가치 있는 것으로 발현될 수 있도록 토대를 마련해 주어야 하는 단계이다. 그러므로 교사는 학생들로 하여금 악의적 창의성은 물론이고 자신의 이기적인 목적 달성을 위해 노력하거나 선한 의도로 산출된 창의성이 창작자의 의도와 관계없이 부정적으로 활용되는 일이 발생하지 않도록 부정적 창의성을 경계하도록 지도해야 한다. 즉 교사는 학생들이 창의성을 갖추도록 조력하되, 단순히 새로운 산물을 창출하는 측면에서의 창의성이 아니라 도덕적 창의성(moral creativity)을 계발하도록 이끌어야 한다. 보다 구체적으로 교사는 학생들이 단기적으로는 콘텐츠의 유해성을 적절하게 판별하는 비판적 사고뿐만 아니라, 궁극적으로 자신을 포함하여 타인과 세상을 위해 선한 영향을 미칠 수 있는 콘텐츠를 개발하도록 도덕적 창의성을 갖추도록 안내할 필요가 있다.

그렇다면 도덕적 창의성이란 무엇인가? 본래 창의성은 새로운 시각에서 통찰력과 융통성 있는 유연한 사고와 발상으로 가치 있는 아이디어와 산출물을 생산하는 능력을 뜻한다(추병완, 2011: 217). 그런데 앞서 설명한 바와 같이 일반적으로 모든 창의성은 발견·가공·아이디어·발명 등 형태와 상관없이 어떤 창조적인 산출물과 관련된 것이지만, 모든 창조적 산출물은 어떠한 형태로든 가치지향적인 활동으로 연결될 수밖에 없기에 도덕적 관점에서 창의성을 바라볼 것이 요청된다(김현수, 2011: 278). 즉, 모든 창의성은 도덕적 창의성을 본질로 두어야 한다(이정렬, 2017: 3). 이렇게 볼 때 도덕적 창의성은 모든 학문이나 과학, 의료 기술, 예술, 스포츠, 그리고 사회적 활동 등의 영역에서 발휘되는 창의성의 적합성을 인정받기 위한 필수적이고 기본적인 전제가 되며(이정렬, 2017: 3), "창의적 행동을 선택하거나 그것을 통해 창의적 결과를 산출할 경우 도덕적으로 의미 있는 것을 지향하고 선택하며 실천할 수 있는 능력과 태도"로 정의할 수 있다(김현수, 2011: 267). 그러므로 도덕적 창의성은 인류의 보편 윤리를 지향해야 하며 새로운 아이디어가 공동체 구성원들에게 어떠한 영향을 줄 것인지에 대한 책임 의식을 동반하는 것이며, 자신의 선택과 행동이 타인에게 줄 피해와 고통을 고려하는 배려의 관점과 함께 구체적 맥락과 상황에서 보다 도덕적으로 적절한 창의적 사고와 실행을 요구한다(이정렬, 2016: 7). 도덕적 창의성의 구성요소는 〈표 8〉과 같다(Martin, 2006: 424; 이미식, 2012: 1211-1214에서 재인용).

독창성	기존의 것을 답습하지 않고 새로운 것을 추구하되, 그 바탕은 도덕적이고 인간의 선한 삶을 추구해야 한다.
목적성	도덕적 창의성이 지향하는 정신, 의도, 가치를 의미하며 인간다운 삶에 기여하는 것, 나와 타자가 궁극적으로 행복한 것, 나와 타인의 간계를 의미 있게 구성하는 것 등 궁극적인 가치가 포함된다.
도덕적 조망 능력	창의적 상황이나 산물 그리고 행위를 타인의 마음으로 느끼고 행동할 수 있는 능력이다.
책임성	자신이 한 행동에 비난이나 제재를 가한다는 소극적 의미와 행위를 개선하기 위한 것을 목적으로 하는 적극적 의미를 모두 포함한다.
상상력	주어진 상황이나 사태를 도덕적 관점에서 사려 깊고 진지하게 바라보고 창의적 행위를 가치 있게 구성할 수 있도록 하는 능력이다.
도덕적 실천의지 및 행동	창의성의 발현이 도덕적일 수 있도록 하는 행위 요소이다.

학생들로 하여금 도덕적 창의성을 발휘하여 타인과 사회에 이로움을 가져다 줄 수 있으면서도 기발하고 유용한 콘텐츠를 개발하도록 조력하기 위해서, 교사는 어떠한 교수·학습 방법을 활용할 수 있을까? 많은 교과 수업에서 프로젝트 수업이 창의성 함양에 기여한다는 연구들이 보고되고 있다(이명숙·박상범, 2011; 이경화·박춘성, 2013; 황유경·최돈형·김찬국, 2014; 정명화·신경숙, 2004; 이정렬, 2017: 3에서 재인용). 프로젝트 수업은 특정 주제에 대한 깊이 있는 탐구로(Katz & Chard, 1989; 정명화·신경숙, 2004: 288에서 재인용), '학습자의 자기 주도성을 바탕으로 삶의 맥락과 통합하는 실제적인 내용을 장기간의 학습 수행을 통해 최종 산출물로 구현하는 수업'으로 볼 수 있다(오영범, 2017: 9). 프로젝트 수업과정에서 학습자는 주제나 문제의 선정에서부터 해결과정에 이르는 프로젝트 전체 활동을 직접 계획하고, 세운 계획을 달성하기 위하

여 다양한 활동과 노력을 전개한다(정명화 · 신경숙, 2004: 288).

이정렬(2016: 9-11)에 의하면 학생들의 도덕적 창의성 함양에 기여하기 위한 프로젝트 수업은 다음 네 가지 특성을 갖추어야 한다. 첫째, 능동적 사고와 자율적 활동을 통한 자기 주도적 학습을 촉진해야 한다. 둘째, 삶과 경험에 연계된 주제 탐구를 통한 지식의 적용과 심화 학습을 제공해야 한다. 셋째, 협력과 도덕적 상호작용의 과정을 통한 창의적 사고와 도덕적 역량을 함양하는 데 도움이 되어야 한다. 넷째, 창의성이 발휘되기 위한 몰입과 고민 그리고 정교화의 기회를 제공하는 수업이어야 한다.

이에 따르면 교사는 무엇보다 프로젝트 수업에서 학생들이 수업의 주체가 되어 탐구하고자 하는 주제를 스스로 선택하고 계획한 바에 따라 자율적으로 탐구에 임할 수 있도록 조력해야 한다. 다음으로 교사는 학생들이 자신의 삶과 괴리되지 않은 주제를 선정하여 학습하도록 안내하고 단순히 배운 바를 확인하는 정도에서 그치지 않고 적용할 수 있는 계기를 제공해야 한다. 또한 교사는 학생들이 모둠원들과 함께 공동의 문제를 탐구하는 과정에서 참신한 해결 방법을 모색하도록 북돋우며, 존중과 배려를 바탕으로 한 관계를 형성하여 의사소통할 수 있도록 지도함으로써 학생들이 다양한 사회적 기술과 능력을 함양하도록 촉진해야 한다. 마지막으로 교사는 학생들이 함께 고민하고 탐구할 시간을 여유 있게 제공하여 창의적 통찰의 순간을 경험할 수 있는 토대를 마련해 주고, 그들의 창의적 발견이 타인과 사회에 기여할 수 있는 도덕적인 범주에 속하는지 성찰할 수 있도록 이끌어야 한다.

도덕적 창의성 함양을 위한 프로젝트 수업의 단계는 창의성 발현의 과정과 연계하여 〈표 9〉와 같이 구성될 수 있다(이정렬, 2016: 15-17).

〈표 9〉 도덕적 창의성 프로젝트 수업 모형의 단계

프로젝트 수업 단계	창의성 발휘 단계	도덕적 창의성 프로젝트 수업 단계
토픽, 학습 내용의 설정	문제의 발견	도덕적 문제 상황 제시
	문제의 확인	핵심 프로젝트 선정과 확인
	탐구 문제의 명료화	다양한 관점을 포함한 주제의 세분화와 추진 질문 제시
프로젝트 실행 계획	문제의 인식과 계획	모둠별 프로젝트 실행 계획
프로젝트 전개 활동	관련 정보 수집	모둠별 프로젝트 실행
	아이디어 발상	
	거리두기(부화기)	
	아이디어의 선택	
발표	아이디어의 정교화와 성찰	프로젝트 발표와 성찰

이정렬(2016: 18-21)은 〈표 9〉에 제시된 도덕적 창의성 함양을 위한 프로젝트 수업 단계를 활용한 도덕과 수업 '민족 통합의 윤리적 과제'의 각 단계를 구체적으로 설명하기도 하였다. 이 글에서는 이를 참고하여 〈표 10〉과 같이 디지털 시민성 함양을 목표로 하는 수업에 적용해 보고자 한다.

〈표 10〉 도덕적 창의성 프로젝트 수업의 디지털 시민성 수업에의 적용

도덕적 창의성 프로젝트 수업 단계	창의성 발휘 단계	디지털 시민성 수업에의 적용
1. 도덕적 문제 상황 제시	문제의 발견	· 1인 창작자가 제작한 유해한 콘텐츠 및 유익한 콘텐츠 관련 영상, 사진, 신문기사 제시하기
2. 핵심 프로젝트 선정과 확인	문제의 확인	· 타인과 공동체에 선한 영향을 미칠 수 있는 참신한 콘텐츠 개발

3. 다양한 관점을 포함한 주제의 세분화와 추진 질문 제시	탐구 문제의 명료화	· 모둠별로 1인 창작자가 되어 타인과 공동체에 선한 영향을 미칠 수 있는 참신하고 유익한 콘텐츠가 무엇인지 다양한 관점에서 생각해보기
4. 모둠별 프로젝트 실행 계획	문제의 인식과 계획	· 탐구 주제 프로젝트 실행을 위한 세부 계획
5. 모둠별 프로젝트 실행	관련 정보 수집	· 유익하고 참신한 콘텐츠 제작을 위한 하위 질문 설정
	아이디어 발상	· 모둠원의 다양한 관점과 아이디어 발상을 통해 유익하고 참신한 콘텐츠를 개발하기 위한 다양한 방법 모색
	거리두기 (부화기)	
	아이디어의 선택	· 다양한 자료와 아이디어 중에서 유익하고 참신한 콘텐츠 제작에 적합한 아이디어 선택 · 의도적인 거리두기를 통한 창의성의 새로운 발현 · 발표 방식에 적합한 방법 선택 및 콘텐츠 발표 준비
6. 발표	아이디어의 정교화와 성찰	· 프로젝트 발표 · 프로젝트 과정과 결과에 대한 성찰

보다 구체적으로 수업의 각 단계는 다음과 같이 이뤄질 수 있다.

• 도덕적 문제 상황 제시 - 문제의 발견: 프로젝트의 큰 아이디어(big idea)를 파악하는 단계로, 학생들의 실생활과 관련이 있는 상황이나 학생들이 관심을 갖는 사회적 이슈를 제시하는 것이 좋다(이정렬, 2016: 15). 즉, 교사는 학생들이 즐겨볼만한 1인 창작자들이 제작한 유익한 콘텐츠 및 유해한 콘텐츠에 대한 영상, 사진, 신문기사를 제시하여 학습 동기를 유발할 수 있다.

• 핵심 프로젝트 선정과 확인 - 문제의 확인: 학생들의 일상이나 경험과 연계될 수 있는 탐구 주제를 선정하는 단계로 다른 교과와의 융합적 접근을 시도할 수 있다(이정렬, 2016: 15-16). 즉, 이 단계에서 교사는 디

지털 시민성 함양을 위해 '타인과 공동체에 선한 영향을 미칠 수 있는 참신한 콘텐츠'를 주제로 선정한 뒤, 학생들로 하여금 프로젝트 활동을 통해 모둠별 관심사, 흥미 등에 따라 다양한 소재의 콘텐츠를 제작해야 한다는 점을 안내해야 한다.

• 다양한 관점을 포함한 주제의 세분화와 추진 질문 제시 - 탐구 주제의 명료화: 다양한 관점에서 탐구 주제를 세분화하고 관련 추진 질문(driving question)을 만들고 개선해나가면서 탐구 주제를 보다 명료하게 설정하는 단계이다(이정렬, 2016: 16). 좋은 추진 질문은 프로젝트가 진행되는 동안 학생들의 흥미를 유지시키고 학생들의 삶 및 일상과 연계되어야 하며 프로젝트 핵심 문제를 해결해가는 데 기여할 수 있는 것으로 도전적이어야 하고 학생들로 하여금 정보를 수집하고 종합하며 비판적으로 평가하는 고차원적 사고를 발휘하도록 한다(이정렬, 2016: 16). 예를 들면 교사는 학생들이 1인 창작자가 되었다고 가정하도록 하여 '어떻게 타인과 공동체에 선한 영향을 미칠 수 있는 참신한 콘텐츠를 제작할 수 있는가?'와 같은 추진 질문을 도출할 수 있도록 분위기를 조성해야 한다.

• 모둠별 프로젝트 실행 계획 - 문제의 인식과 계획: 학생들이 모둠별로 탐구를 진행하기 위한 질문을 제시하여 탐구 문제를 설정하고, 모둠 구성원들이 역할분담, 자료 수집 계획, 발표 계획 등을 논의하는 등의 구체적 계획을 세울 수 있도록 지도하는 단계이다(이정렬, 2016: 20). 즉, 학생들은 이 단계에서 '유익한 콘텐츠과 유해한 콘텐츠를 나누는 기준은 무엇인지', '어떤 콘텐츠를 창의적이라고 볼 수 있을지', '모둠 구성원이 공통적으로 관심을 갖는 분야나 소재는 무엇인지', '기존에 개발된 콘텐츠에 대한 분석을 어떻게 할 것인지', '시청자들이 어떤 내용의 콘텐츠를 원하는지' 등의 물음을 제기하고 '콘텐츠를 어떤 형태로 표현할 것인지', '어떤

미디어에 게시할 것인지', '전체 학생들 앞에서 콘텐츠를 어떻게 소개할 것인지' 등에 대해 논의할 수 있다.

• 모둠별 프로젝트 실행 - 관련 정보 수집, 아이디어 발상, 거리두기, 아이디어 선택: 프로젝트를 실행하기 위해 학생들이 정보를 수집하고 모둠원들과 아이디어를 교환하기도 하며, 거리두기를 통해 문제를 다른 관점에서 보고 새로운 아이디어를 생각해 내기도 하며 관련된 문제의 심층 탐색을 위해 현장 견학이나 전문가와의 만남을 실행할 수 있는 단계이다(이정렬, 2016: 16-17). 예를 들면 음악에 관심이 많은 학생들이 모인 모둠에서 모둠원들은 '상황별 듣기 좋은 음악'이라는 주제의 콘텐츠를 만들기로 하고, 상황을 '공부할 때', '휴식을 취할 때', '독서할 때', '산책할 때' 등으로 나누어 클래식, 힙합, 대중 가요, 민요 등에 대해 직접 찾아보거나 음악 선생님께 도움을 얻어 추천할 만한 곡을 선정하여 콘텐츠를 제작할 수 있을 것이다.

• 프로젝트 발표와 성찰 - 아이디어 정교화와 성찰: 학생들이 프로젝트 전 과정을 통해 성취하거나 도달한 결과 또는 결론을 다른 사람들에게 제시하고 의견을 교환하면서 창의적인 사고를 보다 정교화 할 수 있는 단계로, 연극, 신문, 편지, 연설 등 다양한 방법을 활용하여 발표할 수 있다(이정렬, 2016: 17). 이 단계에서 학생들은 필히 프로젝트 실행 과정에 대한 반성적 성찰을 거쳐야 하며, 교사 역시 학생들의 발표 과정을 검토하면서 학생들이 주제에 관하여 잘 이해하지 못한 부분이 무엇인지 확인하고 이를 위해 추가적으로 해야 할 일은 무엇인지 파악하면서 프로젝트 수업에 대한 자기 성찰의 시간을 가져야 한다(Jung, Tryssenaar & Wilkins., 2005: 이정렬, 2016: 17에서 재인용). 즉, 학생들은 이전 단계에서 '상황별 듣기 좋은 음악' 콘텐츠를 영상으로 제작한 뒤 이 영상을 전체 학생들

에게 공개하여 수정 및 개선이 필요한 부분은 무엇인지 피드백을 제공받을 수 있고, 프로젝트 실행 과정에서 자신이 맡은 역할을 제대로 수행했는지 성찰해 볼 수 있다. 교사 역시 학생들이 제작한 콘텐츠가 바람직한 것인지, 타인이나 공동체에 피해를 주는 콘텐츠를 제작한 모둠이 어떻게 콘텐츠의 내용을 수정할 수 있을 것인지 등에 대한 숙고의 시간을 가질 수도 있다.

디지털 시민성과 도덕적 창의성

1. 교수 · 학습 활동의 개관

학습 주제	온라인에서 도덕적 창의성의 중요성
학습 목표	1. 인터넷 방송 창작자가 갖추어야 할 바람직한 자세와 태도는 무엇인지 설명할 수 있다. 2. 도덕적 창의성을 발휘하여 타인과 공동체에 기여할 수 있는 참신하고 유익한 콘텐츠를 개발할 수 있다.

학년(군)	중학교 1-2학년	관련 교과목	도덕	왜 도덕적으로 살아야 하는가?

관련 성취기준	[9도01-01]	사람다운 삶을 살아가기 위해 도덕이 필요한 이유를 설명하고, 왜 도덕적이어야 하는지 그 근거와 이유를 제시할 수 있다.

차시 분량	3차시	핵심역량	창의적 사고 역량, 도덕적 사고 능력, 윤리적 성찰 및 실천 성향

수업 지침	· 도입에서 학생들에게 라디오 방송 내용을 소개하고 학생들이 자신의 경험을 토대로 하여 답하도록 한다. 이를 통해 학생들이 인터넷 방속 창작자가 갖추어야 할 바람직한 자세와 태도는 무엇인지 자연스레 깨닫도록 지도한다. · 전개에서 모둠별로 타인과 공동체에 기여할 수 있는 유익하고 참신한 콘텐츠를 만들기 위해 프로젝트 활동을 하도록 한다. 이 과정에서 학생들이 도덕적 창의성을 발휘하도록 독려한다. · 정리에서 학생들이 '도덕성 없는 창의성'과 '도덕적 창의성'을 다른 사물에 빗대어 짧은 글과 그림으로 표현하도록 한다. 이를 통해 수업에서 배운 점과 느낀 점을 정리할 수 있도록 지도한다.
토론 주제	· 창의성은 언제나 바람직하고 유익한가?

2. 교수 · 학습 활동의 예시

도입 기사로 생각 열기

◈ 수업 시작 인사 후, 학생들에게 다음 라디오 방송의 내용을 제시하여 도덕적 창의성이 왜 필요한지 생각해 보도록 합니다. 이 글에 등장하는 아나운서와 문화평론가는 통화를 통해 인터넷 1인 방송을 주제로 대화하고 있습니다. 이들은 'BJ', '크리에이터', '인플루언서'의 의미를 밝히고, 최근 어떤 콘텐츠가 주로 만들어지고 있는지에 대해 이야기합니다. 동시에 요즘 문제가 되고 있는 유해 콘텐츠에 대한 내용을 다루면서 지속적인 모니터링 및 규제와 함께 창작자들이 콘텐츠 자체 차원의 자율정화를 해야 한다고 주장합니다. 교사는 이 글을 활용하여 학생들에게 인터넷 방송 창작자가 콘텐츠를 개발할 때 창의성만을 발휘하는 행동이 언제나 옳은지, 창작자가 갖추어야 할 바람직한 태도와 자세는 무엇인지 생각해보도록 하여, 학생들이 '도덕적 창의성'이라는 개념에 관심을 갖도록 이끌 수 있습니다. 지문만을 활용할 수도 있고, 필요하면 지문과 함께 해당 사이트(https://www.ytn.co.kr/_ln/0103_201812181009408506)에 실린 음성을 들으면서 수업을 진행할 수 있습니다.

☞ 다음은 라디오 방송 중 일부 내용입니다. 대화를 읽고 질문에 답해 봅시다.

아나운서 : 셀카봉을 들고 스마트폰에다가 혼잣말하면서 걸어 다니는 사람들 본 적 있으십니까. 홍대나 강남 번화가에 가면 흔하게 볼 수 있는 모습인데요. 지금 저처럼 생방송을 하고 있는 사람들입니다. 요즘에는 손바닥만 한 모바일 기기 하나만 있으면 누구나 방송을 쉽게 할 수 있는 시대가 됐습니다. 국내 1인 방송 중에는 즐겨 찾는 구독자 수가 많게는 수백만 명에 이르는 경우도 있습니다. 인터넷 1인 방송이 10대들에게 선풍적인 인기를 끌다 보니까 초등학생·중학생들의 장래희망 상위권에 유튜버가 있을 정도로 1인 방송은 이 시대 우리 사회의 추세로 떠올랐습니다. 오늘은 1인 방송에 대해서 다뤄보겠습니다. 김○○ 문화평론가, 전화 연결돼 있습니다. 안녕하세요?

문화평론가 : 안녕하십니까?

아나운서 : 중장년층 분들은 아직 생소할지 몰라도, 요즘 10대나 20대에게는 TV와 같은 오래된 매체보다도 유튜브나 트위치TV, 아프리카TV 같은 인터넷 방송이 대세입니다. 아프리카TV라는 플랫폼에서 1인 방송하는 사람을 Broadcasting Jockey라고 해서 BJ라고 불렀고요. 요즘에는 플랫폼에 따라서 스트리머, 유튜버, 크리에이터 등등 여러 호칭으로 불리는데요. 또 영향력 있는 블로거, SNS 유명인, 1인 방송인을 통칭해서 인플루언서(Influencer)라고도 부르고요. 이들을 어떻게 정의할 수 있을까요?

문화평론가 : 네. BJ 같은 경우에는 인터넷 방송 진행자입니다. 그렇기 때문에 진행에 좀 초점이 맞춰져 있고요. 크리에이터(창작자)는 진행자분만이 아니고 직접 제작을 하기 때문에 콘텐츠 측면에서 창작자 측면이 강조된 겁니다. 100만 명의 팔로워, 그러니까 구독자 수를 갖고 있거나 수십만 명에 이를 경우에는 크리에이터가 한마디를 하게 되면 엄청난 영향력을 미치기 때문에 이런 사람들을 인플루언서라고 이해하고 있고요.

아나운서 : 그렇군요. 요즘 TV 예능프로그램은 물론이고요. 교양프로라든지 광고까지도 1인 방송인들은 쉽게 볼 수 있는데, 그 방송인들의 면면을 살펴보면 미취학 어린이도 있고요. 6070대 고령층까지도 다양하더라고요.

문화평론가 : 그렇습니다. 누구나 특별한 기술 없이 접근할 수 있고, 심지어는 진행자분처럼 말을 잘하는 분들만 있는 것이 아니고 말을 못하는 분들도 얼마든지 할 수 있습니다. 164만 명의 구독자를 보유한 ○○○같은 경우는 21개월 때부터 유튜브에 등장해서 어린 나이부터 노출되고 있고, 또 화장품 모델로도 최근에 출연했던 박○○ 할머니 같은 경우는 평생 식당을 운영했는데 손녀가 할머니 치매예방을 위해서 시작했던 것이 스타로 만들어준 상황이 됐어요. 그래서 나이와 연령대와 상관없이 등장하고 있고, 또 기존의 연예인들도 1인 크리에이터로 나서고 있습니다.

아나운서 : 요즘에는 궁금한 사안이 생기면 10대들은 유튜브로 검색한다는 말도 있습니다. 포털사이트에서 검색하면 30대 이상이다, 이런 농담도 있던데. 실제로 크리에이터들 수도 그렇고, 콘텐츠 수도 숫자를 가늠하기 어려울 정도로 어마어마하죠.

문화평론가 : 그렇습니다. 말씀하신 것처럼 영상세대 같은 경우에는 영상을 통해서 모든 걸 학습하고 반영하기 때문에 영상을 통해서 지식을 흡수해서 특히 지식정보에 관련해서도 영상콘텐츠가 상당히 많이 제작되고 있고요. 실제로 인기 있는 30개 채널을 보게 되면 기존 매체에 없었던 것들이 상당히 많이 있습니다. 예를 들면 게임이라든지, 또 일상에 관련된 뷰티라든지, 엔터테인먼트, 요리 관련된 것도 있고요. ㉠ **공부하는 법을 유튜브 콘텐츠를 통해서 접하고 있고, 또 연애나 반려동물에 관련된 콘텐츠도 상당히 많이 나오고 있고요. 최근에 가장 또 핫한 것은 춤·노래 채널입니다.** 다양한 콘텐츠, 그러니까 숙제부터 개인 취미에 이르기까지 이런 모든 콘텐츠들이 제작되고 유통되는 것인데요. 그만큼 이용자들의 눈높이에 맞게 제작되고 있기 때문에 이런 점은 능동성과 수요자 중심에 맞게 이런 콘텐츠의 다양성을 확보하고 있는 흐름이라고 볼 수 있겠습니다.

아나운서 : 그런데 얼마 전에는 어느 1인 방송인이 음주 상태에서 운전하는 모습을 그대로 생중계해서 논란이 됐죠. 이런 점은 당연히 걱정의 목소리가 나올 것 같은데 어떻게 보십니까?

문화평론가 : 그렇습니다. 최근에는 여성을 폭행하거나 성폭행을 시도해서 경찰에 신고 돼서 검거되는 일이 벌어졌습니다. 또 학교에 무단침입을 해서 방송하는 바람에 건조물 침입죄로 불구속입건 되는 경우도 있었고요. 또 고가 외제차를 타고

도로를 질주하는 현장을 생중계하다가 교통사고를 낸 경우도 있었고요. 심지어는 음주생방송을 해서 시청자 신고로 신고 되는 경우도 있었습니다. 그리고 심지어는 머리를 때리고 도망가는 행위를 통해서 청소년들이 따라하는 바람에 문제가 되기도 했고요. 발언이 문제가 되기도 합니다. 심지어는 10살 유튜버의 성적인 부분에서 희롱을 한다든지, 또 가정폭력에 관련해서 좀 현실과 다른 조언을 하는 바람에 논란에 휩싸이기도 했습니다. 그런데 이렇게 자극적인 방향으로 흐르는 것은 결국 수익 때문입니다. 조회 숫자를 활용해서 수익을 올리려고 급급하다 보니까 이렇게 ⓒ **선정적이거나 폭력적이거나 일탈적인 내용을 다루게 되는데요.** 그렇지만 이런 행위들은 범죄이고요. 또 요즘 이용자들이 문제가 있으면 바로 신고하는 경우가 있기 때문에 유튜버나 크리에이터 같은 경우에는 그냥 단순히 도덕적·윤리적인 문제가 아니고 범죄가 될 수 있고 이게 처벌을 받을 수 있기 때문에 항상 주의가 필요하다고 볼 수 있겠습니다.

아나운서 : 그렇군요. 얼마 전에 정부에서 음식 먹는 방송, 이른바 먹방이 국민들의 비만에 영향을 준다면서 먹방규제를 시도하려다가 비난을 받고 철회했잖아요. 어떻게 관리하는 게 올바른 방향이라고 보시는지, 끝으로 짧게 들어볼까요?

문화평론가 : 일단 유튜브 실시간 규제는 어려운데요. 신고된 것만 방송통심심의위원회가 규제하고 있습니다. 그래서 앞으로 콘텐츠 제작 기준 등을 포괄하는 자율규제 가이드라인을 마련하겠다고 밝혔어요. 그래서 말씀하신 것처럼 표현의 자유도 있기 때문에 그런 점에서 과도하게 개입할 수는 없는 것이고요. 다만 문제가 된 그런 영상에 대해서는 계속 지속적으로 모니터링하고 규제할 필요성이 있겠고요. 먹방에 관련해서는 콘텐츠 자체 차원의 자율정화가 필요합니다. 왜냐하면 그냥 무조건 폭식 조장하고 많이 먹는다고 해서 요즘 이용자들이 보는 게 아니거든요. 그렇기 때문에 ⓒ _____
_____
_____
_____

*출처 : YTN뉴스(2018.12.18.), 유재석은 몰라도 대도서관은 안다? 1인 방송 전성시대!

Q. 위 글에서 BJ와 크리에이터, 인플루언서를 어떻게 설명하고 있나요?

BJ는 인터넷 방송 진행자로 진행이 강조되며, 크리에이터는 진행뿐만 아니라 직접 콘텐츠를 제작하는 창작자이다. 창작자의 구독자가 수십만 명 이상이 되면, 창작자의 한 마디가 엄청난 영향력을 미치기 때문에 '영향을 미친다.'는 측면에서 이들을 인플루언서라고 부른다.

Q. ㉠과 관련하여 여러분들이 즐겨보는 인터넷 방송 콘텐츠에 대해 이야기해 봅시다. 여러분이 친구들이나 선생님께 추천하고 싶은 유익한 콘텐츠는 무엇인가요? 추천하고 싶은 이유는 무엇인가요?

내가 보는 인터넷 방송 중에서 ○○는 실제 암환자인데, 그녀는 방송을 통해 암 투병 과정에서 발생하는 일상을 자세히 소개한다. 이 방송을 시청함으로써 그녀가 삶을 대하는 태도가 어떻게 바뀌었는지 알게 되었고, 나도 이를 통해 어떻게 살아가야 할지 깨닫는 계기를 가질 수 있었다. 또한 암환자에 대한 근거 없는 편견을 없애는 데 도움을 얻었기에 친구들도 보았으면 좋겠다.

Q. ㉡과 관련된 여러분의 경험을 이야기해 봅시다.

친구가 추천해준 먹방을 보고 나도 따라하려고 많은 양의 라면을 끓여서 먹다가 배탈이 난 적이 있다.

내가 즐겨보는 인터넷 방송의 창작자가 사용하는 용어가 친구들 사이에서 유행어가 되었다. 처음에는 재미있어서 나도 장난처럼 따라했는데, 친구들이 별 생각 없이 그 말을 나에게 할 때마다 기분이 나쁠 때가 많다. 이제는 친구들도 나도 습관이 되어 쉽게 고쳐지지 않는다.

Q. 빈 칸 ㉢에 들어갈 내용은 무엇일까요? 인터넷 방송 창작자가 콘텐츠를 개발할

때 단순히 창의성만을 발휘하여 독창적이고 기발하지만 자극적이고 선정적인 내용의 유해한 콘텐츠를 개발한다면 어떤 문제점이 생길까요? 창작자가 갖추어야 할 바람직한 태도와 자세와 관련지어 답해 봅시다.

수익을 노리고 창의성을 발휘하되 선정적이고 자극적인 콘텐츠만을 제작하여 유포할 경우 일시적으로는 구독자를 끌어 모을 수 있다. 하지만 인터넷 방송의 특성상 많은 사람들이 시청하며 파급 효과가 엄청난 만큼 오프라인 방송에 비해 다른 사람이나 사회에 더 큰 악영향을 미칠 수 있다. 새로운 정보, 자신이 원하는 정보를 얻기 위해 구독했던 구독자들이 불쾌감을 느끼거나 피해를 입는다면 당연히 지속적으로 방송을 보려고 하는 사람도 없을 것이다. 더 나아가 피해 정도가 심할 경우 법적 처벌을 받을 수 있다. 그러므로 인터넷 방송 창작자들은 이용자들의 요구에 맞추어 참신한 콘텐츠를 제공하되 타인과 공동체에 피해를 주지 않는 바람직한 내용의 콘텐츠를 개발하기 위해 노력해야 한다.

전개   (나do, 너do, 우리 do, 영향을) 미쳐라! 프로젝트

◎ 도입의 활동을 통해 학생들은 인터넷 방송 창작자가 단순히 '창의성'만을 갖추어서는 안 되며, 자신의 콘텐츠가 타인에게 미칠 영향은 무엇인지 고려할 줄 아는 '도덕성'을 겸비한 '도덕적 창의성'을 갖추어야 한다는 점을 알게 되었을 것입니다.

이 활동은 모둠별로 독창적이고 기발한 내용의 참신한 콘텐츠이면서도, 다른 사람과 공동체에 이로운 영향력을 행사할 수 있는 유익한 콘텐츠를 개발해 보도록 하는 프로젝트 활동입니다. 프로젝트 이름은 개별 활동이 아니며 모둠 구성원과 함께 하는 활동이므로 나와 너와 우리가 함께 한다는 의미의 '나do,

너do, 우리do', 콘텐츠를 만들어 유포할 경우 타인과 사회에 영향을 미칠 수밖에 없다는 의미의 '영향을', 도덕적 창의성을 발휘하여 만든 콘텐츠가 선한 영향을 널리 미치도록 해야 하다는 의미의 '미쳐라!'를 모두 조합하여, '(나do, 너 do, 우리do, 영향을) 미쳐라! 프로젝트'로 만들었습니다.[1] 프로젝트 과정에서 학생들이 콘텐츠를 개발할 때 독창적인 내용의 콘텐츠를 개발해야 한다는 점에만 중점을 두거나, 또는 건전한 내용의 콘텐츠를 개발해야 한다는 점에만 중점을 두도록 하지 않고 '도덕성'과 '창의성'을 균형 있게 고려하여 '도덕적 창의성'을 발휘할 수 있도록 세심하게 지도해야 합니다.

콘텐츠 개발 전에 학생들이 먼저 기존에 개발된 콘텐츠 중에서 참신하면서 유익한 콘텐츠는 무엇이 있는지 충분히 찾아보도록 할 수 있습니다. 또한 만일 여건상 프로젝트 실행을 위한 시간이 모자라거나 장소가 여의치 않다면, 모둠별로 구상한 콘텐츠를 영상으로 제작하는 대신 콘텐츠에 대한 자세한 내용(시청 대상, 콘텐츠 내용, 방송 대본 등)을 보고서로 작성하도록 할 수도 있습니다. 보고서는 모둠별로 다양하게 만들어 제출하도록 할 수도 있지만, 보고서 작성에 서툰 학생들이 있을 수 있으므로 교사가 보고서 내에 포함되어야 할 내용은 무엇인지 학생들에게 명확하게 제시하는 것이 좋습니다.

☞ 우리가 어떤 콘텐츠를 '유해하다' 혹은 '유익하다'고 평가할 수 있는 기준은 무엇일까요? 다른 사람이나 사회에 피해를 주지 않는 콘텐츠여야겠지요. 그런데 단순히 남에게 피해를 끼치지 않는 콘텐츠를 만드는 것만으로, 그 콘텐츠를 많은 구독자들이 볼 것이라 확신할 수 있나요? 보다 많은 사람들이 사진의 콘텐츠를 보

---

1 프로젝트명은 필자가 "학생 역량 강화를 위한 초학문적 융합 수업 현장 실행 연구"에서 연구협력진으로 참여하여 초학문적 융합 수업의 프로그램명으로 선정하였던 것을 활용하였다.

게 하려면 콘텐츠의 내용이 다른 사람에게 피해를 끼치지 않고 건전할 뿐만 아니라 기발하고 참신하며 독창적이어야겠지요? 즉, 인터넷 방송 창작자를 포함하여 모든 창작자는 창의성을 발휘하여 기존 콘텐츠와는 다른 참신한 내용의 콘텐츠를 창출해야 하되, 자신의 콘텐츠가 타인이나 사회에 어떤 영향을 미치는지를 고려함으로써 도덕적으로 의미 있는 것을 만들기 위해 책임 의식을 갖고 타인과 공동체를 배려할 줄 알아야 합니다. 이러한 능력을 갖춘 사람을 '도덕적 창의성'을 갖춘 사람이라고 할 수 있습니다. 이 시간에는 여러분들이 모두 창작자가 되어 '도덕적 창의성'을 발휘하여 타인과 공동체에 선한 영향을 미칠 수 있는 유익하고 참신한 콘텐츠를 만들어 보도록 합시다.

〈활동 방법〉

1. 모둠 구성하기
– 학생들이 '심리적 안전감(psychological safety)'을 느끼는 환경에서 프로젝트에 몰두할 수 있도록 편안하게 느끼는 친구들과 자율적으로 모둠을 구성하도록 안내하되, 소외당하는 학생들이 없도록 교사가 각별히 주의를 기울여야 한다.

2. '(나do, 너do, 우리do) 영향을 미쳐라! 프로젝트(이하 미쳐라!)'의 추진 질문 만들기
– 모둠별로 1인 창작자가 되었다고 가정하도록 하고, 유익하고 참신한 콘텐츠를 만들기 위해 '우리 모둠이 어떻게 하면 타인과 공동체에 선한 영향을 미칠 수 있는 유익하고 참신한 콘텐츠를 제작할 수 있을까?'와 같이 프로젝트를 이끌어가는 추진 질문을 만들어 보도록 안내한다.

3. '미쳐라! 프로젝트' 실행 계획하기
– 모둠별로 유익하고 참신한 콘텐츠를 만들기 위해 도출한 추진 질문에 따라, 역할을 분배하고 정보를 수집할 수 있는 출처를 파악하며 탐구 결과를 어떻게 발표할 것인지 등을 논의하여 정하도록 지도한다. 이 과정에서 학생들은 '유익한 콘텐츠와 유해한 콘텐츠를 나누는 기준은 무엇인지', '어떤 콘텐츠를 창의적이라고 볼 수 있을지', '모둠 구성원이 공통적으로 관심을 갖는 분야나 소재는 무엇

인지', '기존에 개발된 콘텐츠에 대한 분석을 어떻게 할 것인지', '시청자들이 어떤 내용의 콘텐츠를 원하는지' 등의 물음을 제기하고 '콘텐츠를 어떤 형태로 표현할 것인지', '어떤 미디어에 게시할 것인지', '전체 학생들 앞에서 콘텐츠를 어떻게 소개할 것인지'등에 대해 모둠 구성원과 논의할 수 있다.

4. '미쳐라! 프로젝트' 실행하기

- 모둠별로 유익하고 참신한 콘텐츠를 개발하기 위해 모둠 구성원들의 공통 관심사를 파악한 뒤, 콘텐츠 주제를 정하고 정보를 수집하며 모둠 구성원들과 아이디어를 교환하여 새로운 아이디어를 생각해 내는 등 도덕적 창의성을 발휘할 수 있도록 분위기를 조성한다. 학생들이 필요로 한다면 다른 교과 선생님이나 전문가와의 만남을 지원할 수도 있다. 이 과정을 통해 모둠별로 참신하고 유익한 콘텐츠를 개발하여 영상으로 산출물을 만들도록 독려한다.

5. '미쳐라! 프로젝트' 결과 발표하기

- 모둠별로 개발한 영상 산출물을 학급 학생들에게 공유하고 프로젝트 과정에 대해 발표한다. 원한다면 실제로 개발한 영상 산출물을 발표 전에 방송해 보고, 이에 대해 자세히 발표하도록 한다. 발표를 경청한 학생들에게 탐구 과정 및 콘텐츠에 대한 질문을 하도록 하거나 보완이나 수정이 필요한 부분은 무엇인지 의견을 제시하도록 한다.

(나do, 너do, 우리 do) 영향을 미쳐라! 프로젝트:
타인과 공동체에 선한 영향을 미칠 수 있는
참신하고 유익한 콘텐츠 개발하기

모둠명, 모둠원	○○○ ○○○, ○○○, ○○○, ○○○, ○○○
'미쳐라! 프로젝트' 추진 질문	타인과 공동체에 선한 영향을 미치기 위해 어떤 콘텐츠를 개발할 것인가?
'미쳐라! 프로젝트' 실행을 위한 질문	1. 모둠 구성원이 공통적으로 관심을 갖는 분야는 무엇인가? 2. 어떤 구독자를 대상으로 한 콘텐츠를 개발할 것인가? 3. 콘텐츠를 어떤 형태로 표현할 것인가? 4. 콘텐츠를 어떤 플랫폼에 업로드 할 것인가? 5. 전체 학생들 앞에서 콘텐츠를 어떻게 소개할 것인가? …(하략)…
'미쳐라! 프로젝트' 실행 결과	콘텐츠 제목 : "얘들아~이럴 땐 이런 음악!" 콘텐츠 구독 대상 : 10대 청소년 콘텐츠 핵심 내용 : 공부할 때, 휴식을 취할 때, 독서할 때, 산책할 때 등의 상황에 따라 듣기 좋은 클래식, 국악, 대중음악(힙합, 로큰롤 등), 민요 등을 추천한다. 이 콘텐츠가 유익한 이유 : 조상들은 노동요를 통해 일의 능률을 높여 즐겁게 일할 수 있었다. 마찬가지로 상황에 적절한 음악은 집중력을 높이고 긍정적인 정서를 경험할 수 있도록 하는 등의 효과를 얻을 수 있다. 그렇지만 특정 상황에서 어떤 음악을 듣는 것이 적합한지 잘 모르는 사람들이 많다. 그러므로 상황에 따라 듣기 좋은 음악을 추천하는 콘텐츠를 개발하여, 구독자들에게 선한 영향을 미치고 싶다. 이 콘텐츠가 참신한 이유 : …(하략)…

'미쳐라! 프로젝트' 실행을 통해 배운 점, 느낀 점, 실천할 점	배운 점 : 콘텐츠를 만들 때 '창의성'이 아니라, '도덕적 창의성'을 발휘해야 한다는 점을 알게 되었다. 그리고 이번 기회에 제작한 영상을 업로드하는 방법을 배웠다.
	느낀 점 : 참신하면서도 유익한 콘텐츠를 개발하는 것이 생각보다 매우 어려운 일이라는 점을 깨달았다.
	실천할 점 : 특별한 사람들만 콘텐츠를 만들어 방송할 수 있다고 생각했는데 내가 관심 있는 분야에 대해 좀 더 깊이 탐구하여 사람들에게 도움이 될 만한 내용을 소개함으로써 선한 영향을 미칠 수 있다는 점을 알게 되었기에, 앞으로도 이번에 활동한 모둠 구성원들과 함께 영상 콘텐츠를 제작해 보겠다고 다짐했다.

정리 　　문장 완성하기

◎ 이 활동에서는 학생들이 비주얼 씽킹(visual thinking)을 활용하여 '도덕성 없는 창의성은 □(이)고, 도덕적 창의성은 □(이)다'라는 문장을 완성하고 그림을 그려 학습한 내용을 정리하도록 합니다.

☞ 우리는 '미쳐라! 프로젝트' 활동을 통해 타인과 공동체에 기여할 수 있는 콘텐츠를 개발하였습니다. 이제 지금까지 학습한 내용을 '도덕성 없는 창의성은 □(이)고, 도덕적 창의성이란 □(이)다'라는 문장을 완성하고 그림을 그려 정리해 봅시다.

답변 예시

도덕성 없는 창의성이란 '어떻게 자랄지 모르는 씨앗'
이고 도덕적 창의성이란 '튼튼한 나무로 자랄 씨앗'이
다. 인터넷 방송 창작자가 창의성만을 발휘하여 만든
콘텐츠는 타인과 공동체에 선한 영향을 미칠 수도 있
고, 악한 영향을 미칠 수도 있다. 그렇지만 인터넷 방
송 창작자가 도덕적 창의성을 발휘하면 자신의 콘텐
츠를 통해 타인과 공동체에 선한 영향을 미칠 수 있다.
이에 도덕적 창의성이 장차 튼튼한 나무로 자랄 것이
보장된 좋은 씨앗과 비슷하다고 생각하였다.

도덕성 없는 창의성이란 (이)고, 도덕적 창의성이란
_____(이)다.
왜냐하면

3. 사이버 의사소통 능력

국제전기통신연합(International Telecommunication Union, ITU)에 따르면 전 세계 인터넷 이용자 수는 2018년 말에 전 세계 인구의 절반을 넘어선 39억 명에 이를 것으로 추정된다(곽노필, 2019). 즉 지구촌 인구의 두 명 중 한 명은 인터넷 이용자라고 해도 과언이 아니다. 인터넷이 가져온 가장 두드러진 삶의 변화는 무엇보다 사람들이 사이버 공간에서 시·공간의 제약을 벗어나 비교적 자유롭게 타인과 의사소통을 나눌 수 있게 되었다는 점이다(권순희 외, 2016: 341). 실제로 국내 인터넷 이용자들이 인터넷을 이용하는 가장 큰 목적은 타인과의 '의사소통'이며, 국내 스마트폰 이용자가 가장 많이 이용하는 애플리케이션도 '채팅, 소셜 네트워크 서비스(Social Network Service, SNS) 등 의사소통' 애플리케이션인 것으로 나타났다(한국인터넷진흥원, 2019: 39, 56).

그러므로 시대마다 의사소통 양식이 다르고 의사소통 양식이 그 시대의 대표적인 문화양식이 된다고 보았던 하버마스(Habermas, 2006; 권순희 외, 2016: 51에서 재인용)에 의하면, 사람과 사람이 직접적으로 만나서 서로의 얼굴을 보며 이루어지는 면대면(對面對) 의사소통은 아날로그 시대의 의사소통 양식이고 디지털 지형이 지배하는 디지털 문화시대인 오늘날의 의사소통 양식은 사이버 의사소통(Cyber-Communication, Computer Mediated Communication, CMC)이라 할 수 있다(권순희 외, 2016: 50-51). 이때 사이버 의사소통이란 컴퓨터를 매개하여 전자적 공간, 즉 사이버 공간에서 이뤄지는 의사소통을 의미한다(권순희 외, 2016: 50).

그런데 프렌스키(Prensky, 2001; 권예지 외, 2015: 8에서 재인용)가 설명하듯이 오늘날의 청소년들은 태어날 때부터 디지털 환경에 속해 디지털 언어를 모국어처럼 사용할 수 있는 디지털 원주민(digital native)으로, 이들은 디지털 미디어 이용을 생활화하고 있으며 유비쿼터스 환경이 아니었던 과거의 학생들과 다른 사고방식 및 정보처리 방식 등을 갖고 있다. 이러한 디지털 원주민들에게 사이버 의사소통은 면대면의 일상적 소통과 구분지어 말하는 것이 어색할 정도로 일상적인 것이다. 하지만 미국에서 나고 자랐다고 모두 다 영어를 능숙하게 구사하는 것이 아닌 것처럼, 디지털 원주민이라는 사실이 건전한 사이버 의사소통 능력을 함양하고 있음을 보장하지는 않는다(배상률, 2014: 15). 사이버 의사소통이 우리 삶의 일부가 되면서 사이버 의사소통 과정에서 발생하는 갈등 또한 증가하고 있기 때문이다. 특히 사이버 공간에서는 타인을 하나의 인격으로 바라보지 못하여 면대면 상황보다 악성댓글, 비방, 욕설 등을 포함한 언어폭력의 문제가 더 빈번히 나타날 수 있는 반면, 죄의식은 낮아 문제가 된다(권순희 외, 2016: 125).

2018년 사이버폭력 실태조사 보고서에 따르면 학생들과 성인들 모두 가해 및 피해 경험 비율이 가장 높은 것은 '언어폭력'이라고 응답하였다. 언어폭력의 경우 다른 유형의 폭력과 비교하여 가해 및 피해 경험 비율 모두 전년 대비 약 3-7% 이상 대폭 증가하였으며, 중학생의 경험 비율이 가장 높게 나타났다(한국정보화진흥원, 2018: 13, 24-26, 64-66). 즉 심리적으로 불안정한 시기를 겪고 있는 청소년들이 사이버 공간에서 의사소통으로 인해 종종 갈등을 겪으며 이를 해결하는 데에도 어려움을 느끼고 있는 것이다. 더욱 심각한 것은 가해 학생들 중에는 자신의 행동을 정당한 행동으로 여기는 경우가 많다는 점이다. 이러한 현상은 디지털 원주민으로서의 청소년들이 디지털 시대에 걸맞은 바람직한 사이버 의사소통 능력을 함양해야 할 필요가 있음을 시사한다.

먼저, 의사소통 능력이란 무엇인가? 의사소통 능력(communicative competence)에 대한 연구는 다양한 학문 영역에서 이뤄지고 있으며, 학자별 정의는 〈표 11〉과 같다(유현숙 · 고장완 · 임후남, 322-323; 홍지영, 2014: 58; 이유미, 2015: 143-144에서 재인용).

〈표 11〉 학자별 의사소통 능력 정의

Bochner & Kelly(1974)	목표를 형성하고 달성할 수 있는 능력, 다른 사람과 효과적으로 협동할 수 있는 능력, 상황과 환경적 변화에 적절히 적응할 수 있는 능력
Monge, Backman, Killard & Eisenberg(1982)	의사소통을 통해 자신의 목적을 극대화 할 수 있는 능력
Spitzberg & Cupach(1989)	사람들이 의사소통 과정에서 상대를 효과적으로 다루는 과정
Rubin(1990)	적절하고 효과적인 의사소통 행위에 대한 지식이며 적절하고 효과적인 의사소통 수단을 포함하는 일련의 기술을 발전시키는 것이고 대화 참여자가 적절하고 효과적인 것으로 인식하는 방법으로 행동하려는 동기
이무근 외(1997)	언어적 · 비언어적 표현방식의 이해 및 활용 능력
유현숙 외(2002)	타인의 의견을 경청하는 능력, 기본 문해력(말하기, 읽기, 쓰기), 자신의 의사를 표현하는 능력
The National Organization for Adult Learning (NIACE, 2000)	특정한 목적과 청중을 대상으로 적절히 글을 쓰고 말할 수 있는 능력, 정보를 이해하고 해석하는 능력

위와 같이 의사소통 능력에 대한 각양각색의 정의에도 불구하고, 공통된 합의점은 의사소통 능력이란 인간이 사회적 존재로서 정체성을 획득해 나가고 타인을 비롯한 유기체와 효율적으로 상호작용 해나가기 위한 기본적 수단이자 조건이라는 점이다(Wiemann, 1977: 안성경 외, 2004:

322에서 재인용). 이는 학교 교육 전 과정을 통해 중점으로 길러야 하는 여섯 가지 핵심역량을 강조한 2015 개정 교육과정에서, 의사소통 능력을 "다양한 상황에서 자신의 생각과 감정을 효과적으로 표현하고 다른 사람의 의견을 경청하며 존중하는 역량(교육부, 2015: 2)"으로 정의하고 있다는 점에서도 확인할 수 있다.

그렇다면 사이버 의사소통 능력이란 무엇인가? 면대면 의사소통과 달리 '익명성'을 기반으로 이뤄지는 사이버 의사소통에서는 이용자들이 자신과 대화를 나누고 있는 이가 어떤 사람인지 전혀 알지 못하는 상태에서 대화가 이뤄지기 쉬우므로, 자신의 생각을 표현하는 데에서 매우 자유롭지만 대화 참여자의 발화가 자기중심적으로 흘러갈 수 있다(권순희 외, 2016: 348). 다시 말해 사이버 공간에서는 '공손성, 공감, 협력의 요소가 하나 이상 결여된 자기중심적 메시지' 위주의 대화가 발생할 가능성이 높고, 이는 전인격적인 의사소통을 저해하는 요인이 된다(권순희 외, 2015: 348, 352). 면대면 상황에서와 마찬가지로 사이버 공간에서도 대화 참여자를 존중하지 않고 비난하며 무시하고 조롱하거나, 상대방의 의견이 무엇인지 경청하지 않는 태도로 무턱대고 자신이 하고 싶은 이야기만 일방적으로 전달하고자 하거나, 상황에 알맞은 메시지를 전달하지 못하고 화제에서 벗어난 말을 하는 경우에는 상대방과 원만하게 의사소통할 수 없기 때문이다. 권순희 외(2016)는 이러한 관점에서 면대면 의사소통 대화 원리(공손성, 공감, 협력)를 사이버 의사소통에도 적용해야 한다고 주장한다. 즉 현실 공간의 면대면 상황에서 뿐만 아니라 사이버 공간에서도 타인과 원만하게 대화하기 위해서는 '공손한' 표현 능력을 갖추고, 상대의 메시지를 적극적으로 경청하여 '공감'을 표현하며, 상호 간 '협력'할 수 있어야 한다(권순희 외, 2016: 348).

따라서 이 글에서는 앞서 언급한 2015 개정 교육과정에서 제시한 의사소통 역량 개념과 권순희 외(2016)의 주장을 활용하여, '사이버 의사소통 능력'과 '사이버 의사소통 능력을 갖춘 사람'을 〈표 12〉와 같이 정의하고자 한다.

〈표 12〉 사이버 의사소통 능력과 사이버 의사소통 능력을 갖춘 사람

사이버 의사소통 능력	사이버 의사소통 능력을 갖춘 사람
사이버 공간의 다양한 상황에서 ① 자신의 생각과 감정을 효과적으로 표현하고	사이버 공간의 다양한 상황에서 ① 공손하게 표현할 수 있으며
② 다른 사람의 의견을 경청하며 존중함으로써	② 상대의 메시지에 대해 공감할 수 있고
③ 효과적으로 상호작용할 수 있는 능력	③ 상호 간 협력할 수 있다.

이러한 정의에 따르면 교사는 학생들이 사이버 공간에서 '공손성', '공감', '협력'을 바탕으로 한 대화를 할 수 있도록 교육하여 바람직한 사이버 의사소통 능력을 함양하도록 함으로써, 학생들이 디지털 시민성을 갖춘 성숙한 디지털 시민으로 성장하도록 도울 수 있다. 면대면 의사소통 대화 원리의 구체적인 내용과 이를 사이버 의사소통에 적용하기 위한 방법은 다음과 같다.

첫째, 공손성이란 공손하고 예의바르게 주고받는 말의 태도를 기반으로 대화 참여자들 사이의 사회인 관계를 형성하고 유지시키는 기능을 한다(이창덕, 2010: 233; 권순희 외, 2016: 350에서 재인용). 즉, 대화 참여자들이 상대방의 인격을 존중하고 예의를 갖추어야 한다는 것이다(권순희 외, 2016: 350). 이를 위해 교사는 학생들이 사이버 공간에서 경어법을 사용하도록 하거나 대화 상대를 비난하지 않으며 비속어를 사용하지

않도록 지도해야 한다. 〈표 13〉과 같이 세 부분으로 구성된 '나의 메시지 (I-message)'는 다른 사람에게 자신의 감정을 전달할 때 사용하는 기술이다(Gordon, 1974; Kirschenbaum, 추병완 외 역, 2006: 388에서 재인용). 그러므로 사이버 공간에서도 나의 메시지 기술을 활용하여 자신의 감정을 공손하게 표현할 수 있다.

〈표 13〉 나의 메시지 기술

단계	방법	예시
1	특수한 행동을 기술한다.	"나는 네가 약속한 시간보다 30분 늦어서
2	행동에 대한 자신의 감정을 말한다.	매우 화가 나.
3	감정의 이유를 말한다.	왜냐하면 우리 사이에는 신뢰가 중요하니까."

둘째, 공감이란 다른 사람의 경험이나 생각을 존중하고 이해해 주는 것이다(권순희 외, 2016: 349). 우리가 면대면 대화에서 상대의 생각을 존중하고 이해하기 위해 먼저 상대방의 말에 적극적으로 귀를 기울이는 것처럼, 사이버 의사소통 시에도 자기중심적 메시지를 극복하기 위해서는 먼저 상대의 말을 경청해야 한다. 듣기는 다른 사람이 생각하고 느끼는 바를 알 수 있는(Kirschenbaum, 추병완 외 역, 2006: 388) 시작이자, 공감으로 나아가기 위한 감정이입의 기반을 마련해주기 때문이다. 그런데 면대면 대화에서는 단순히 상대방의 이야기를 듣는 것에서 나아가 몸짓, 손짓, 표정, 시선, 자세 등의 비언어적 표현을 활용하여 상대방의 견해에 관심이 있거나 공감한다는 점을 더욱 적극적으로 표현할 수 있다. 그렇지만 사이버 의사소통 시에는 대화 상황에서 화자와 청자가 서로의 시선이나 표정을 전혀 느낄 수 없어, 대화에 참여하는 당사자들이 상대방을 동등한

대화의 주체로 받아들이고 있는지 인식하기 어렵고 자칫하면 일방적으로 자신의 생각만을 앞세우는 자기중심적 대화로 흘러가기 쉽다. 따라서 우리는 '이모티콘' 등을 활용하여 상대방의 견해를 적극적으로 수용하고 공감하고 있다는 직접적인 표현을 명시함으로써, 자기중심적 메시지를 극복하기 위해 노력해야 한다. 특히 교사는 학생들에게 자신의 생각을 표출함과 동시에 상대의 생각을 존중하고 인정해야 하며, 자신과 같은 생각을 하고 있지 않는 상대의 생각에 대해서도 존중을 표현해야 한다는 점을(권순희 외, 2016: 350) 강조해야 한다. 자신과 의견이 같은 사람뿐만 아니라 상반된 견해를 가진 사람까지도 자신과 동등한 인격체로 존중할 수 있을 때, 비로소 상대방에 대한 진정한 공감이 가능하기 때문이다. 다음은 듣기 기술을 향상시키기 위해 커센바움이 제시한 일련의 행동들 중에서 (Kirschenbaum, 추병완 외 역, 2006: 389), 사이버 의사소통 시에도 상대방이 하는 말을 존중하며 경청하고 있음을 표현할 수 있는 행동들이다.

• 듣기의 언어적 암시
적당한 시점에서 상대의 의견을 이해하며 경청하고 있음을 나타낼 수 있는 다양한 이모티콘(눈 맞춤, 고개 끄덕임, 웃는 모습 등)을 적절히 활용한다.

• 상대방의 말 재진술하기
상대방 : "이 새로운 주장을 들었을 때, 정말 놀랐어."
청취자 : "네가 이 새로운 주장을 들었을 때 정말 놀랐구나."

• 능동적 듣기 혹은 공감적 듣기 : 상대방의 감정과 의미를 생각한다.
상대방 : "이 새로운 주장을 들었을 때, 정말 놀랐어."
청취자 : "네가 사전에 가지고 있던 입장에 대해 그렇게 확신하지 않았던 것처럼 들리는구나. 이 문제에 대해 다시 평가하고 있니?"

마지막으로, 대화 참여자 간에 이뤄지는 협력이란 그라이스(Grice, 1975)의 협력의 원리를 통해 설명될 수 있다(권순희 외, 2016: 352). 사람들이 상대방과 원만하게 대화할 수 있는 이유는 구체적인 상황과 맥락에서 작용하는 대화의 원리는 구체적인 상황과 맥락에서 작용하는 대화의 원리가 존재하기 때문이다(구현정 외, 2005: 101). 즉 말을 하는 사람은 지금 이뤄지고 있는 대화의 목적을 파악하고 그 목적에 맞는 대화, 대화의 흐름과 일치되는 대화를 통하여 결속성을 유지한다는 것이고, 말을 듣는 사람은 상대방이 한 말은 지금 이뤄지고 있는 대화의 목적이나 상황에 맞는 결속성이 있는 말로써 받아들이고 해석한다는 것이다(구현정 외, 2005: 111). 대화의 원리를 객관적으로 규명하고자 한 그라이스(Grice, 1975, 1978; 구현정 외, 2005: 110에서 재인용)는 대화를 하는데 필요한 묵시적인 지침들을 격률(maxims)이라는 용어로 설명하면서, 〈표 14〉와 같이 네 가지 기본 대화 격률을 제시하였다(구현정 외, 2005: 111-122).

〈표 14〉 네 가지 대화 격률

양의 격률 (The maxim of Quantity)	필요한 양만큼의 정보만을 제공하고 필요 이상으로 많은 정보를 갖게 하지 않는다.
질의 격률 (The maxim of Quality)	거짓이라고 생각하는 것이나 타당한 증거를 갖고 있지 않은 것은 말하지 않는다.
관련성의 격률 (The maxim of Relevance)	최소한 주어진 주제와 관련이 있거나 목적을 달성하기 위하여 적당하다고 생각되는 말을 한다.
방법의 격률 (The maxim of Manner)	말하고자 하는 의도가 분명히 드러나도록 간단명료하게 말한다. ① 표현의 모호성을 피한다. ② 중의성을 피한다. ③ 간결하게 표현한다. ④ 조리 있게 순서대로 말한다.

그러므로 교사는 학생들이 사이버 공간에서 다른 사람에게 자신의 생각을 표현하거나 다른 사람의 글에 댓글을 달 때, 위 네 가지 격률에 따라 주제와 관련된 이야기를 적당히 말하고 근거에 입각하되 간단명료하게 의사소통함으로써 상대방과 효과적으로 상호작용할 수 있어야 한다는 점을 가르쳐야 한다.

커셴바움(Kirschenbaum, 추병완 외, 2006: 388)에 의하면 교사는 설명, 예시, 연습 그리고 피드백을 결합시켜 다른 사람과 명확하게 의사소통하는 다양한 기술들을 가르칠 수 있는데, 의사소통 기술의 훈련은 모든 교실 수업(직접 교수, 학급 토론의 참여, 소집단 활동과 발표, 전체 학급에서 연설하는 것), 클럽 활동, 발표 수업, 선택 과목 수업에서 이루어질 수 있다. 특히 교사는 역할놀이를 통해 학생들이 위에서 설명한 세 가지 원리에 따라 사이버 공간의 화자와 사이버 공간의 청취자의 역할을 번갈아 가며 담당함으로써, 사이버 공간에서 타인과 의사소통하는 기술을 연습하도록 조력할 수 있다. 역할놀이는 학생들이 안전한 상황 속에서 의사소통 능력과 사회적 기술을 연습할 수 있는 기회를 제공하며, 학생들이 다양한 관점을 취해보고 자신의 결정이 타인에게 어떤 영향을 미치는지 확인함으로써 공감 능력을 계발하도록 하여 시민성 교육 및 인성교육에 도움을 줄 수 있기 때문이다(Alberta Education, 2005: 114).

역할놀이 수업에서 학생들은 제시된 상황에 대해 논의하고 각기 다른 대안이나 반응을 선택하며 기본적인 시나리오를 계획할 최소한의 시간을 제공받고, 역할을 선택하여 자발적으로 행동한 뒤 자신이 느낀 감정과 배운 내용에 대해 토의한다(Alberta Education, 2005: 114). 그러므로 사이버 의사소통 능력을 함양하기 위한 역할놀이에서, 교사는 학생들이 사이버 공간에서 의사소통으로 인해 생겨난 갈등 상황을 직접 겪어보고 다양한 해결책을 모색하도록 자극할 수 있다.

성공적인 역할놀이를 위해 교사가 고려해야 할 사항은 다음과 같다 (Alberta Education, 2005: 114).

- 학생들이 항상 기술이나 상황의 긍정적인 측면을 연기할 수 있도록 한다.
- 부정적인 상황이 필요할 경우, 부정적인 역할은 교사가 맡아야 한다.
- 특정한 상황을 제시해야 한다.
- 학생들이 연습할 시간을 5분에서 10분 정도로 제한해야 한다.
- 의상과 소품 사용을 제한해야 한다.

또한 교사는 다음 내용을 학생들이 토의하도록 하여 역할놀이에 잘 참여하거나 관찰하도록 해야 한다(Alberta Education, 2005: 115).

- 참여자는 청중을 향해 큰 소리로 명확하게 말하고, 소품이나 의상에 의존하지 않는다.
- 참여자는 역할놀이의 상대방 및 의사소통하고자 하는 메시지에 집중한다.
- 참여자는 '내가 맡은 역할을 잘 이해하고 있음을 어떻게 연기로 나타내고 있는가? 나는 상황의 모든 중요한 측면들을 보여주고 있는가? 나는 계획한 모든 생각을 보여주고 있는가? 나는 새 기술이나 개념을 정확하게 사용하고 있는가?'와 같은 질문을 스스로에게 던져 참여 정도를 평가한다.
- 관찰자는 조용히 집중하여 잘 관찰하며, 적절한 순간에 웃되 역할놀이 참여자를 비웃지 않는다.
- 관찰자는 역할놀이가 끝나면 박수를 치고 긍정적인 격려의 말과 함께 피드백을 제공한다.

교사는 역할놀이 평가를 위해 교사는 역할놀이가 일어나는 동안 학생들이 상황을 어떻게 다루는지 관찰하고 다음 질문을 고려해야 한다(Alberta Education, 2005: 115).

- 말과 행동을 통해 개념이 정확하게 표현되는가?
- 학생들이 역할놀이의 목적, 상황, 자신이 맡은 역할에 대해 혼란스러워 하거나 불확실하게 여기는가?

그리고 역할놀이로부터 학습한 내용을 확장하고자 한다면 다음 질문을 고려해야 한다(Alberta Education, 2005: 115).

- 역할놀이를 통해 어떤 문제가 해결되었는가?
- 역할놀이 중에 어떤 오해가 있었는가?
- 역할놀이를 통해 어떤 질문이 제기되었는가?
- 어떤 새로운 정보가 필요한가?
- 이 역할놀이는 주제를 확장하거나 확대한 미래 과제와 어떤 관련이 있는가?

디지털 시민성과 사이버 의사소통 능력

1. 교수·학습 활동의 개관

학습 주제	바람직한 사이버 의사소통의 중요성			
학습 목표	1. 사이버 공간에서 바람직하게 의사소통하는 방법이 무엇인지 설명할 수 있다. 2. 사이버 공간에서 바람직하게 의사소통하는 방법을 연습하여 익힐 수 있다.			
학년(군)	중학교 1-2학년	관련 교과목	도덕	정보화 시대에 우리는 어떻게 소통해야 하는가?
			국어	대화[공감과 반응] 배려하며 말하기
관련 성취기준	[9도02-05]	정보화 시대에 요구되는 도덕적 자세와 책임의 도덕적 근거와 이유를 제시하고, 타인 존중의 태도를 통해 다양한 방식으로 의사소통할 수 있다.		
	[9국01-02] [9국01-06]	상대의 감정에 공감하며 적절하게 반응하는 대화를 나눈다. 청중의 관심과 요구를 고려하여 말한다.		
차시 분량	3차시	핵심역량	의사소통 역량, 도덕적 대인 관계 능력	
수업 지침	· 도입에서 학생들이 자신의 사이버 의사소통 습관을 온도로 표현해보도록 한다. 이 과정에서 학생 스스로 의사소통 습관을 성찰해보도록 하고, 사이버 공간에서 바람직하게 의사소통하는 방법을 지도한다. · 전개1에서 학생들이 바람직한 의사소통 방법을 학습하고, 전개2에서 역할놀이를 통해 다양한 상황에서 바람직하게 의사소통하는 방법을 연습하도록 한다. 이 과정에서 바람직한 사이버 의사소통 능력을 함양할 수 있도록 조력한다.			

	· 정리에서 학생들이 '바람직한 사이버 의사소통'을 다른 사물에 빗대어 표현하도록 한다. 이를 통해 수업에서 배운 점과 느낀 점을 정리하도록 지도한다.
토론 주제	· 익명이 보장되는 사이버 공간에서도 바람직하게 의사소통해야 할까?
더 나아가기	· 학생들에게 바람직한 사이버 의사소통 능력을 발휘하여 작성된 댓글 및 대댓글과 그렇지 않은 댓글 및 대댓글을 찾아보도록 안내한다. · 학생들에게 '사이버 공간에서 바람직한 의사소통 능력 발휘하기'를 목표로 하여, 일주일 동안 성찰일지를 기록해 보도록 안내한다.

2. 교수·학습 활동의 예시

> **도입**   **나의 사이버 의사소통 온도 확인하기**

◎ 수업 시작 인사 후, 학생들에게 (가)와 (나)를 제시하고 먼저 학생들이 (가)의 밑줄 친 ㉠과 관련된 자신의 경험을 작성하고 이야기해 보도록 합니다. 기사는 SNS가 보편화되면서 의사소통으로 인한 갈등이 증폭될 수 있다는 내용을 다루고 있습니다. 학생들이 사이버 공간에서 다른 사람의 잘못된 의사소통 방식으로 인해 상처받았던 경험뿐만 아니라, 자신의 잘못된 사이버 의사소통 방식으로 인해 상대방에게 피해를 주었던 경험을 모두 솔직하게 작성해 보도록 안내합니다. 이를 통해 학생들이 자신의 사이버 의사소통 방식에 대해 자연스럽게 성찰해 볼 수 있을 것입니다. 그 결과를 (나)의 내용과 관련지어 자신의 사이버 의사소통 습관을 온도로 표현하면 몇 도 정도 되는지 온도계에 나타내 보도록 합니다.[2] 도입의 활동은 전개의 역할놀이 활동의 '상황'을 마련

---

2   사이버 의사소통 온도를 온도계에 표현하는 활동은 필자가 "2015 개정 교육과정에 따른 도덕·윤리 교과 연계 저작권 교육자료 개발 연구" 과제에서 연구원으로 참여하여 저작권 지수를 온도계에 표현하도록 고안한 활동을 응용하였다.

하기 위한 준비 단계입니다. 학생들이 주로 어떠한 상황에서, 어떠한 방식의 잘못된 의사소통을 하고 있는지 구체적으로 작성하도록 하여, 역할놀이에서 연습해 볼 수 있는 다양한 상황을 이끌어 내도록 지도해야 합니다.

☞ (가)와 (나)를 모두 읽고 질문에 답해 봅시다.

(가)

…(전략)… SNS가 보편화되면서 대중들이 '말'이 아닌 '글'로 타인에게 막말을 퍼붓고 있다. 의사소통과 공감은 직접 얼굴을 마주볼 때 더 잘 이뤄진다. 숨소리, 목소리, 태도, 표정은 말로 할 수 없는 많은 것들을 상대방에게 전달해 준다. 하지만 ㉠ 비언어적 신호가 배제된 SNS는 상대의 의도와 감정에 대해 오해를 불러일으키고 갈등을 증폭시킬 가능성이 그만큼 높아진다. …(하략)…

*출처 : 한국일보(2015.05.10.), 채선당 · 240번 버스 · 이수역 사건… '인터넷 마녀사냥' 왜 반복되나?

(나)

…(전략)… 상대방을 움츠러들게 하는 차가운 언어를 사용하는 사람이 있는가 하면 온기 있는 언어로 상대방을 감싸 안아주는 사람도 있다. 또 어떤 이는 너무 뜨거운 언어를 사용해 듣는 이에게 화상을 입히기도 한다. 꾸준히 베스트셀러로 인기를 이어가고 있는 '언어의 온도'의 작가는 '말은 곧 마음의 소리이며 말에서는 그가 지닌 고유한 인향(人香)이 뿜어져 나온다'라 말한다. 내가 구사하는 말에서는 어떤 향이 뿜어져 나올까? 나의 언어 온도는 몇 도쯤 될까? 스스로 되짚어보길 바란다. …(하략)…

*출처 : 윤지선(2018.02.22.), 내 언어의 온도는?

Q. ㉠의 내용과 같이, SNS에서 뿐만 아니라 사이버 공간에서 여러분이 잘못된 의사소통으로 인해 갈등을 겪었던 상황은 언제인가요? 여러분이 피해를 당했던 경험

뿐만 아니라 다른 사람에게 상처를 주었던 경험을 모두 말해봅시다. 어떤 상황에서 일어났던 일인가요? 그때 여러분이나 상대방이 사용했던 잘못된 의사소통 방식은 무엇인가요? 그 때 여러분의 감정은 어땠나요? 상대방의 감정은 어땠을까요? 자신의 경험을 최대한 자세히 말해보세요.

스마트폰 채팅 어플을 통해 친한 친구와 대화하는데 대답하기 귀찮아서 계속 'ㅇㅇ', 'ㄱㅅ'등 단답형으로 대답했다. 친구는 답변이 성의 없다고 생각하여 매우 짜증났을 것이다.

스마트폰 채팅 어플을 통해 친한 친구와 대화하는데 친구가 계속 'ㅇㅇ', 'ㄱㅅ'등 단답형으로 대답하여 매우 짜증이 났던 적이 있다.

모르는 사람들과 팀을 결성하여 온라인 게임을 하는데, 우리 팀이 게임에서 패배하자 짜증이 나서 얼굴도 모르는 우리 팀 구성원에게 "너 때문이야. XX" 라며 욕설을 퍼붓고 로그아웃 해버렸다. 상대방은 모르는 사람에게 욕설을 들어서 굉장히 불쾌하고, 자신의 생각을 표현하기도 전에 내가 게임방을 나가버려 화가 났을 것이다.

모르는 사람들과 팀을 결성하여 온라인 게임을 하는데, 우리 팀이 게임에서 패배하자 얼굴도 모르는 우리 팀 구성원 중 한 명이 "너 때문이야. XX"라며 욕설을 퍼부었다. 굉장히 불쾌했고 내가 왜 그런 식으로 욕설을 섞어 말하느냐고 묻기도 전에 상대방이 로그아웃을 해 버려서 더욱 화가 났다.

Q. 우리가 바람직한 사이버 의사소통 능력을 갖춰야 하는 이유는 무엇일까요?

사이버 공간에서 대화를 나누는 사람을 내가 직접 대면하지 않는다고 해서, 상대방에게 함부로 말해도 되는 것은 아니다. 나와 의사소통하는 상대방도 나와 같은 인격체라는 점에서, 사이버 공간에서 의사소통 할 때 갖추어야 할 능력은 현실 공간에서 갖추어야 할 능력과 다르지 않다. 오히려 서로 얼굴을 마주하지 않는 상황이므로 더 예의바르고 공손하게 말해야 한다. 무엇보다 사이버 공간에서 내가 하는 말이 상대방에게 상처가 되거나 심각한 피해를 줄 수 있다. 그러므로 상대방과 원활하고 긍정적으로 의사소통하기 위해서는 바람직한 사이버 의사소통 능력을 갖춰야 한다.

Q. 기사 (나)에서 설명하는 것처럼 언어 습관은 온도에 비유하여 표현할 수 있습니다. 예시를 참고하여 여러분의 사이버 의사소통 온도를 아래 온도계에 나타내고 그렇게 나타낸 이유를 적어 봅시다.

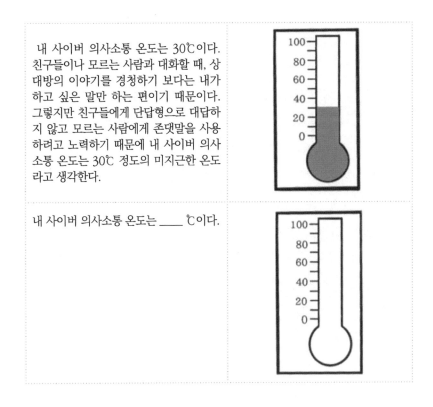

내 사이버 의사소통 온도는 30℃이다. 친구들이나 모르는 사람과 대화할 때, 상대방의 이야기를 경청하기 보다는 내가 하고 싶은 말만 하는 편이기 때문이다. 그렇지만 친구들에게 단답형으로 대답하지 않고 모르는 사람에게 존댓말을 사용하려고 노력하기 때문에 내 사이버 의사소통 온도는 30℃ 정도의 미지근한 온도라고 생각한다.

내 사이버 의사소통 온도는 _____ ℃이다.

◎ 도입의 활동을 통해 학생들은 자신의 사이버 의사소통 습관을 점검하고, 바람직한 사이버 의사소통 능력을 갖추어야 한다는 점을 알게 되었을 것입니다.

이 활동을 통해 학생들은 바람직한 사이버 의사소통 방법이 무엇인지 학습하게 됩니다. 먼저 면대면 의사소통 대화 원리(공손성, 공감, 협력)를 사이버 의사소통에 적용할 수 있음을 설명합니다. 그리고 학생들이 표에 나타난 바람직한 사이버 의사소통을 위한 세 가지 방법을 숙지하도록 안내하고, 이에 따른 구체적인 방법으로 무엇이 더 있을지 생각하여 작성해 보고 자세한 설명이나 구체적인 예시를 덧붙여 보도록 지도합니다.

☞ 여러분은 이전 활동을 통해 자신의 사이버 의사소통 온도를 점검하고 바람직한 사이버 의사소통 능력을 갖추어야 하는 이유가 무엇인지 생각해 보았습니다. 그렇다면 사이버 공간에서 바람직하게 의사소통하기 위해 우리는 어떤 방법을 사용해야 할까요? 사실, 현실 공간에서 상대방과 원만하게 대화하기 위해 사용하는 대화 원리는 사이버 의사소통에도 적용할 수 있습니다. 즉, 우리는 사이버 공간에서도 현실 공간에서와 마찬가지로 공손하게 말하고 상대방의 의견에 공감하며 대화에 협력적으로 참여해야 합니다. 다음 표에 나타난 바람직한 사이버 의사소통을 위한 방법을 잘 숙지해 보고, 각각의 빈 칸에 자신이 생각하는 바람직한 사이버 의사소통을 위한 방법을 한 가지씩 더 작성한 뒤 설명이나 예시를 덧붙여 봅시다.

바람직한 사이버 의사소통을 위한 방법		
1. 공손하게 말하기	경어법 사용하기	모르는 사이에서는 반말을 사용하지 않고, 상대방을 높여서 말한다. 예시) 님, ○○○씨
	비속어 사용하지 않기	상대방에게 비속어를 사용하여 불쾌감을 주지 않는다. 예시) 정말 불쾌하네요. 기분이 나쁩니다.
	나의 메시지 (I-message) 사용하기	① 상대방의 행동을 언급하고 ② 그 행동에 대한 자신의 감정을 말한 뒤 ③ 감정의 이유를 설명한다. 예시) 나는 네가 약속한 시간보다 30분 늦어서, 매우 화가 나. 왜냐하면 우리 약속에서 신뢰가 중요하니까.
2. 공감하기	이모티콘 활용하기	면대면 대화에서 몸짓, 손짓, 표정, 시선, 자세 등을 통해 상대방의 견해에 공감을 표현하는 것처럼, 상황에 적절한 이모티콘을 활용하여 공감을 표현한다.
	재진술하기	상대가 한 말을 요약해서 다시 말하거나, 상대가 한 말에 대해 궁금한 점을 질문한다.
	능동적 (공감적) 듣기	상대방의 말에 담긴 감정과 의미가 무엇인지 파악하며 듣는다.

3. 협력하기	양의 격률 지키기	필요한 말만 하거나 상대가 필요로 하는 정보만 전달한다.
	질의 격률 지키기	거짓 정보나 허위 사실을 유포하지 않는다.
	관련성의 격률 지키기	상대방과 나누고 있는 대화의 주제와 관련된 말만 한다.
	방법의 격률 지키기	말하고자 하는 의도가 분명히 드러나도록, 표현의 모호성과 중의성을 피하고 간결하게 표현하며 조리 있게 순서대로 말한다.

전개 2　　**역할놀이하기**

◎ 이 활동에서 학생들은 역할놀이를 통해 사이버 공간에서 바람직하게 의사소통하는 방법을 연습하게 됩니다.[3] 먼저 모둠별로 도입 활동 시 각자 사이버 공간에서 의사소통으로 인해 갈등을 겪었던 경험 중에서 한 가지 상황을 정하고 역할놀이 연기자로 참여할 사람을 선정하도록 합니다. 이때 모둠 내에서 아무런 역할도 맡지 않은 학생들은 모두 청중이 되며, 역할놀이 관찰 시 유

3　역할놀이 활동의 자료는 필자가 "2015 개정 교육과정에 따른 도덕 · 윤리 교과 연계 저작권 교육자료 개발 연구" 과제에서 연구원으로 참여하여 고안한 교수 · 학습 자료를 적절히 변형하여 활용하였다.

의해야 할 점은 무엇인지 미리 확인하고 자신이 관찰하고자 하는 기준이 무엇인지에 대해 생각해 보도록 해야 합니다. 또한 역할놀이가 시작되면 평가 기준에 따라 기록하면서 관찰하도록 안내해야 합니다. 참가자와 청중이 준비되면, 모둠별로 역할놀이를 시연하도록 하며 끝난 후에는 역할놀이에 대해 반성적으로 성찰하며 경험을 공유하도록 합니다. 교사의 판단 하에 재시연이 필요하다고 생각하는 경우, 반성적 성찰 및 경험 공유 이후에 재시연해 보도록 지도합니다.

☞ 여러분들은 이전 활동을 통해 바람직한 사이버 의사소통 방법을 학습했습니다. 이제는 여러분이 사이버 공간에서 의사소통으로 인해 갈등을 겪었던 경험을 토대로 역할놀이를 하게 됩니다. 먼저, 모둠별로 모둠 구성원이 경험했던 사이버 공간에서의 의사소통으로 인한 갈등 중에서 한 가지를 정하세요. 그리고 모둠별로 역할놀이 상황에 따라 필요한 역할놀이 참가자를 선정하세요.

우리 모둠이 선택한 역할놀이 상황	
우리 모둠의 역할놀이에서 필요한 역할	모둠 구성원 이름

☞ 각 모둠별로 역할놀이 참가자를 제외한 나머지 학생들은 청중입니다. 청중은 단순히 방관자적 입장에서 역할놀이를 구경하는 사람이 아니며, 역할놀이의 적극적 참여자로서 역할놀이 관찰 시 유의해야 할 점이 무엇인지 미리 확인하고 자신이 관찰하고자 하는 기준은 무엇인지 깊이 생각해 보아야 합니다. 또한 역할놀이가 시작되면 평가 기준에 따라 꼼꼼히 기록하면서 관찰해야 합니다. 청중 역할을 맡은 학생들은, 역할놀이가 시작하기 전에 미리 아래 표의 빈 칸에 들어갈 내용을 작성하세요.

평가 기준	모둠1	모둠2	모둠	모둠4
1. 역할놀이가 일어난 상황은 무엇인가?				
2. 역할놀이 참가자들의 의사소통 방법은 바람직하다고 생각하는가?				
2-1. 그렇게 판단한 이유는 무엇인가?				
3. 역할놀이 참가자들이 사용한 의사소통 방법에 대해 수정하거나 보완할 점이 있는가?				
3-1. 그렇게 생각한 이유는 무엇인가?				

☞ 자 이제, 역할놀이를 시작하겠습니다.

☞ 역할놀이가 끝났습니다. 역할놀이 참가자들은 다음 표에 나타난 질문을 활용하거나 질문을 추가하여 자신을 반성적으로 성찰해 보고 별점으로 평가한 뒤, 그 이유를 작성해 봅시다.

성찰 질문	평가	성찰 내용
1. 나는 내가 맡은 역할을 잘 이해하고 있음을 어떻게 연기로 나타냈는가?	☆☆☆☆☆	
2. 나는 역할놀이를 통해 상황의 중요한 측면을 잘 보여 주었는가?	☆☆☆☆☆	
3. 나는 역할놀이를 통해 계획한 모든 생각을 보여 주었는가?	☆☆☆☆☆	
4. 나는 바람직한 의사소통 방법을 정확히 사용했는가?	☆☆☆☆☆	

☞ 청중 역할을 맡은 학생들은 자신이 작성한 평가 내용에 대해, 역할놀이 참가자들은 자신이 성찰한 내용에 대해 발표해 봅시다.

☞ ○모둠은 다시 한 번 시연하도록 하겠습니다.

정리 　 문장 완성하기

⊙ 이 활동에서는 학생들이 비주얼 씽킹(visual thinking)을 활용하여 '바람직한 사이버 의사소통 능력은 □(이)다'라는 문장을 완성하고 그림을 그려 학습한 내용을 정리하도록 합니다.

☞ 우리는 역할놀이를 통해 사이버 공간에서 바람직하게 의사소통하는 방법을 연습해 보았습니다. 이제 지금까지 학습한 내용을 '바람직한 사이버 의사소통 능력은 □(이)다'라는 문장을 완성하고 그림을 그려 정리해 봅시다.

답변 예시

바람직한 사이버 의사소통 능력이란 '신중하게 작성한 편지'이다. 우리는 보통 누군가에게 편지를 쓸 때 한 번에 휘갈겨 대충 쓰지 않는다. 상대방을 떠올리고 그에게 하고 싶은 말이 무엇인지 깊이 생각해 본 뒤, 정성을 다해 한 글자 한 글자씩 써내려 간다. 그러다가 잘못 쓴 글자가 있으면 깔끔하게 지우고 다시 쓰거나 새 편지지를 꺼내 처음부터 다시 쓰기도 한다. 마찬가지로 사이버 의사소통 능력을 갖추지 못한 사람은 상대방이 어떻게 느낄지 고려하지 않고 생각나는 대로 함부로 말하지만, 바람직한 사이버 의사소통 능력을 갖춘 사람은 오랜 시간 공들여 편지를 작성하는 것처럼 예의를 갖추어 공감할 줄 알고 상대가 하는 이야기에 적극적으로 경청하는 등 신중하게 행동한다.

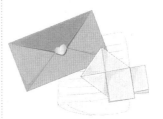

바람직한 사이버 의사소통 능력이란
＿＿＿＿＿＿＿＿＿＿＿＿＿＿＿(이)다.
왜냐하면

교육부(2015), 『초·중등학교 교육과정 총론』, 교육부 고시 제2015-74호. [별 책 1], 세종: 교육부.

구본권(2018), "넘쳐나는 허위정보, 개인과 사회의 대응법은", 한겨레신문 10 월 25일, http://www.hani.co.kr/arti/economy/it/867407.html.

구현정·전영옥(2005), 『의사소통의 기법』, 서울: 박이정.

곽노필(2019), "인터넷 이용자, 전 세계 인구 절반 넘었다", 한겨레신문 1월 2 일, http://www.hani.co.kr/arti/science/technology/876627.html.

권순희·김민정·김윤경·김윤정·김주연·김지연·김지희·박성희·박지 은·백목원·변은지·상상자·오은하·왕디·이샤샤·장서정·전영 주·주혜영·차수빈·최유정(2016), 『사이버 의사소통과 국어교육』, 서 울: 박이정.

권예지·나은영·박소라·김은미·이지영·고예나(2015), "한국의 디지털 원 주민과 디지털 이주민 : 온라인 콘텐츠 이용, SNS 네트워크, 사회적 관 계 인식을 중심으로", 『한국방송학보』, 29(2), 5-40.

김명숙(2002), "공교육에서의 비판적 사고 교육의 방향과 쟁점", 『철학연구』, 58, 107-144.

김지수·김예리·박지연(2015), "긍정적 행동 지원 실행에 참여한 전문가들의 경험과 인식에 대한 질적 연구", 『정서·행동장애연구』, 31(4), 51-75.

김현수(2011), "도덕적 창의성 개념의 도덕 심리학적 배경에 관한 고찰", 『도덕 윤리과교육』, 34, 267-294.

노영란(2009), "비판적 사고교육의 도덕교육적 의의 및 적용방안", 『초등도덕 교육』, 29, 31-66.

방선희(2011), "비판적 사고 교육의 국내 연구동향과 시사점", 『평생학습사회』, 7(1), 61-83.

배상률(2014), 『디지털 시대의 청소년 미디어교육 제도화 방안 연구』, 한국청 소년정책연구원 연구보고 14-R11, 서울: 한국청소년정책연구원.

안성경·허경호(2004), "개인의 성격과 의사소통 능력 간의 관계", 『한국언론학보』, 48(2), 321-345.

염정윤 · 정세훈(2018), "가짜뉴스에 대한 인식과 팩트체크 효과 연구", 『한국
　　언론학보』, 62(2), 41-80.

오동일(2016), "소셜 크리에이터 산업의 활성화 요인 연구", 『애니메이션연구』,
　　12(1), 53-68.

오연서(2019), ""유튜브로 '암밍아웃' 했어요" 암환자 편견 깨는 유튜버 '뽀삐'",
　　한겨레신문 5월 2일, http://www.hani.co.kr/arti/society/society_gen-
　　eral/892386.html.

유현숙 · 고장완 · 임후남(2011), "대학생의 의사소통 능력 및 종합적 사고력에
　　영향을 주는 학습과정 요인 분석", 『교육행정학연구』, 29(4), 319-337.

이동국 · 김현진 · 이승진(2014), "미래핵심역량 증진을 위한 정보통신기술
　　(ICT) 활용 교육 사례 탐색", 한국교육학술정보원 연구자료 RM 2014-
　　17, 대구: 한국교육학술정보원.

이두황 · 정연보 · 이상원(2018), 『어린이 · 청소년 인터넷 개인방송 이용실태
　　조사』, 방송통신심의위원회 연구보고 KCSC 2018-006, 서울: 방송통신
　　심의위원회.

이미식(2012), "도덕적 창의성 함양을 위한 도덕과 교육 방법에 관한 연구 : 중
　　학교 도덕과를 중심으로", 『중등교육연구』, 60(4), 1205-1228.

이유미(2015), "대인의사소통 능력과 성향과의 관련성 연구", 『어문논집』, 62,
　　141-158.

이정렬(2016), "도덕적 창의성 함양을 위한 프로젝트 수업", 『윤리교육연구』,
　　41, 1-28.

이정렬(2017), "도덕적 창의성 함양을 위한 프로젝트 수업에서 동기화에 대한
　　연구", 『초등도덕교육』, 58, 1-37.

이하림 · 유홍식(2017), "국내 유튜브 1인 창작자 콘텐츠의 내용적 유해성에
　　대한 분석 연구", 『한국소통학보』, 16(1), 119-152.

조정연(2012), "생태학적 접근을 통한 긍정적 행동 지원 : 공격행동을 나타내
　　는 남자 중학생 사례중심으로", 『정서 · 행동장애연구』, 28(4), 173-192.

최병연(2017), "창의성의 어두운 면 : 부정적 창의성 및 악의적 창의성 연구 고

찰", 『창의력교육연구』, 17(3), 23-41.

최훈(2008), "비판적 사고의 성향 : 그 의미와 수업 방법", 『철학탐구』, 24, 91-117.

추병완(2011), "초등 도덕과에서 창의적 사고 기법의 활용", 『초등도덕교육』, 35, 211-242.

한국소비자원(2017), 『신유형 1인 미디어 콘텐츠 소비 실태조사 : 인터넷 개인 방송을 중심으로』, 충북: 한국소비자원.

한국인터넷진흥원(2019), 『2018 인터넷 이용 실태 조사』, 나주: 한국인터넷진흥원.

한국정보화진흥원(2018), 『2018년 사이버폭력 실태조사』, 대구: 한국정보화진흥원.

황치성(2018), 『미디어리터러시와 비판적 사고』, 파주: 교육과학사.

Alberta Education(2005), The Heart of the Matter: Character and Citizenship Education in Alberta Schools. http://open.alberta.ca/publications/0778537919 (검색일: 2019.08.15.)

Kirschenbaum, H.(1995), 100 Ways to Enhance Values and Morality in Schools and Youth settings, 추병완·김항인·정창우 역(2006), 『도덕·가치교육을 위한 100가지 방법』, 서울: 울력

5장
사고 능력(Thinking ability)

최윤정(천마초등학교)

1. 우선순위 정하기

우선순위 정하기는 학생들로 하여금 우선순위를 결정하는 과정에서 관련된 문제들에 대해 충분히 고려해 보고 그것의 내용과 가치들을 파악하도록 구조화된 방식이다. 우선순위를 정하는 활동은 어떠한 주제에 대하여 정답을 요구하는 것이 아니라 자기 자신과 스스로 가치 있다고 생각하는 것에 대하여 깊이 생각함으로써 사고 능력을 향상시킨다. 그러므로 우선순위 정하기 활동은 학생들로 하여금 직접 사고하는 과정을 통해 모든 대안들을 신중하게 고려하도록 하는 것을 목적으로 한다.

우선순위 정하기와 같이 개인의 실제 생활에서 일어난 문제와 관련하여 학생 스스로 가치관을 확립하고 그것에 따라 살아가는 데 도움을 줄 수 있는 방법을 제시하는 것이 바로 '가치 명료화 모형'이다. 가치 명료화는 사람들이 가치문제를 깊이 생각할 수 있고, 그들의 선택, 존중, 행동을 보다 더 잘 통합해 나갈 수 있도록 한다. 따라서 가치 명료화는 명료화하는 기술을 연습하는 것을 조장할 뿐만 아니라 사려 깊은 자기 결정을 할 수 있는 사고 능력을 증진시킨다.

가치(Value)라는 용어의 의미는 사회과학이나 철학 등에서 일치된 견해가 없다. 오직 인간 생활에서 어떤 중요한 것을 의미한다는 것으로 동의되었다. 따라서 명료화 과정의 핵심은 하나의 '명쾌함'이 아니라, 자신이 취하는 입장에 의해 초래될 결과에 대한 관심에 따라 전진하여 발달해 나가는 것이다. 가치 명료화의 목적의 하나는 사람들로 하여금 스스로 변화무쌍한 세계에 대하여 만족스럽고 지적인 방법으로 관련시킬 수 있게 해줄 가치를 얻도록 돕는 데 있다(Hersh et al., 1980; 강두호 역, 2013: 122).

가치화 과정(valuing process)은 선택(choosing), 존중(prizing), 행위(acting)의 과정에 관여함으로써 이루어진다. 즉, 각 대안의 결과에 대하여 자유롭고 사려 깊게 고려하여 도달한 선택에 대해 소중히 여기고 확언함으로써 그에 따라 무엇인가를 행하고 삶의 특정한 패턴 안에서 반복하게 된다. 이와 같은 가치화 과정은 학생들의 관심과 포부를 명료화 하거나 개인이 직면하는 사적인 이슈, 그리고 사회적 쟁점들을 명료화 하는데 적용할 수 있다. 이 과정에서 사회적 담화, 곧 소통은 필수적이다. 다른 이들과 생각 및 감정을 나누는 일은 다양한 대안들을 제공하고 가치를 명료화 하는 데 기여한다. 그러므로 학생들은 귀담아 듣는 일과 갈등을 해결하는 기술에 숙련되어야 한다. 담화 가운데 목적이나 목표, 포부, 태도, 관심, 감정, 신념 내지 확신, 활동, 근심거리(문제, 장애물)와 같은 가치 지표가 드러나며, 학생들이 가치 있다고 여기는 것에 대한 실마리를 얻을 수 있다.

가치 명료화 이론은 디지털 사회에서 제기되는 다양한 문제를 학생 스스로 생각해 보도록 하는 활동에 적용할 수 있다. 단순한 가치의 주입을 통해 사람들을 도덕적이고 올바른 행동에 이르게 하기는 어렵다. 학생들이 디지털 사회의 문제를 스스로 생각해 보는 가치 명료화 과정은 자연스러운 주의를 기울이게 함으로써 그것에 대해 염려하게 하여, 행동으로 이어질 수 있게 한다. 뿐만 아니라 디지털 사회에서의 문제들에 대하여 다른 학생들과의 토론, 또는 교사와의 대화나 간단한 평에 의해 다른 사람의 관점을 알 수 있는 기회를 가질 수 있기 때문에 자기 의견을 자신 있게 표현하는 방법과 더불어 다른 사람의 의견을 존중할 줄 아는 민주적인 태도를 기르는 데 도움을 줄 수 있다.

Thinking ability

건강한 미디어 생활

1. 교수·학습 활동의 개관

학습 주제	미디어를 건강하게 활용하기			
학습 목표	1. 무엇이 건강한 미디어 선택인 지 알 수 있다. 2. 건강한 미디어 선택 방법을 적용할 수 있다.			
학년(군)	초등학교 6학년	관련 교과목	도덕	온라인 중독이 갖는 문제점에 대해 해결하기 위한 방법 찾기
			국어	매체에 따른 다양한 읽기 방법 적용하기
관련 성취기준	[6도02-01]			사이버 공간에서 발생하는 여러 문제에 대한 도덕적 민감성을 기르며, 사이버 공간에서 지켜야할 예절과 법을 알고 습관화 한다. ② 저작권 침해, 사이버 폭력, 온라인 중독이 갖는 문제점은 무엇이며 이를 해결하기 위해 무엇을 해야 할까?
	[6국02-05]			매체에 따른 다양한 읽기 방법을 이해하고 적절하게 적용하며 읽는다.
차시 분량	1차시	핵심역량	자기 관리 역량	
수업 지침	· 도입에서 학생들의 일반적인 온라인 및 오프라인 활동을 살펴본다. · 전개에서 자신에게 가장 중요한 활동을 분석하고 우선순위를 정하며, 짝과 전체 학급 학생들과 공유하는 시간을 갖는다. 또한 온라인 활동과 오프라인 활동 사이의 균형을 유지하기 위해 '분리'하는 방법을 익혀 나가도록 지도한다. · 정리에서 미디어 균형을 찾기 위한 방법을 사례에 적용하여 보고 배운 내용을 확인하는 시간을 갖는다.			
토론 주제	· 균형 있는 미디어 사용을 위한 방법에는 어떤 것이 있을까?			

2. 교수·학습 활동의 예시

도입　　　"Digital life" 동영상으로 생각열기

◎ 학생들에게 동영상을 통해 하루 24시간 1년 내내 인터넷을 사용할 수 있음을 상기시킵니다. 동영상 시청 후에 인터넷에 접속할 수 있는 것의 장점은 무엇인지 생각해 보도록 합니다. 학생들은 '날씨에 실시간으로 액세스하면 야외 활동, 복장 등을 계획하는 데 도움이 됩니다.', '소셜 미디어 및 메신저 앱을 통해 다른 사람들과 즉시 커뮤니케이션을 하고 업데이트 할 수 있습니다.' 등과 같은 장점을 말할 수 있습니다.

반대로 온라인이 아닌 곳에서 생활할 때, 누릴 수 있는 이점에 대해서도 질문합니다. 그 후에 온라인, 오프라인의 균형을 잡는 가장 좋은 방법은 무엇인지 생각해보도록 안내합니다.

☞ 동영상을 보고 질문에 답해 봅시다. (https://youtu.be/MkwmD6OQrWQ)

(가)

온라인으로 축구 경기를 보면 시간과 장소에 구애 받지 않고, 언제 어느 때라도 볼 수 있습니다. 보다가 이해가 안 되면 바로바로 앞으로 넘겨서 다시 볼 수 있기 때문에 확실히 이해하고 확인할 수 있습니다. 속도도 조절하여 볼 수 있기 때문에 중요한 장면을 놓치지 않고 볼 수 있습니다.

(나)

친구들과 직접 축구 경기를 하면 몸이 건강해 지고 즐겁습니다.

축구 경기를 잘 하기 위해서는 다른 친구들과 소통하고 협력해야 하는데, 이런 과정이 어려울 때도 있지만, 서로 부딪히면서 친밀해 질 수 있어서 좋습니다.

Q. 언제 어디서나 인터넷에 연결할 수 있다는 것의 장점은 무엇일까요?

- 날씨에 실시간으로 접속하면 야외 활동, 복장 등을 계획하는 데 도움이 됩니다.
- 소셜 미디어 및 메신저 앱을 사용하면 다른 사람들과 즉시 커뮤니케이션을 하고 업데이트 할 수 있습니다.
- 검색 엔진은 여러 가지 정보와 해결 방법을 찾는 데 도움이 됩니다.
- 음악 앱을 사용하면 사람들이 좋아하는 음악의 재생 목록을 만들고 공유하여 들을 수 있습니다.

Q. (가)와 (나)의 글을 보고, 직접 축구 경기에 참여할 때의 장점은 무엇인지 생각해 봅시다.

- 운동에 참여하고 다른 사람들과 경쟁하기 때문에 스포츠에 참여하는 것은 재미있습니다.
- 자연에서 활동하면 세상에 대해 배우고 편안하게 느낄 수 있습니다.

- 친구들과 직접 어울리면 관계를 맺을 수 있고, 그들에 대해 알게 됩니다.

Q. 디지털 미디어와의 연결이 끊어지면 몇 가지 장점도 있지만 불편한 점도 있습니다. 이것의 균형을 잡는 가장 좋은 방법은 무엇입니까?
- 다른 생활 활동(가족, 친구, 학교, 취미 등)과 균형을 이루는 방식으로 건강하게 미디어를 사용하는 것입니다.

전개 1 　자신의 온라인 및 오프라인 생활 공유하기

◎ 미디어 균형이란 다른 여러 가지 오프라인 상의 생활 활동과 균형을 이루는 방식으로 건강하게 미디어를 사용하는 것을 말합니다. 오늘 수업에서 하는 여러 가지 활동을 통해 자신의 미디어 균형 감각을 찾을 수 있는 방법에 대해 생각하고 찾아보도록 할 것입니다.

먼저, 학생들에게 온라인과 미디어 기기를 통해 하는 다양한 활동들을 떠올려 보게 합니다. 음악 듣기, 게임하기, 정보 검색, 숙제하기, 메신저를 통해 친구들과 소통하기 등과 같이 생각할 수 있는 한, 많이 쓰도록 합니다. 쓰기를 마무리 한 후에는 친구들과 공유하도록 합니다.

그 다음에는 온라인이 아닌 상태에서 어떤 활동이 삶에 재미 또는 즐거움을 주는 지 말이 아닌 '마임'을 통해 짝과 공유하는 시간을 갖도록 합니다. 공유하는 시간을 마친 다음, 오프라인에서 하는 다양한 활동에 대해 생각보고 다른 사람들과 함께하거나 또는 혼자서 하는 활동은 무엇인지, 그리고 어떠한 이유로 그러한 활동을 하는 지를 가능한 한 많이 써보게 합니다.

다 써내려간 후에는 자신이 쓴 내용을 다시 한 번 읽어 보고, 가장 많이 참여하는 활동 두세 가지를 골라 ○표를 하게 합니다.

〈활동지1〉

☞ 온라인과 미디어 기기에서 하는 활동에는 어떤 것들이 있는지 적어 봅시다.

온라인에서 하는 활동은 무엇입니까?	언제, 얼마나 오랫동안 합니까?

☞ 오프라인에서 다른 사람들과 혹은 혼자서 주로 하는 활동에는 어떤 것들이 있는 지 적어 봅시다.

오프라인에서 하는 활동은 무엇입니까?	언제, 얼마나 오랫동안 합니까?

온라인 활동과 오프라인 활동 사이의 균형 잡기

◎ 전개1 활동에서 가장 많이 한다고 응답한 활동의 균형을 어떻게 맞추면 좋을지를 생각해 보도록 합니다. 〈활동지2〉를 배포하고 〈활동지1〉에서 동그라미 친 활동을 밑줄에 옮겨 적은 후, 긍정적인 느낌과 부정적인 느낌의 단어를 사용하여 빈칸을 완성하게 합니다. 학생들이 완성한 문장을 서로 공유하도록 합니다. 그리고 문장을 수합하여 교사가 전체적으로 공유하며 그것에 대한 개개인의 느낌을 나타내보는 시간을 갖도록 합니다.

이처럼 미디어를 사용하는 데 있어서 균형 감각을 갖는다는 것은 그것에 대해 학생들이 어떻게 느끼는 지를 스스로 인지하는 것을 의미합니다. 만약 디지털 미디어에서 불편함, 걱정, 슬픔 또는 불안과 같은 부정적인 감정을 느끼는 일이 발생한다면, 반드시 균형을 잡아야 합니다. 또한 그것을 일으키는 원인과 그것에 대해 무엇을 할 수 있는지에 대해 생각하는 것이 매우 중요합니다.

한 가지 유용한 방법은 플러그를 뽑을 수 있는 방법을 찾는 것입니다. 즉 그것에서 손을 떼거나 장치, 앱, 인터넷 등이 포함되지 않은 활동에 참여하는 것입니다. 다음 활동에서는 학생들이 부정적인 느낌을 갖는 것에 대하여 플러그를 뽑는 방법을 생각해 보도록 합니다.

디지털 미디어의 플러그를 뽑을 수 있는 시간과 그 시간이 적합한 이유에 대해 짝과 함께 공유하도록 합니다. 그때, 교사는 저녁 식사 시간, 취침 전과 같은 특정 시간이나 화면을 보는 것에 실증을 느끼거나 소셜 미디어와 게임 등으로 다른 사람들과 연결되고 싶지 않다고 느낄 때와 같은 상황에서의 구체적인 감정을 떠올릴 수 있도록 도와줍니다. 그 상황에서 플러그를 뽑기 위해 어떻게 해야 하는 지에 대한 질문도 덧붙입니다.

질문에 대한 답변의 예시로 다음과 같은 내용을 제시할 수 있습니다.

- TV를 안 볼 때에는 꺼라.
- 한 가지 프로그램만 시청해라.
- 휴대폰을 꺼두어라
- 시간을 제한하라.
- 특정 설정(앱 알림, 위치 서비스 등)을 해제하라.
- 휴대폰을 사용하지 않거나 온라인에 접속하지 않는 날이나 시간을 선택 하라(저녁, 평일, 방과 후 등).

이와 같은 이야기를 충분히 검토한 후에 〈활동지2〉의 2번을 완성하도록 합니다.

〈활동지2〉

☞ <활동지1>에서 동그라미 친 활동을 밑줄에 옮겨 적은 후, 긍정적인 느낌과 부정적인 느낌의 단어를 사용하여 빈칸을 완성해 봅시다. 그리고 온라인 활동과 오프라인 활동 사이에 균형을 맞출 수 있는 방법에는 어떤 것들이 있는 지 생각해 보세요.

1. <활동지1>에서 동그라미 친 활동을 밑줄에 옮겨 적고, 아래【보기】의 단어
   를 사용하여 (   ) 안을 채우시오.

   나는 _____할 때, 가장 (_____).
   나는 _____할 때, (_____)을 느낀다.
   나는 _____할 때, 가장 (_____).
   나는 _____할 때, (_____)을 느낀다.

【 보기 】

긍정적인 느낌	부정적인 느낌
행복	스트레스
집중	산만
연결됨	외로움

2. 아래 물음에 답해 보시오.

1) 긍정적인 감정을 주는 활동과 부정적인 감정을 주는 활동 사이에 균형이 잘
   잡혀 있다고 느끼는가요? 왜 그런가요? 혹은 왜 그렇지 않은가요?

2) 둘 사이의 균형감각을 향상시키기 위해 취할 수 있는 방법은 무엇이라고 생
   각합니까?

3) 위에서 말한 방법을 실천하는 것이 어떤 면에서 어려울 것 같습니까? 그것을
   극복하기 위해 무엇을 할 수 있을까요?

◎ '성민이의 일과'를 보고 학생들에게 성민이가 그의 삶에 균형을 가져다 줄 두 가지 제안을 써 보도록 합니다. 학생들에게 활동지를 마무리하게 하고 학습을 평가하기 위해 모읍니다.

◎ 온라인 투표를 통해 일주일 동안 온라인에 접속하지 않는다면 놓치게 될 것은 무엇이며 그것을 놓쳐서는 안 될 이유는 무엇인지 질문합니다.

☞ 우리는 미디어의 균형을 찾는 방법을 공부했습니다. 오늘 학습한 내용을 '성민이의 일과'에 대해 제안하는 글로 정리해봅시다.

성민이는 일어나자마자 1) 인스타그램 다이렉트 메시지를 확인합니다. 2) 등교하는 길에 친구들과 카카오톡 메시지를 주고받습니다. 3) 수업 시간에 조사학습을 위해 인터넷을 검색합니다. 4) 저녁 시간에 거실에서 가족들은 모두 휴대폰을 들여다보면서 유튜브 동영상을 봅니다. 5) 이메일을 확인하고 나서 6) 비디오 게임을 하다가 7) 잠자기 전까지 오늘 찍은 사진을 인스타그램에 올리기 위해 편집을 합니다.

2. 토론하기

고대 아테네 시대 이후로 민주사회에서는 의사 결정의 대부분이 토의(Discussion)와 토론(Debate)를 통해 이루어졌다. 디지털 사회에서도 마찬가지로 사이버 공간을 인간이 생활하고, 상호작용하며, 서로 소통하고 의사 결정하는 새로운 생활공간으로 간주한다. 사이버 공간에 존재하는 방대한 정보와 지식은 이전의 사회에서와는 다른 여러 가지 편리함을 제공하기도 하지만 다양한 문제를 일으키기도 한다. 즉, 간편하고 신속함을 특징으로 하는 동시에, 정보와 지식의 가치를 판단하고 이용하는 인간의 능력에 영향을 미치는 모바일 환경은 현대인을 온라인이라는 특수한 공간에서 항상 연결되는 존재로 만들고 인간관계 과잉 및 오용, 정보 과다에 따른 피로감을 가중시킨다(Turkle, 2008: 12). 디지털 사회의 위험의 특성을 구분하기 위해 위험의 유형을 살펴보면, 위험 상황에 노출과 위험한 행동의 선택이 자의에서 이루어졌을 때, 이를 '자발적 위험(voluntary risk)'으로 구분한다. 또한 어느 정도 위험하지만 일상생활에서 불가피한 경우에는 이를 '필수 위험(necessary risk)'이라고 구분한다. 따라서 정보 기술의 활용을 통해 사회적 이윤이나 편익을 추구하는 과정에서 발생하는 디지털 사회의 위험은 '필수적인 위험'인 동시에 사용자의 자의적 선택에 의해서 이루어지는 '자발적 위험'이다(Siegrist et al., 2000; 조화순 외, 2012: 6). 그렇기에 디지털 사회에서의 위험에 대처하기 위해서는 위험성에 대해 사용자인 학생들이 스스로 인지하고 올바른 판단을 내리는 능력을 습득할 수 있도록 도와야 한다.

토론은 다양한 자료를 찾고 적절한 근거를 선택하는 과정에서 자료에 대한 분석 능력을 필요로 한다. 뿐만 아니라 다른 사람의 의견이 논증적 요소를 제대로 갖추고 있는지도 분석해야 한다. 토론 참여자들은 이러한 분석적 사고를 바탕으로 다양한 시각의 입장을 바라봄으로써 인식의 지평을 확대할 수 있다. 그러므로 토론은 간단한 정보나 지식의 습득보다는 고차원적인 인지 능력 함양에 적합하며, 디지털 사회에서 발생하는 문제의 해결 방안을 모색하거나 태도 변화를 일으키는 데 효과적이다.

이처럼 디지털 사회에서의 복잡하고 다양한 문제를 토론함에 있어서 적용해 볼 수 있는 이론은 '가치 분석(value analysis) 접근법'이다. 가치 분석은 가치를 이해하기 위한 인지적이며 합리적인 접근 방식이라고 할 수 있다. 가치 분석 접근법은 가치에 대한 판단이 사실 판단처럼 객관적으로 참 또는 거짓이라고 말할 수는 없지만 합리적이고 타당한 이유를 제시함으로써 그것을 정당화하는 것이 가능하다는 입장에서 출발한다. 이처럼 가치 분석은 과학적인 방법으로부터 연유하였으며 가치 추론과 가치 갈등을 해결하는 것에 대한 하나의 체계적이고 논리적인 접근법을 제공하여 주고 있다. 이는 가치 명료화 접근이 갖는 가치 상대주의적 성격과 그것이 개인의 자유를 지나치게 존중한다는 비판으로부터 시작된 접근법으로, 가치의 논리성과 정당성을 내세우고 옹호하는 것을 중요시한다.

어떤 행위가 옳은가를 따지는 것과 같이 가치에 대한 판단을 내릴 때에는 어떤 관점에서 그것이 옳은가 하는 평가적 관점을 분명히 해야만 그 문제를 합리적으로 해결할 수 있다. 상이한 입장 간에 논쟁이 일어날 때, 평가적 관점이 명료하지 않음으로 인해 긍정적인 평가와 부정적인 평가가 대치할 수 있다. 이 경우에는 평가적 관점을 명료하게 일치시킴으로써 논쟁을 해소할 수 있다(조성민, 1993: 272). 이와 같이 합리적인 가치 결정을 내리는 가치분석의 목표를 달성하기 위하여 쿰즈(Coombs)는 아래와 같은 교수 전략을 주장하였다(서강식, 2000: 339).

① 가치문제를 확인하고 명료화 한다.
② 가치와 관련된 사실들을 수집하고 조직한다.
③ 사실들의 타당성을 살핀다.
④ 잠정적 가치 결정을 한다.
⑤ 결정에 수반된 가치 원리를 검사한다.

가치 대상에 대한 사실을 수집할 경우 흔히 사실과 평가적 주장을 혼동하기 쉽다. 따라서 이를 분명하게 구별하고 넓은 범위에 걸쳐 사실을 수집해야 한다. 또한 논란이 되고 있는 가치문제의 결정과 관계있는 사실은 대부분 복잡하므로 이를 범주별로 분류하고 조직하는 것이 좋다. 이에 따라 수집된 가치 결정을 위한 사실들을 평가하면 가치의 결정이 어느 정도 이루어지게 되는데, 잠정적으로 내린 가치 결정을 가치 판단에 수반된 가치 원리에 대해 평가자가 수용함으로써 최종적인 가치 결정을 내릴 수 있게 된다.

Thinking Ability

온라인에서 가짜 계정 사용하기의 장단점

1. 교수·학습 활동의 개관

학습 주제	온라인에서 가짜 계정 사용하기의 장점과 단점		
학습 목표	1. 소셜 미디어에서 가짜 계정을 사용할 수 있는 이유와 결과를 생각할 수 있다. 2. 소셜 미디어의 여러 계정에서 게시하는 것의 장점과 단점에 대해 자신의 생각을 말할 수 있다.		
학년(군)	초등학교 6학년	관련 교과목	도덕	정직과 관련된 갈등 상황에서 정직하게 판단하고 실천하는 방법 적용하기
			국어	토론의 절차와 규칙을 이해하고 적용하기
관련 성취기준	[6도01-03]	정직의 의미와 정직하게 살아가는 것의 중요성을 탐구하고, 정직과 관련된 갈등 상황에서 정직하게 판단하고 실천하는 방법을 익힌다.	
	[6국01-03]	절차와 규칙을 지키고 근거를 제시하며 토론한다.	
차시 분량	1차시	핵심역량 자기 관리 역량	
수업 지침	· 도입에서 핀스타를 사용하는 이유와 그 결과를 살펴보면서 자신의 입장을 정립한다. · 전개에서 가짜 소셜 미디어 계정을 만들고 사용하는 것에 대해 학급 토론에 참여하는 시간을 갖는다. · 정리에서 토론 활동 점검표를 통해 토론 활동을 평가하고, 평가 결과를 보면서 토론을 하며 가졌던 생각이나 느낌을 발표한다.		
토론 주제	· 가짜 소셜 미디어 계정을 가지고 사용하는 것이 가치가 있을까요?		

· 나의 인터넷 흔적, 디지털 발자국(Digital Footprint)과 자아 정체성
- 인터넷을 사용하는 사용자로서 학생들은 온라인상에서의 자신이 어떠한 인상을 남기는 지를 인식하는 것이 중요하다. 이를 위해 자신의 디지털 공간을 미리 계획하고, 평가해 보도록 한다.

2. 교수·학습 활동의 예시

도입 「그럴 듯한 가짜들」 동영상으로 생각열기

◎ '자기 정체성을 확립하는 것', '진짜가 되는 것'은 현실적으로 무엇을 의미하는 것일까요? 그것들은 모든 아동 청소년들에게 심도 깊은 생각을 하게 만듭니다. 오늘날, 아동과 청소년들에게 이러한 질문은 온라인에서 특히 중요합니다. 이번 차시의 활동은 온라인과 소셜 미디어에서 자신을 위해 다른 또는 대체하는 인물을 만드는 이유를 탐색하도록 도와줍니다.

'핀스타'라는 용어와 '익명'이라는 용어를 구분해 줍니다. '핀스타'는 특정 그룹에 게시하거나 익명으로 게시하는 데 사용되는 가짜 인스타그램 계정을 의미하는 반면 '익명'은 어느 누구도 모르게 참여하는 것을 의미합니다.

먼저 '그럴 듯한 가짜들' 동영상(https://youtu.be/NBQoM-SwmY0)으로 가짜 계정의 부정적 요인을 확인하도록 합니다. 요즘 청소년들은 한 개 이상의 인스타그램 계정을 이용한다고 합니다. '린스타'(진짜 계정·real instagram account)와 '핀스타'(가짜 계정·fake instagram account)를 각각 운영하면서 린스타에는 세련되고 이상적인 자신의 모습을 노출하고, 핀스타에서는 진실 되고 보다 자연스럽고 가감 없는 모습을 드러낸다고 합니다. 또는 린스타에서는 교사 혹은 부모들이 원하는 모습을 남기지만 자신의 고민이나 어려움 등의 실제 모습은 핀스타에 남긴다고 합니다.

'핀스타'에 대한 토론 활동지를 배포하고 다음과 같이 질문하세요. 누군가

가 가짜 소셜 미디어 계정을 만든 이유는 무엇인가? 왜 특정 사람들에게만 메시지나 이미지를 올리거나 익명으로 올리는가? 작성한 활동지의 예를 분류하여 정리해 핀스타의 유형을 다음과 같이 제시해 줍니다.

- 선호도 그룹: 특정인만이 관심을 가질만한 주제를 게시한다.
- 관리 그룹: 가까운 친구나 가족에게 좀 더 자유롭고 개인적인 메시지와 이미지를 구분하여 게시한다. 특정인(부모, 교사, 조부모 등)에게 숨기고 싶은 메시지나 이미지를 게시하거나 실제 생활에서 연관되고 싶지 않은 것(사적인 생각, 부적절한 농담, 비열한 논평 등)을 게시한다.

☞ 표를 사용하여 가짜 소셜 미디어 프로필의 이유와 결과를 정리해 보세요. 단, 그 사람의 이름이나 개인 정보는 알려서는 안 되며, 비난하는 일이 없도록 해야 합니다.

〈이유와 결과〉

핀스타를 사용하는 이유	그 결과는 무엇인가요?

〈입장 정립하기〉

가짜 소셜 미디어 계정(핀스타)을 가지고 사용하는 것이 가치가 있다고 생각합니까? 왜 그렇게 생각하나요? 혹은 왜 그렇게 생각하지 않나요? 이유와 구체적인 예를 들어 답변을 지지해 보세요.

_____

_____

_____

_____

_____

전개 1   소셜 미디어에서 나는 어떤 사람이 되어야 할까?

◎ 이처럼 핀스타와 같은 가짜 계정이 다른 사람에게 피해를 주지 않는다고 해서 나쁘지 않다고 말할 수 있을까요? 이것이 자아 정체성을 형성하는 시기의 청소년들에게 어떤 영향을 줄까요? 에세나 오닐의 동영상을 보고(https://youtu.be/s_0GfuV6qKI) 학생들이 생각할 수 있는 시간을 줍니다. 에세나 오닐의 동영상은 핀스타는 아니지만, 인스타그램과 같은 소셜 미디어에서 왜곡된 자아 정체성을 형성할 수 있다는 위험을 알려줍니다. 다음의 활동에서는 이와 같이 가짜 소셜 미디어 계정을 사용할 때 생각했던 것과는 다른 결과가 있을 수도 있다는 것을 알게 하는 활동으로 이루어집니다. 예화를 읽고 이에 대해 검토하여 의견을 제시해 보도록 합니다.

학생들에게 이런 가짜 소셜 미디어 계정과 관련된 이유와 결과를 공유하도록 합니다. 이에 대한 예는 다음과 같습니다.

- 서로 같은 관심사를 가진 사람들과의 연결
- 친한 사람들과 함께 메시지와 사진을 공유하며 즐거운 시간을 보냄
- 여러 계정을 사용하고 관리하는 데 많은 시간이 소요됨

- 실수로 잘못된 계정 또는 잘못된 그룹에 게시
- 의도한 것보다 메시지와 사진이 더 멀리 퍼져서 공유됨
- 익명의 계정으로부터 괴롭힘, 모욕 또는 사이버 괴롭힘을 당하게 됨

☞ 다음 예화를 읽고, 핀스타를 사용하게 된 이유와 그로 인한 결과는 무엇인지 생각해 보세요. 그리고 그것에 대한 자신의 의견을 나누어 보세요.

(가) 수형이는 농구광으로 "bballhooper"라는 핀스타를 사용하여 그가 가장 좋아하는 팀에 대해 글을 올린다. 그는 팀의 경기에 대한 댓글을 올리고 다른 팬들과 논쟁을 벌인다. 그는 때때로 사람들이 자신과 의견이 일치하지 않으면 '바보'나 '밴드왜건'이라고 부른다.

(나) 희지는 부모님과 가족들이 볼 수 있기 때문에 자신의 "진짜" 프로필을 세심하게 편집하는 것을 좋아한다. 그녀는 그녀가 피아노로 인기 있는 노래를 배우려고 애쓰는 것과 많은 재미있는 실수를 하기 위해 그녀가 올린 비디오와 같은 다른 게시물들을 위해 핀스타를 사용한다. 그녀는 두 명의 친한 친구와 비디오를 공유한다.

(다) 민지는 선수들이 아바타를 이용해 게임을 하는 온라인 게임 오버시네를 좋아한다. 그녀는 자신의 게임 플레이 사진을 올리고 다른 선수들에 대한 논평을 할 때 핀스타를 사용한다. 그녀는 때때로 자신의 실제 프로필 페이지에 대한 의견을 제시한 사람들에게 응답하기 위해 자신의 핀스타를 사용한다.

◎ 학생들을 가짜 소셜 미디어 계정을 만들고 사용하는 것이 가치가 있는지, 없는지에 대한 학급 토론에 참여시켜 보도록 합니다. 먼저 핀스타에 대한 가치를 사실과 평가적 주장으로 구별하도록 합니다. 이를 범주별로 분류하고 조직화하기 위해 쿰즈(Coombs)의 사실 수집표를 작성해 보도록 합니다.

〈입장 정하기〉

◎ 가짜 소셜 미디어 계정을 가지고 사용하는 것이 가치가 있을까요? 왜 그런가요? 혹은 왜 그렇지 않은가요?

◦ 소셜 미디어에 대한 자신의 경험과 오늘 들은 것, 좀 더 알아본 내용을 토대로 다음의 표를 정리해 보세요.

기본적 관점	긍정적		부정적		보조적 가치판단
	일반	특수	일반	특수	

수집된 자료에 대한 사실의 진위를 평가하고 관점에 따라 분류한 후에는 잠정적인 결론을 내리도록 합니다. 이후, 학급을 '찬성'팀과 '반대'팀의 두 팀으로 나누고 서로 마주 앉아 10분 동안 토론할 수 있는 시간을 갖도록 합니다. 토론을 통해 수집된 많은 사실 중에 가치 결정을 내림에 있어 타당성을 평가하기 위해 사실의 찬성 및 반대 증거를 나타내는 증거 카드를 작성하게 합니다.

찬성		반대	
사실	준거	사실	준거

◎ 각자 작성한 증거 카드를 토대로 하여 잠정적인 모둠 판단을 내려서 발표하는 시간을 갖습니다.

사실	핀스타 사용의 문제
모둠 입장	
그렇게 판단한 이유(근거)	

◎ 모든 모둠의 잠정적인 판단을 듣고 아래와 같이 다시 생각해보는 시간을 갖도록 합니다.

1. 내가 부모님의 입장이라면 어떻게 결정하였을까?

가. 나의 결정:

나. 그렇게 결정을 내린 이유는?

2. 내가 연예인이나 스포츠 선수와 같이 유명인이라면 어떻게 결정하였을까?

가. 나의 결정:

나. 그렇게 결정을 내린 이유는?

◎ 다시 생각해 본 내용을 토대로 최종적 판단을 내려 보도록 합니다.

판단 대상	핀스타 사용의 문제
나의 생각	
그렇게 판단한 이유(근거)	

◎ 개인별, 모둠별 학습과정을 아래의 토론 활동 점검표를 통해 자기 평가와 상호 평가한 후, 평가 결과를 보면서 토론을 하며 가졌던 생각이나 느낌을 발표해 봅니다.

<토론 활동 점검표>

평가 요소	평가 요소	평가						
		자기 평가	모둠원 ( )	모둠원 ( )	모둠원 ( )	모둠원 ( )	모둠원 ( )	모둠원 ( )
내용과 주제의 관련성	발표 내용이 주제와 맞다.							
	근거 자료 수집이 잘 되었다.							
논리성	발표 내용이 논리적이고 타당하다.							
	다른 의견을 논리적으로 비판하고 정당한 의견을 수용하는 자세를 보였다.							
	발전적인 대안을 제시하였다.							
	합의된 결과에 대해 인정하는 태도를 보였다.							
	타인의 의견을 읽고 분석, 비교, 정리하였다.							

참여 태도	토론 참여 자세와 태도가 바르다.						
	정해진 시간에 의견을 제시하였다.						
	에티켓을 잘 지켰다.						
	맡은 역할을 성실히 수행하였다.						
	합계						
점수	각 항목별로 우수: 3점 / 보통: 2점, 미흡: 1점						
토론 활동 우수자							
토론 활동 소감							

3. 뉴스 리터러시 교육

미디어 리터러시(media literacy)는 '미디어에 접근해 미디어 콘텐츠를 비판적으로 이해하며 분별 있게 활용하고 소통하는 능력'으로 정의된다. 또한 지식기반 사회인 21세기에 시민들이 갖춰야 할 핵심역량으로 일컬어지기도 한다. 21세기는 '정보화 시대', '지식 기반 사회'로서, 정보와 지식의 중요성이 날로 높아지고 있는 동시에 정보의 과잉 생산 및 질적 저하라는 부작용도 나타나고 있다.

근래의 미디어 환경의 변화는 미디어 리터러시 교육의 필요성을 보여준다. 과학기술의 발달로 미디어 환경이 온라인으로 옮겨지면서 미디어의 개수뿐만 아니라 미디어를 통해 발생하는 커뮤니케이션 방식 자체가 획기적으로 변화되었다. 미디어의 수용자가 적극적으로는 콘텐츠 생산 및 유통에 손쉽게 참여할 수 있고, 소극적으로는 미디어에 대한 토론이나 대화에 참여하거나 콘텐츠를 공유하고 공감 표시하기 등으로 참여할 수 있게 되었다. 이러한 현상 속에서 미디어 리터러시는 미디어를 효율적으로 활용하고, 창조적이면서도 책임감 있게 콘텐츠 생산 및 유통에 참여할 수 있는 태도와 행동을 갖는 것에 더욱 강조점을 둔다. 게다가 가짜 뉴스를 비롯한 디스인포메이션(disinformation), 그 외에 여러 유형의 품질 낮은 미디어 콘텐츠가 수없이 많이 생산 유통되고 있기에 이에 대응하기 위한 교육이 반드시 이루어져야 할 필요성이 있다.

다양한 콘텐츠의 품질을 제대로 가늠하고 올바르게 이용하기 위해서는 지식이나 이론, 법칙, 원리를 이해하는 것뿐만 아니라, 적절한 정보를 어떻게 찾아 어떤 방식으로 가공해야 하는지를 아는 능력을 갖추어야 한다. 이것이 바로 미디어 리터러시 교육이며 이를 통해 미디어의 작동 원리, 콘텐츠 생산 과정, 미디어 생태계에 대한 기본적인 지식을 포함하여 뉴스에 대한 접근성을 포함한 뉴스 리터러시의 향상, 뉴스 콘텐츠의 내용이나 표현을 비판적으로 분석하고 이해하기 위한 교육이 이루어져야 한다. 다시 말해, 미디어 리터러시 교육은 사고 능력의 향상을 통해 이루어져야 하는 것이다.

일상적으로 쉽게 접할 수 있으며 최신의 이슈를 다루는 '뉴스'는 사고 능력 향상에 유용한 교육 요소가 된다. 동시에 뉴스에 대한 리터러시 교육은 민주시민 교육과도 밀접하게 관련된다. 오늘날에 온갖 미디어를 떠돌아다니며 사람들을 현혹하고 이성을 잃게 만드는 가짜뉴스의 문제는 사실인지 거짓인지 판단하기도 전에 미디어 환경의 편의성으로 말미암아 무책임하게 공유되고 그것에 현혹되어 진실을 왜곡한 채 수용하는 사람들을 만들어 내는 결과를 낳고 있다. 이것은 미디어 리터러시를 갖춘 사람이 곧 민주시민이 되는 것임을 나타낸다. 즉 만연한 가짜뉴스를 있는 그대로 수용한 군중들의 집단 형성은 사회를 바꾸어 가는 원동력으로 작용하고 있는 것이다. 따라서 미디어 리터러시를 가진 민주시민이 없다면 '국민들이 마음을 모아 합법적으로 권력을 바꾸는' 민주주의도 유지할 수 없는 지경에 이르게 될 것이다.

미디어 리터러시는 미디어에서 본 내용이 신뢰할 만한 것인지 아닌지를 판단할 수 있는 능력을 포함하여 자신에게 유익한 내용인지 안 좋은 내용인지에 대한 분별도 포함한다. 이러한 판단은 비판적 사고(critical thinking)를 통해 가능하다.

비판적 사고는 증거에 근거해서 생각하는 능력이다. 뉴스를 보고 이 뉴스가 가짜 뉴스인지 신뢰할만한 뉴스인지를 판단하려면 증거를 찾아야 하고 그 증거에 근거해서 판단을 내려야 한다. 미디어 리터러시를 가진 사람은 자신이 접한 뉴스가 어느 언론사의 뉴스인지, 누가 작성했는지, 뉴스에 나온 발언을 한 사람은 신뢰할 만한 사람인지, 뉴스에서 제시한 출처는 믿을 만한 것인지 등, 그 뉴스가 사실인지 거짓인지의 증거를 찾는다. 이런 증거에 근거해서 뉴스의 내용을 이해하는 것이다. 이런 과정은 이 뉴스가 나에게 도움이 되는 것인지, 또는 불필요한 정보인지를 판단하게 해주고, 나아가 소셜 미디어를 통해 지인들과 공유해도 좋을 콘텐츠인지, 아니면 공유해서는 안 되는 콘텐츠인지를 구분할 수 있게 해준다. 이처럼 비판적 사고를 통해 미디어 리터러시를 키운 사람은 민주시민이 될 가능성이 높다. 미디어 리터러시 함양은 민주시민을 양성하는 첫걸음이며, 민주시민 양성이 민주주의 국가를 유지해나가는 기반이 된다.

이처럼 미디어 리터러시가 미디어 콘텐츠를 수용하고 분석, 활용하는 데 필요한 능력에 대한 이론적 토대를 제시하고 있지만, 뉴스가 가진 독특한 성격을 해석하기에는 제한적일 수밖에 없다. 즉, '미디어(media)'와 '리터러시(literacy)'의 합성어인 미디어 리터러시는 미디어 콘텐츠에 대한 수용 능력을 지칭할 뿐만 아니라, 미디어 접근 및 활용, 미디어 콘텐츠에 대한 비판적 이해, 미디어의 창조적 생산 능력까지도 포괄하기에, 범위가 상당이 넓다. 미디어 콘텐츠에 대한 수용 능력을 중심으로 한 이론적 틀을 뉴스에 적용하는 것은 한계가 있으며 뉴스 콘텐츠 수용을 설명할 수 있는 개념의 선별적 수용이 필요하다.

뉴스의 수용에 필요한 능력과 기술을 파악하기 위해서는 뉴스가 가지고 있는 특징에 대한 이해가 필요하다. 뉴스는 제작, 유통 소비 과정의 조직적 측면을 가지고 있는 동시에 개인적인 측면을 갖고 있다. 뉴스가 제작되는 과정 속에는 제작 과정에 적용되는 언론의 운영 원칙, 제작 체계, 뉴스 제작 관행과 같은 사회 전반적으로 인정되고 공유되는 사회적인 요소가 포함되어 있다. 동시에 뉴스를 제작하는 사람의 개인적인 역량, 신념, 가치와 같은 개인적인 요소도 포함되어 있다(Shoemaker & Reese, 1996: 253). 뉴스가 유통되고 소비되는 과정도 개별적인 뉴스 콘텐츠, 집합적 채널, 사회적인 공론장 등과 같은 구분에 따라 다양한 관점으로 정의될 수 있다. 이와 같은 뉴스 콘텐츠의 복잡성은 뉴스의 수용에 필요한 다양한 능력과 기술을 요구하게 된다.

기존의 전통적인 방식에서 뉴스는 건전한 시민을 위한 도덕적 의무의 차원이나 생활에 필요한 유용한 정보를 얻기 위한 도구로써 소비되었다. 사회적 경험의 증가, 정신적 · 신체적 발달에 따라 뉴스 수용 능력은 자연스럽게 이루어졌다. 그러나 최근의 뉴스는 기존 방식과는 다른 방식으로 소비가 이루어지고 있다. 즉, 디지털 매체를 기반으로 한 새로운 뉴스 환경으로 변화되었다. 인터넷을 통한 뉴스의 이용이 보편적인 추세가 되었으며, 젊은 세대일수록 이러한 경향은 더욱 뚜렷하게 나타나고 있다(커뮤니케이션 정책위원회, 2010). 이와 같은 뉴스 환경의 변화는 뉴스 콘텐츠의 복잡성과 함께 뉴스 수용에 필요한 능력과 기술에 상당히 많은 영향을 준다.

뉴스 리터러시(News literacy)라는 개념은 일반적으로 뉴스 수용에 필요한 능력을 양성하는 뉴스 교육이라는 말과 유사어로 사용되고 있다(Waldman, 2011; 이정훈, 2012: 79 재인용). 또는 뉴스의 주관성을 배제하고 뉴스를 비판적으로 수용하는 것을 훈련하는 미디어 소비자 교육을 뉴스 리터러시 교육이라고 정의하는 경우도 있다(이미나, 2011: 113).

미국에서는 체계적인 교육과정을 통해 다양한 뉴스 리터러시 프로그램을 실시하고 있다. 뉴스 리터러시 프로그램은 뉴스 콘텐츠의 수용, 분석, 활용에 관련된 능력과 기술뿐만 아니라, 뉴스 생태계에서 전반적 맥락을 파악하고 뉴스를 비판적으로 수용하면서 자신의 생활과 연관되어 사고하고 활용할 수 있는 능력으로 정의하고 있다(이정훈, 2012: 87). 그

중에서도 2008년 LA Times의 조사전문기자인 앨런 밀러(Alan C. Miller)에 의해 설립된 '뉴스 리터러시 프로젝트'는 디지털 시대의 중·고등학생들이 믿을만한 정보를 단순 가십, 의견, 가공되기 전의 정보로부터 구별할 수 있는 능력을 익혀 다매체시대의 현명하고 능동적 뉴스 소비자, 그리고 신뢰할 수 있는 정보의 생산자가 되어 의식 있는 시민 또는 선거 참여자의 역할을 할 수 있도록 돕는 것을 목표로 한다. 프로그램에 참여한 학생들은 사전에 실습이나 토론을 통해 특정 이슈에 대해 기사작성, 기사리뷰 등 여러 과제를 수행한다. 특히 이 프로그램에서는 언론인들을 교육활동에 투입하는데, 그들은 본인의 경험, 간단한 실습, 게임, 관련 동영상, 디지털 자료 등을 통해 뉴스 리터러시 능력을 가르친다. '뉴스 리터러시 프로젝트'의 교육과정은 문자 메시지나, 블로그, 위키피디아를 통해 정보의 생산자가 되는 과정과 방법에 대한 학습을 포함한다. 특히 '뉴스 리터러시 프로젝트'는 트위터와 같은 소셜 미디어의 등장으로 청소년들도 여러 중요 이슈에 대해 자신의 의견을 제시할 수 있게 된 가운데, 디지털 시대의 뉴스 생산자의 소양을 갖출 수 있는 교육 활동을 포함하고 있다. 따라서 본인이 생산하여 제공하는 정보에 대한 책임감, 시민의식 등도 주요한 이슈가 된다(www.thenewsliteracyproject.org).

〈표 15〉 뉴스 리터러시 교육 구성 요인들(이정훈, 2012)

구분	세부 내용
기초 뉴스 해독 능력	뉴스 해부하기(기사 주제, 헤드라인, 본문 분석 등), 경제뉴스(기사 속 통계 사용, 이해), TV 뉴스 해독, 이미지와 소리(사진, 소리, 영상 효과), 뉴스·정보 등에 대해 비판적으로 사고하기
뉴스 속성 및 지식 체계	뉴스 생산에 대한 이해, 스스로 질문하기(뉴스, 정보, 소문, 광고, 정치 선전 구별), 진실과 확인(언론의 진실 추구와 확인 과정, 언론의 증거 평가, 기사 소스 평가), 뉴스의 정의(뉴스 가치)

뉴스 처리 관점	언론의 이해, 뉴스에 대한 다양한 의견, 언론과 윤리, 뉴스에 대한 기본적 이해, 뉴스 리터러시의 중요성, 뉴스의 역할
새로운 뉴스 매체 활용	위키피디아 주의(위키피디아 정보의 가변성 인지), 인터넷 (디지털 시대의 뉴스 소비자, 뉴스 생산자, 웹, 문자 서비스, 소셜 미디어의 영향), 뉴스의 미래

온라인 뉴스 읽기

1. 교수·학습 활동의 개관

학습 주제	온라인에서 뉴스를 읽는 방법			
학습 목표	1. 온라인 뉴스 기사의 여러 부분의 기능을 이해할 수 있다. 2. 온라인 뉴스 기사를 읽을 때 주의해야 할 사항이 무엇인지 알 수 있다.			
학년(군)	초등학교 5학년	관련 교과목	국어	온라인 뉴스 기사의 유형을 고려하여 다양한 읽기 방법 적용하기
			사회	사례 조사 시에 온라인 뉴스를 분석하여 올바르게 적용하기
관련 성취기준	[6국02-05]	매체에 따른 다양한 읽기 방법을 이해하고 적절하게 적용하며 읽는다.		
	[6사02-05]	우리 생활 속에서 법이 적용되는 다양한 사례를 제시하고 법의 의미와 성격을 설명한다.		
차시 분량	1차시	핵심역량	지식 정보 처리 역량, 공동체 역량	
수업 지침	· 도입에서 온라인 뉴스의 구조를 살펴본다. · 전개1에서 뉴스 페이지를 구체적으로 살펴보고 온라인 뉴스의 주요 개념을 확인한다. 전개2에서 '소셜 리딩' 방법을 통해 뉴스 기사를 읽는다. · 정리에서 온라인 뉴스의 특징을 되짚어 보고, 그에 대한 올바른 태도를 갖출 수 있도록 다짐하는 시간을 갖는다.			
토론 주제	· 온라인 뉴스를 읽을 때 어떤 사항을 주의해야 할까요?			
더 나아가기	· 하나의 뉴스를 다양한 관점에서 다루고 있는 기사를 찾아보기 - 하나의 사건에는 그 사건을 둘러싼 여러 사람들이 있다. 여러 사람들이 가진 다양한 관점에서 쓰여 진 기사를 읽어 보는 것은 학생들이 문제에 대해 갖기 쉬운 편견을 넘어 더 넓은 관점에서 사건을 바라볼 수 있도록 한다.			

2. 교수·학습 활동의 예시

내가 알고 있는 뉴스

◎ 학생들은 다양한 방법으로 뉴스를 탐색하고 있습니다. 그러나 연구에 따르면 그들이 온라인으로 보는 뉴스를 잘 해석하지 못한다고 합니다. 그들이 더 나아질 수 있도록 온라인 뉴스 기사의 구조에 대해 가르치는 것은 비판적 사고 등의 온라인 기사의 학습 활용 유용성을 증대하기 위해 매우 중요한 출발점입니다.

탐색 활동을 위해 아래의 카드를 잘라내어 섞고 맞추는 게임을 통해 온라인 기사의 주요 개념을 소개하는 시간을 갖도록 합니다.

〈이름〉	〈설명〉	〈목적〉
헤드라인	뉴스 기사 제목. 보통 기사의 맨 윗부분에 크고 굵은 글씨로 써 있다.	독자들이 읽기를 시작하기 전에 그 기사가 무엇에 관한 것인지 말해준다. 그리고 독자의 주의를 끌기도 한다.
〈이름〉	〈설명〉	〈목적〉
바이라인	글의 작성자 이름	독자들에게 누가 그 기사를 썼는지 글쓴이의 이름을 말해준다.

〈이름〉	〈설명〉	〈목적〉
URL	인터넷에 올라온 기사의 상세 페이지가 있는 정확한 위치	어떤 웹 페이지를 보고 있는 지 정확히 알 수 있도록 도와주고 그 기사를 다른 사람과 공유하는 데 도움을 준다.
〈이름〉	〈설명〉	〈목적〉
섹션 제목	웹사이트에 올라온 뉴스 기사를 항목별로 나누어 구분하여 붙인 제목	읽고 있는 기사의 종류를 알 수 있다.
〈이름〉	〈설명〉	〈목적〉
이미지	기사의 상단에 위치한 사진. 보통 헤드라인 아래에 위치함	기사에 대해 시각적으로 보여 준다.
〈이름〉	〈설명〉	〈목적〉
Date(날짜)	기사가 실렸거나 업데이트된 정확한 날	얼마나 최근에 그 기사가 실렸는지를 알 수 있다.
〈이름〉	〈설명〉	〈목적〉
관련 기사	읽고 있는 기사와 연결되어 있거나 비슷한 내용의 기사	독자들에게 흥미를 유발하거나 중요하다고 생각되는 더 많은 기사를 보여준다.

〈이름〉	〈설명〉	〈목적〉
광고	기사는 기사와 관련이 없을 수도 있는 무언가를 파는 다른 웹사이트와 연결된다.	뉴스 사이트가 기사 페이지에 공간을 팔아서 돈을 번다.
〈이름〉	〈설명〉	〈목적〉
후원	다른 웹사이트와의 연결고리로 보통의 뉴스의 내용이 아닌 것을 포함한다.	뉴스 사이트가 기사 페이지에 공간을 팔아서 돈을 번다.
〈이름〉	〈설명〉	〈목적〉
평	모든 독자들이 올릴 수 있는 기사에 대한 생각이나 의견	독자들에게 기사에 대한 반응, 생각, 질문들을 올릴 수 있는 장소를 제공한다.

전개 1   **뉴스 탐색하기**

◎ 학생들에게 어떤 방법으로 최근의 뉴스를 듣는 지, 질문해 보면 대부분의 학생들은 부모님, 선생님, 텔레비전, 신문, 인터넷 기사 등으로부터 들었다고 말할 것입니다. 이러한 질문과 답변을 토대로 뉴스의 개념이 무엇인지 먼저 정의를 내립니다. 즉, 뉴스는 일반인에게 아직 알려지지 않은 새로운 소식으로, 일반적으로 중요하다고 판단되는 내용을 포함합니다.

◎ 아래의 뉴스 페이지를 보여주고, 인터넷이나 모바일을 통해 뉴스 사이트를 접한 경험이 있는 2~3명의 학생들이 그들의 경험을 공유하는 시간을 갖습니다.

위의 뉴스 페이지를 구체적으로 살펴본 후에 이전에 학습한 온라인 뉴스의 주요 개념을 확인하여 봅니다. 헤드라인, 바이라인, URL, 섹션 제목, 이미지, Date(날짜), 관련 기사, 광고, 후원, 평을 찾아보고, 개념에 대한 설명과 목적을 다시 한 번 확인하는 시간을 갖습니다. 직접 확인한 내용을 통해 뉴스 기사와 뉴스 웹사이트에 포함되어 있는 다른 개념 간의 차이를 아는 것이 중요하다는 것을 설명해 줍니다. 즉, 광고와 후원과 같은 콘텐츠는 상업적인 부분임을 지적해 줍니다.

◎ 다음에서는 전개1 활동에서 확인한 뉴스의 주요 개념을 적용해 보고 뉴스를 읽는 활동을 실시합니다. 뉴스 리터러시 교육의 출발인 '뉴스에 대한 이해 교육'은 뉴스 읽기를 통해 완성되어야 합니다. 뉴스 읽기를 통해 뉴스를 자연스레 접하는 것은 뉴스 리터러시 교육의 효율성을 증대시킵니다. 즉, 뉴스 리터러시 교육은 단순히 '뉴스는 이런 것이고, 이렇게 생산되고 유통된다. 이러한 유의점이 있으니 이런 식으로 봐라.'라는 식의 교육이 아닌 적극적인 뉴스 읽기를 통해 발전할 수 있습니다.

뉴스 읽기의 방법으로 '소셜 리딩(Social Reading)'을 적용하여 학생들의 흥미를 증진시킬 수 있습니다. 소셜 리딩은 말 그대로 함께 읽고 함께 질문을 만드는 방식입니다.

소셜 리딩을 할 때에는 먼저 함께 읽을 뉴스를 정해야 합니다. 함께 읽을 뉴스는 학생들이 선택해도 되고, 교사가 지정할 수도 있습니다. 두 명이 짝을 지어, 활동지에 뉴스를 스크랩한 후, 주요 개념을 찾아 적어보고, 기사를 함께 읽고 그에 대한 질문과 답변을 번갈아 가며 작성합니다. 5학년 1학기 사회, '2. 법의 의미와 역할' 단원에 적용하여 다음과 같은 몇 가지 질문을 만들 수 있습니다. "어떤 법률에 관한 문제를 다루고 있는 기사인가?", "특정 인물의 입장에만 치우친 정보를 제공하고 있는가?", "글쓴이는 누구인가?", "이 기사에 대한 나의 생각은 무엇인가?", "기사에 대해 내 생각이나 느낌을 표현할 수 있는 곳은 어디인가?"와 같이 기사의 내용과 형식에 대한 질문을 사전에 함으로써, 학생들이 질문과 답변을 구성하는 것을 도울 수 있습니다.

◦ 한명(짝꿍①)이 질문 ❶, ❷, ❸과 답변 Ⓐ, Ⓑ, Ⓒ를 만든다

- 다른 한 명(짝꿍②)이 질문 ❶, ❷, ❸에 대한 답변을 하고, 답변 Ⓐ, Ⓑ, Ⓒ를 보고 그 답변이 나오게 된 배경을 스크랩한 뉴스를 읽고 생각한 뒤에 질문으로 만든다.
- 스크랩한 뉴스를 다시 읽고, 서로 질문하고 답변한 내용이 제대로 이뤄졌는지를 평가한다.

☞ 선택한 뉴스를 스크랩한 후, 뉴스의 구성 요소를 찾아, 해당하는 곳에 붙여 봅시다. 짝과 함께 기사를 읽고 질문과 답변을 번갈아 가며 작성해 봅시다.

신문 읽기 활동지			
짝꿍①	이름	짝꿍②	이름
〈스크랩한 뉴스 붙이는 곳〉			

질문	답변
❶	
❷	
❸	
	Ⓐ
	Ⓑ
	Ⓒ

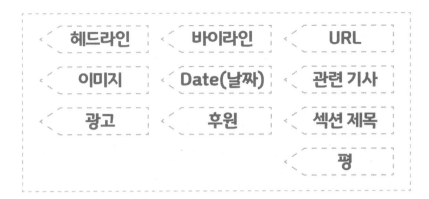

헤드라인	바이라인	URL
이미지	Date(날짜)	관련 기사
광고	후원	섹션 제목
		평

정리　　**뉴스 읽는 태도 다짐하기**

◎ 이번 활동을 통해 뉴스의 구성 요소를 살펴보고 주의 깊게 기사의 내용을 살펴보도록 지도하였습니다. 이처럼 뉴스와 언론은 주의 깊게 살펴보는 것이 중요합니다. 사람들은 종종 다른 사람을 속이기 위해 사진을 바꾸거나 자신이 원하는 곳에 사용하기도 합니다. 학생들이 뉴스를 있는 그대로를 받아들이기에 앞서, 주의 깊게 살펴보고, 때로는 웹 검색을 통해 사진의 출처를 확인하는 것과 같이 사고 능력을 갖출 수 있도록 다짐하며 활동을 마무리를 합니다.

☞ 이 사진들을 왜 이렇게 바꾸었을까요? 사람들이 무엇인가를 증명하기 위해 사용을 사용하는 것을 볼 때, 우리는 어떻게 진짜인지 구별할 수 있을까요?

원래 헤드라인:
과학자들은 친근한 로봇을 만든다.

변경된 헤드라인:
새로운 로봇은 과학자들에게
화를 낸다.

원래 헤드라인:
군중은 밴드가 연주하기를 기다린다.

변경된 헤드라인:
수천 명이 모여 항의하다.

4. 건설적 논쟁

오늘날 디지털 기술의 발달은 갈등과 혐오를 빠른 속도로 확산시키고 심화시키고 있다. 이와 같은 문제는 민주 사회를 위협하고 질서를 무너뜨린다. 학생들이 인터넷이라는 세계에서 일어나는 여러 가지 문제에 대해 이해할 수 있도록 지도하는 것은 쉬운 일이 아니다. 그러나 시민들 사이에서 확산되는 갈등과 혐오의 감정이든, 자연 재해와 관련된 인간의 고통이든 간에 여러 가지 민감한 문제에 대한 건설적인 논쟁은 분명한 이익을 얻을 수 있다.

건설적 논쟁은 존슨(1976)에 의해 '한 사람의 생각, 정보, 결론, 이론 및 의견이 다른 사람의 생각과 양립할 수 없는 상태에서 두 사람이 서로 합의를 모색하는 것'으로 정의되었다. 건설적 논쟁은 내 의견에 양립할 수 없는 생각에 대해 생기는 '의문점'에 근거한 '옹호'의 한 형태이다. 참여자들은 논쟁에서 어떤 대책이나 의견에 대하여 설득력 있는 근거를 제시함으로써 스스로를 '옹호'한다. 그들은 논쟁 가운데 생겨난 '의문점'에 대해서는 최선의 해결책이나 행동 방침을 정하기 위한 조사를 하게 된다. 그러므로 건설적 논쟁은 대화 가운데 이루어지는 질문에 답하기 위해 필요한 사실들을 학습하는 것을 포함한다. 이처럼 건설적 논쟁에서 참가자는 입장을 조사하고 준비하며, 자신의 견해를 제시하고 옹호해야 한다. 또한 자신의 견해에 대한 비판을 반박하면서 반대 관점을 비판적으로 분석·평가·논박하며, 모든 관점으로부터 사안을 바라볼 수 있는 의사소통을 위해 관점을 반전시키고, 모든 측이 동의할 수 있는 공동의 입장으로 요약되는 사실적이며 비판적인 결론으로 정보를 통합하고 종합해야 한다(추병완 외, 2019: 48-49). 학습하는 과정에서 조사한 결과를 제시하는 것은 참여한 사람들의 관심을 끌 수 있으며, 이는 다시 조사를 통해 배워가고자 하는 동기로써 작용한다. 그렇기에 건설적 논쟁은 고차원적인 사고 능력을 증진시키는 데 기여한다.

디지털 시민성을 이루는 여러 범주 중에 하나는 디지털 인식(digital awareness)이다. 즉, 디지털 사회에서 시민은 일상생활에서 디지털 기술의 확산적인 사용에서 기인하는 정치적 · 사회적 · 문화적 · 경제적 · 교육적 이슈를 명확하게 인식할 필요가 있다. 사회 각양각층에서 일어나는 이슈를 명확하게 인식하기 위해서는 다양한 관점으로 바라보는 것이 필요하다. 복잡 다양한 디지털 사회에서 일어나는 다양한 갈등을 해결하기 위해 이슈에 대한 자신의 입장을 정립하고 그에 대한 옹호도 중요하지만, 다양한 입장에 서 보는 것도 중요하다. 건설적 논쟁은 갈등 자체를 부정적인 것으로 단정하지 않으며, 오히려 갈등을 통해 개인과 사회가 발전할 수 있다는 입장이다. 또한 서로 대치하여 최종적으로 선택된 결론을 선호하는 것이 아니라 협력적인 맥락에서 창의적인 대안을 마련해 가는 것을 목적으로 한다.

디지털 환경으로의 변화는 정치, 경제, 문화의 변화로 이어지며 이는 다양하고 복잡한 사회 갈등을 일으킨다. 이것은 인터넷이 선택적 도구의 성격을 지녔다는 것에서 기인한다. 인터넷은 스스로 정보를 선택할 수 있는 도구로써 현재의 자기 확신을 강화하는 방향으로 활용되고 있으며 반대 의견을 가진 사람과의 커뮤니케이션을 예전보다 더욱 어렵게 만들고 있다(조일수, 2009: 16). 이와 같은 사회 갈등과 더불어 다원적 자율주의로의 의식의 변모는 디지털 사회의 또 다른 특징이다. 디지털 사회의 형성은 다양한 매체의 발생을 촉진시키고, 새로운 다양한 매체들은 나름대로의 관점에서 세계에 대한 다양한 해석을 발전시킨다(김성국, 2004: 40). 이는 디지털 사회에서의 다양한 갈등의 문제가 어느 일방적인 결론

이 아닌 다양한 관점을 통해 마련한 대안을 필요로 하는 경우가 많다는
것을 시사한다.

〈표 16〉 디지털 환경으로의 변화에 따른 사회의 변화 양상

구분	세부 내용
정치의 변화	사이버 공간이 발전함에 따라 정치 정보의 양적 증가, 정치 정보의 생산 및 수용, 민주주의의 심화(친민주적-무한 복제성, 익명성, 빠른 전파 속도, 넓은 전파 범위, 개방성, 쌍방향성, 비동시성, 반민주적-정보 과부화, 무책임성, 매개집단의 비대화, 정보 조작, 정보 불평등, 정치의 파편화, 다수에 의한 전제)
경제의 변화	생산 활동에 노동과 자본 외 인적자본과 지식 및 정보의 재화가 존재, 비 경합적 재화로 인한 기업 간 경쟁의 극대화, 자본주의의 외적 확장으로 인한 사회적 불평등의 극대화, 국제적 자본주의 체제의 영향, 개인생활이 자본주의적 상업성의 논리로 침식, 자본주의 경제가 사회적 문화적 영역에까지 침투하고 있는 '디지털 자본주의'로의 전환으로 인한 초국가 기업의 지나친 지배와 상업화, 그로 말미암은 빈부의 격차와 사회적 불평등의 확대
문화의 변화	참여 문화로의 변모, 사이버 공간을 매개로 하는 익명의 관계로 사회적 관계의 변화, 지역과 연고를 벗어나 관심사와 이해 관계를 같이 하는 공동체로의 재편성

* 출처: 정보통신정책연구원(2009),『디지털시대 사회통합을 위한 시민의식 제고방안』, 진천: 정보통신정책연구원.

건설적 논쟁에서 특히 강조되는 부분은 협력적인 맥락에서 이루어져
야 한다는 것이다. 사회인지적 갈등 연구에 따르면 교사가 상호 의존적
인 자원을 구성할 때 학생들은 더 나은 학습을 할 수 있는 것으로 나타났
다. 학생들 간의 상호 의존적인 상황을 만들기 위해서는 학습해야 할 것
중 일부분만을 제공해야 한다. 나머지는 다른 구성원들의 도움을 통해 얻
어 나가게 해야 한다. 건설적 논쟁에서 학생들은 중요한 정보를 얻기 위
해 다른 사람을 의지하면서 가장 잘 배우게 된다. 이와는 달리 갈등을 완
전히 피하거나 단순한 방식으로 습득하게 될 때, 가장 적게 배우는 것으

로 나타났다. 특히 건설적 논쟁은 논란의 여지가 있는 문제에 대한 강력한 협력적 접근법 중 하나로 알려져 있다.

디지털 사회에서 시민성의 토대가 되는 사고 능력을 향상하기 위한 건설적 논쟁이 효과적으로 이루어지기 위해서 교사들은 적절한 조건을 갖추어 주어야 한다. 즉, 모든 학생들에게 원근법을 통해 다양한 관점을 설명할 수 있도록 충분한 기회를 주고, 서로 다른 관점을 경청의 자세로 마주하게 하며, 협력적인 맥락을 강조하면서 논쟁이 이루어질 수 있도록 해야 한다.

소셜 네트워킹 사이트는 건강한 삶에 좋은가?

1. 교수·학습 활동의 개관

학습 주제	소셜 네트워킹 사이트(SNS)는 건강한 삶에 좋은가?			
학습 목표	1. 소셜 네트워킹 사이트의 장점과 단점에 대해 자신의 생각을 말할 수 있다. 2. 소셜 네트워킹 사이트에 관한 건설적 논쟁에 참여할 수 있다.			
학년(군)	중학교 3학년	관련 교과목	국어	타당한 근거를 들어 논박하고 내용의 타당성을 판단하며 듣기
			사회	SNS 활동의 의미와 특징을 이해하고, 장점과 단점을 생각하기
관련 성취기준	[9국01-05]	토론에서 타당한 근거를 들어 논박한다.		
	[9국01-10]	내용의 타당성을 판단하며 듣는다.		
	[9사(일사) 02-03]	대중매체와 대중문화의 의미와 특징을 이해하고, 대중문화를 비판적으로 평가하는 태도를 가진다.		
차시 분량	2차시	핵심역량	의사소통 역량, 공동체 역량, 지식정보 처리 역량, 창의적 사고 역량	
수업 지침	· 도입에서 SNS의 이용 현황과 신문기사의 내용을 확인하면서 SNS에 대한 자신의 생각을 떠올린다. · 전개에서 SNS에 대한 입장을 나누어 건설적 논쟁의 단계를 확인하고 준비한 후, 건설적 논쟁에 참여한다. · 정리에서 SNS에 대한 팀의 결정을 보고서로 작성한 후, 게시한다.			
토론 주제	· 소셜 네트워킹 사이트는 건강한 삶에 좋은가?			
더 나아가기	· SNS 이외의 디지털 미디어에 대한 찬성, 반대의 입장과 근거 찾기 - 건설적 논쟁에 참여한 후, 자신의 태도를 평가하고 반성해 본 후, 건설적 논쟁을 통해 학습한 입장 정립, 근거 마련, 이론적 배경 등의 원리를 적용하여 디지털 미디어에 대한 새로운 과정에 도전해 보도록 한다.			

2. 교수·학습 활동의 예시

　　SNS 이용 현황과 신문 기사로 생각열기

◎ 인스타그램이나 페이스북, 스냅챗 같은 소셜 네트워크 사이트(SNS)를 이용하는 사람이 우리 교실에서 몇 퍼센트나 된다고 생각하는 지를 질문합니다.

☞ 우리 학급에서 인스타그램이나 페이스북, 스냅챗 같은 SNS를 이용하는 사람은 몇 퍼센트나 될까요? 손가락을 들어 표현해 보세요.

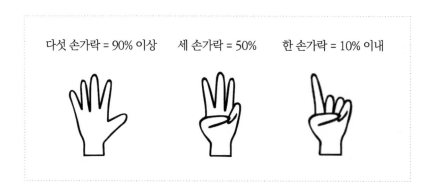

다섯 손가락 = 90% 이상　　세 손가락 = 50%　　한 손가락 = 10% 이내

사용자를 지원하는 웹 사이트 및 애플리케이션 콘텐츠를 만들고 공유하거나 참여하기 위한 사회 연결망을 소셜 네트워크 사이트(SNS)라고 합니다. 학생들에게 우리 학급의 SNS 이용 추정치를 알려주고, 대한민국 전체 SNS 사용 현황을 소개합니다.

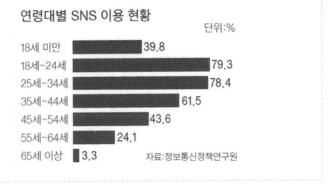

연령대별 SNS 이용 현황

단위:%

18세 미만	39.8
18세~24세	79.3
25세~34세	78.4
35세~44세	61.5
45세~54세	43.6
55세~64세	24.1
65세 이상	3.3

자료:정보통신정책연구원

SNS에 대한 생각을 이야기하는 기사를 보고 질문에 답하도록 함으로써 SNS의 장점과 문제나 단점에 대해 생각해 보는 시간을 줍니다.

[우리들의 생각] 현대인의 생활 깊숙이 뿌리내린 SNS

이용자들에겐 결국 得일까 失일까

입력 : 2017.05.11 08:26:03 💬 0

■ 틴매경 학생기자들 의견은

현대 사회를 살아가고 있는 우리들은 거의 매일 소셜네트워크서비스(SNS)를 이용하고 있다. 카카오톡, 인스타그램, 페이스북, 트위터 등 다양한 SNS를 활용하고 있다. 이와 같은 SNS 활동은 이용자들에게 `득`일까 아니면 `실`일까. 여러분은 어떻게 생각하십니까?

**출처 : 매일경제(2017.5.11.), 〈우리들의 생각〉현대인의 생활 속에 깊숙이 뿌리내린 SNS

◦ 10대들은 SNS의 장점들이 무엇이라고 말했는가?
◦ 그들이 문제점이나 단점으로 확인한 것은 무엇인가?

◎ SNS에 대한 건설적 논쟁에 들어가기에 앞서 교실을 정렬하고, 집단을 구성하며, 역할을 지정해야 합니다. 교실은 각 집단의 성원이 서로 가깝게 앉아서 활동할 수 있도록 원 모양으로 구성하는 것이 좋습니다. 집단은 4명으로 구성합니다. 2개의 집단에 각 2명씩 한 팀이 되어 각자의 입장을 옹호합니다. 논쟁의 잠재력을 높이기 위해서는 각 집단에 속한 학생들의 성적, 성별과 같은 이질성을 최대한 포함하는 것이 좋습니다. 학생들은 자기 집단, 즉 2명씩 짝을 지어 활동하다가, 4명으로 구성된 원래 집단으로 돌아가 활동하게 됩니다. 각 집단에게는 찬성 또는 반대 주장을 옹호하는 보완적인 역할을 부여합니다.

집단이 구성되면, 주의 사항을 알려줍니다. 학생들에게는 집단 보고서 작성과 발표, 자신의 입장에 대한 정보 습득과 같은 집단의 목표가 부여되고, 그 목표를 달성하기 위해 서로 협동하는 것이 가장 중요한 것임을 상기시켜 줍니다.

다음에는 과제를 부여하는데, 4명으로 구성된 집단이 SNS에 대한 하나의 보고서를 작성해야 하는 과제를 설명해 줍니다. 각 집단은 2명씩 짝을 지어 2개의 쌍으로 활동하며, 한 쌍은 SNS의 부정적인 측면을 옹호하는 임무를 수행하고 나머지 한 쌍은 SNS의 긍정적인 측면을 옹호하는 임무를 수행하도록 합니다. 전체 집단의 목표는 올바른 SNS 이용 방안에 대한 합의에 도달한 후, 이를 보고서의 형태로 정리하는 것입니다.

과제를 부여한 후에는 건설적 논쟁의 구체적인 단계를 설명해 줍니다. 건설적 논쟁은 자신의 입장에 대한 정보를 준비하여 조직화 하고, 다양한 근거를 들어 논리적인 결론을 제공할 수 있는 효과적 옹호 방법을 계획하여 제시하고 공개토론에 참여한 후에는 관점을 서로 바꾸어 최상의 사례를 제시하는 과정을 거칩니다. 이후에는 옹호가 아닌 모두가 동의할 수 있는 하나의 종합을 얻은 후, 이를 보고서로 작성합니다.

1단계: 정보를 조직하고 결론 도출하기

입장을 연구하고 준비한다. 각 집단은 배정된 입장을 개발하고, 관련 정보를 연구하며, 반대 견해에 최적의 사례를 제시할 방법을 계획한다.

2단계: 입장을 제시하고 옹호하기

각 쌍은 반대되는 쌍에 자신의 견해를 제시한다.

3단계: 반대 견해에 의한 이의 제기하기

반대 견해에 대해 반박하고 자신의 견해에 대한 공격에 반박하는, 개방적인 토론에 참여한다.

4단계: 관점 바꾸기

각 쌍은 관점을 바꾸어 서로의 입장을 제시한다.

5단계: 재 개념화 · 종합 · 통합하기

최고의 증거와 추론을 공동의 입장으로 종합 및 통합한다. 그룹의 네 명의 구성원이 자신이 아는 내용, 모든 측이 동의 할 수 있는 공동의 입장으로 요약되는, 사실적이고 판단적인 결론으로 종합 및 통합한다. 결론을 보고서로 작성하여 마무리 한다.

전개 2   SNS에 대해 건설적 논쟁하기

◎ 건설적 논쟁하기에 앞서 논쟁 상황 제시하고 찬성과 반대의 입장에 대한 명확한 설명을 합니다. 더불어 논쟁 절차 단계와 각각의 과정에서 사용될 협력적 기술에 대해서도 설명합니다. 해당 위치를 지지하는 핵심 주장의 요약과 함께 옹호될 위치를 자세하게 설명해 줍니다. 지지할 입장을 뒷받침하는 주장에 대한 근거와 상세한 설명을 제공하는 자원(참고문헌을 포함)을 제시합니다

(추병완 외, 2019: 85).

☞ 논쟁 상황 제시하기

> "페이스북(facebook), 인스타그램(instagram), 밴드(band), 트위터(twitter), 카
> 카오스토리…"

여러분들은 자신의 스마트폰에 위와 같은 앱이 몇 개나 설치되어 있나요? 아마도 이중 한 가지 이상의 앱을 사용하거나, 서비스에 가입되어 있을 것입니다. 이처럼 많은 사람들이 소셜 네트워크 서비스(social network service, 이하 SNS)에서 자신의 일상과 생각, 느낌을 공유하고 있습니다.

최근 한 조사에 따르면 전 세계의 SNS 이용자 수는 전체 인구의 1/3에 이른다고 합니다. 스마트폰 보급률이 다른 나라보다 높은 우리나라에서는 더욱 높은 SNS 이용률을 보입니다.

SNS의 가장 큰 특징은 온라인을 통해 다양한 사람들과 상호작용을 할 수 있다는 것입니다. SNS를 통한 사회적 관계는 과거의 면대면(face to face) 관계나 소통방식과는 달리 언어적 메시지 교환에 의해서만 맺어지고 유지되는 새로운 유형의 관계입니다. 이로 인해 다양한 사람들을 어렵지 않게 사귈 수 있고, 서로가 가진 정보를 공유할 수 있게 되었습니다. 굳이 밖에 나가지 않아도 실내에서 사람들과 친목을 다질 수 있게 되었습니다. 이처럼 우리는 SNS를 통해 사회와 더욱 적극적으로 연결될 수도 있지만, 작은 이모티콘이나 말투 하나에 오해를 하거나 행복한 모습으로 꾸며진 SNS를 보면서 박탈감이나 우울한 기분을 느끼며 정신적인 스트레스를 받을 수도 있습니다.

최근 영국 글래스고 대학 연구팀은 SNS를 과도하게 이용하는 청소년의 경우 충분한 숙면을 이루지 못해 근심과 우울증이 높아진다는 연구 결과를 발표했습니다. 이로 인해 세계 각국에서는 SNS에 대한 다양한 연구가 이어지고 있으며 그에 따라 SNS의 유익한 점과 유해한 점이 밝혀지고 있습니다.

SNS는 자신의 개성과 자기표현을 구현하는 데 있어 긍정적인 영향을 주고 우리

의 건강한 삶에 도움을 주는 면이 있습니다. 동시에 성장하는 시기의 아동 및 청소년 기에 건강상의 문제를 줄 수 있는 요소 또한 내포하고 있습니다.

SNS가 우리의 건강한 삶에 도움이 되는 것인지, 그렇지 않은지에 대한 여러 분의 입장을 정립해 보세요. SNS가 건강한 삶에 도움을 주는 지, 아니면 그렇지 않은지에 대한 각각의 입장에 대해 분명한 정보와 근거를 통해 논리를 세워 보시기 바랍니다.

☞ SNS 사용이 건강한 삶에 도움을 준다는 입장

"SNS는 건강한 삶에 도움을 준다."

여러분은 SNS가 건강한 삶에 도움을 준다는 입장에 서 있습니다. 이와 같은 입장을 관철하기 위해서는 먼저 SNS가 주는 이로움을 생각해 보고, 이에 대한 사실과 정보를 근거로 정리하여 논리적인 대응을 해 나가는 것이 중요합니다. 또한 '건강한 삶'이란 어떤 것을 의미하는 지를 생각해 보고 여러분이 생각하는 건강한 삶을 위한 필요충분조건을 정립해 보아야 합니다. 즉, SNS가 건강한 삶에 어떻게 도움을 주는 지를 건강의 유형에 맞추어 정보를 정리하는 것이 좋습니다.

SNS를 처음 접하게 되었을 때, 여러분은 어떤 생각을 하였나요? 대부분의 사람들은 SNS를 통해 커다란 세상과 소통하는 기분이 들어 마음이 넉넉해짐을 느꼈을 것입니다. 소심한 성격을 가졌거나, 오프라인을 통해 형성되고 유지하는 인간관계를 이어가는 것에 피로감이나 스트레스를 받은 사람들이라면 특히나 더 유익하다고 생각했을 것입니다.

실제로 SNS는 사회적으로 고립되거나 수줍음이 많은 청소년들이 다른 사람들과 연결되도록 함으로써 정신적으로 건강한 삶에 도움을 주는 것으로 밝혀졌습니다 (Common Sense Media, 2012: 22). 여러분은 이처럼 SNS가 건강한 삶에 도움을 준다는 입장에서 정신적으로 건강한 삶을 비롯하여 신체적, 사회적으로 건강한 삶에 도움을 주는 다양한 정보를 탐색하여 설득력 있게 여러분의 주장을 관철해 나가야 합니다. 특히 상대측의 주장과 그 근거를 비판적으로 분석하여 그들의 허점을 찾아 반박해야 하며, 그들도 수용할 수 있는 다양한 근거들을 찾아서 제시해야 합니다.

☞ SNS 사용이 건강한 삶에 도움을 준다는 주장

1. 정신 건강에 도움을 줄 수 있습니다.

SNS의 확산으로 인해 젊은 세대가 위험해졌다고 결론을 내리는 것은 섣부른 결론이고 편견입니다. 세계 금융위기, 한 부모 가정의 급증, 늦은 나이에 결혼에 자식을 과보호하는 부모, 높아진 대학 진학률 등과 같이 다양한 사회 문제들이 아동 및 청소년 문제의 원인이 되고 있습니다. 미국 미시간주립대학의 연구진은 1만 3000건을 분석한 결과 SNS 이용자들은 심각한 우울증 불안감 같은 심리적 고통을 경험할 확률이 비이용자보다 63% 적다는 사실을 발견했습니다(Hampton, 2019: 12). 이와 같은 사실은 SNS를 통해서 사람들과의 관계를 유지하는 것이 정신 건강에 도움이 된다는 것을 입증해 줍니다.

2. 건강에 도움이 되는 정보를 통해 질병을 예방하고 건강한 생활 습관을 가질 수 있습니다.

우리는 SNS 채널을 통하여 우리의 건강에 도움이 되는 정확한 정보를 얻을 수 있습니다. 이러한 정보는 여러 가지 질병을 예방하고 건강한 습관을 형성하는 데 도움을 줍니다. 세계적으로 정부 및 유관 기관을 중심으로, 각종 건강 관련 정보와 건강한 습관을 장려하는 건강 증진 캠페인이 접근성이 좋은 SNS 채널을 통해 실시되고 있습니다. 예를 들어, '따스아리'와 '국가암정보센터', '보건복지부 금연캠페인' 등이 SNS 페이지를 운영하고 있으며, 질병관리본부에서는 '질병관리본부'와 '결핵 조기 퇴치 추진단'이라는 SNS 페이지를 운영하고 있습니다. 이러한 캠페인은 질병 발생 이후의 치료가 아닌 질병 발생 이전의 행동을 관리하는 예방을 위해 건강에 대한 정확한 정보를 전달하는 데 도움을 줄 수 있습니다.

*출처 : 김지은 외(2015), 184쪽.

3. 전문적인 건강 지식을 가진 사람들과 소통할 수 있습니다.

우리는 직접 병원에 방문하지 않아도 SNS를 통해서 건강 전문가들과 건강에 대한 여러 가지 문제를 해결할 수 있습니다. 유명한 의사, 건강 상담가들과 만나서 상담을 하려면 시간과 비용이 발생합니다. 그러나 SNS를 이용하면 예약을 하는 번거로움을 피할 수 있으며, 원하는 때, 즉시 정보를 얻고 건강상의 문제를 해결할 수 있습니다.

우리는 SNS를 통해 쉽게 만나볼 수 없는 건강 관련 유명인들의 페이지 또는 트윗을 구독하거나 다이렉트 메시지를 통하여 건강에 도움이 되는 치료법, 치료제 또는 약품에 대해 정확하고 안전한 정보를 얻을 수 있습니다.

4. SNS를 통해 운동관리에 대한 지속적인 동기부여, 전문적 조언을 얻을 수 있습니다.

우리는 많은 사람들이 인스타그램과 같은 SNS에서 운동을 통해 자신의 몸이 변화하는 과정을 사진으로 찍어 공유하는 것을 쉽게 볼 수 있습니다. 실제로 '#홈트, #운동스타그램, #운동하는 여자, #운동하는 남자' 등의 해시태그가 유행처럼 번지고 있습니다. 유튜브에서도 '홈트', '홈 트레이닝' 같은 단어로 검색을 했을 때 상당히 많은 관련 영상이 쏟아져 나옵니다. 페이스북의 한 홈 트레이닝 페이지는 정기 구독자만 48만 명에 달하기도 합니다. 이들은 댓글을 통해 운동법을 문의하고, 응원과 격려로 서로를 자극하며 소통합니다. 또한 SNS에 운동일지를 기록하고 자신의 사진이나 동영상을 올리며 열정이 식지 않도록 동기부여 합니다.

5. SNS를 통해 적극적인 신체활동에 참여할 있습니다.

최근 SNS에서는 '소셜 러닝(social running)', '소셜 라이딩(social riding)'과 같이 소셜 네트워크 서비스를 활용하여 여럿이 모여 스포츠를 즐기는 것이 유행하고 있습니다. 이는 유럽이나 미국에서 10명 내외의 젊은 동호인들이 SNS를 사용해 모여 운동하는 신 개념 운동 동호회로부터 발전되어 왔습니다. 달리기 뿐 아니라 등산과 캠핑, 수상레저 스포츠 등으로 종목도 다변화되고 있습니다. 오프라인 상의 동호회와는 달리 SNS를 기반으로 하는 운동 동호회는 강제성, 의무감에 얽매이지 않습니다.

☞ SNS 사용이 건강한 삶에 유해하다는 입장

"SNS는 건강한 삶에 유해하다."

여러분은 SNS가 건강한 삶에 유해하다는 입장에 서 있습니다. 이와 같은 입장을 관철하기 위해서는 먼저 SNS가 주는 유해성을 생각해 보고, 이에 대한 사실과 정보를 근거로 정리하여 논리적인 대응을 해 나가는 것이 중요합니다. 또한 '건강한 삶'이란 어떤 것을 의미하는 지를 생각해 보고 여러분이 생각하는 건강한 삶을 위한 필요충분조건을 정립해 보아야 합니다. 즉, SNS가 건강한 삶에 어떻게 유해한지를 건강의 유형에 맞추어 정보를 정리하는 것이 좋습니다.

최근 영국 글래스고 대학 연구팀은 SNS를 과도하게 이용하는 청소년의 경우 충분한 숙면을 이루지 못해 근심과 우울증 비율이 높아진다는 연구 결과를 발표했습니다(Woods, 2016: 46-47). 여러분은 이처럼 SNS가 건강한 삶에 유해하다는 입장에서 정신적, 신체적, 사회적으로 건강한 삶에 해롭다는 다양한 정보를 탐색하여 설득력 있게 여러분의 주장을 관철해 나가야 합니다. 특히 상대측의 주장과 그 근거를 비판적으로 분석하여 그들의 허점을 찾아 반박해야 하며, 그들도 수용할 수 있는 다양한 근거들을 찾아서 제시해야 합니다.

☞ SNS 사용이 건강한 삶에 유해하다는 입장

1. SNS는 정신 건강에 해로움을 줄 수 있습니다.

SNS 사용자의 SNS 중독 경향성 척도 점수 상에서 점수가 높은 상위 30%인 집단과 점수가 낮은 하위 30%인 집단으로 나누어, 양 집단 간의 외로움, 우울, 대인관계, 사회적 지지에서 앞선 상관 분석과 다른 차이가 있는지를 알아보는 연구 결과, SNS 중독 경향성 점수의 상위 30%가 하위 30%보다 외로움과 우울에서 더 높은 차이를 보였습니다. 즉, SNS 중독 경향성 수준이 높을수록 외로움과 우울수준이 높음을 알 수 있습니다(오윤경, 2012: 44). 영국 왕립공중보건학회(Royal Society for Public Health, RSPH)에서 14~24세의 청년 1500명을 대상으로 한 설문조사에 따르면, 인스타그램 이용자 10명 중 7명이 SNS에 올라온 다른 사람의 사진을 보고 자신의 몸에 대해 부정적으로 인식하게 된다고 답했습니다. 이처럼 SNS가 외로움과 우울함을 유발하는 이유에 대해, 연구자들은 온라인에서 다른 사람에 대한 정보를 접하는 것이 타인과의 부정적인 비교를 현실에서보다 더 많이 일으키기 때문일 것이라고 분석했습니다.

　*출처 : 조영탁(2018), SNS와 정신건강

2. SNS는 사회적 건강에 유해할 수 있습니다.

　미국 웨스턴일리노이대 커뮤니케이션학과의 크리스토퍼 카펜터(Christopher Carpenter) 교수는 학술지 '성격과 개인차(Personality and Individual Differences)' 최근호에 '페이스북의 나르시시즘(Narcissism on Facebook)'이라는 제목의 논문을 발표했습니다.

　실험에는 페이스북 이용자 292명이 참가해 '자아도취 인성검사(NPI)' 설문을 작성했습니다. 검사 항목은 사회적 행태와 반사회적 행태 모두로 구성되었습니다. '허영심, 우월감, 자기몰두 등 과시성향(GE)', '존중요구, 조작의도, 타인이용 등 착취성향(EE)', '자신감', '자기 홍보', '친구요청 수락', '부정적 댓글에 복수', '타인에게 동의 요구', '타인에게 동의 제공', '적은 댓글에 분노', '타인의 자기중심 발언에 관심', '친구 숫자' 등으로 이루어져 있었습니다. 분석 결과 나르시시즘이 강할수록 홍보에 적극적이지만 반사회적 행동을 보이는 것으로 나타났습니다. 과시성향이 강해지면 현재의 상태를 업데이트하고 사진을 찍어 올리거나 개인정보를 공개하는 자기 홍보 행위가 빈번해졌습니다. 반면에 착취성향이 높아지면 자신의 글에 타인이 반응을 보이지 않거나 부정적인 댓글을 남겼을 때 화를 내는 등 반사회적 태도가 잦아졌습니다 (Carpenter, 2012: 485).

　카펜터 교수는 웨스턴일리노이대의 발표 자료를 통해 "나르시시스트는 페이스북 친구가 수백 명에 달해도 인간관계가 얕은 수준에 머무르며 감정 위주의 커뮤니케이션 패턴을 보인다."고 분석했습니다.

3. SNS는 수면의 질을 떨어뜨림으로써 신체적 건강에 해로울 수 있습니다.

글래스고 대학 연구팀은 중·고등학교에 재학 중인 10대 학생 460명을 대상으로 그들의 SNS 사용 습관 중 특히 저녁 시간을 집중적으로 연구했습니다. 침대 맡에서도 놓지 않는 SNS 이용이 수면의 질을 떨어뜨릴 가능성에 주목한 것입니다. 그 결과 저녁 시간에도 계속 SNS로 친구들과 소통한 학생들의 경우 평균 13.5% 정도 수면의 질이 떨어진 것으로 파악되었습니다(서울대학교 의과대학 국민건강지식센터). 지난 해 한국정보화진흥원에서는 지난해 스마트폰을 사용하는 청소년 538만 9천명 가운데 30.6%가 스마트폰 과의존 위험군에 속한다고 발표하였습니다. 수면부족을 호소한 청소년들 중 44%는 스마트폰이 그 원인이라고 응답하였습니다. 낮은 수면의 질은 비만 및 심·혈관 질환을 일으키고 성장발육에도 유해하지만 건강에 해로운 흡연율, 음주율과도 상관관계가 있으며, 충분히 자는 학생들에 비해 자살을 생각하는 경우도 2배 많았다고 합니다(질병관리본부, 2018).

4. SNS는 거북목 증후군을 일으킬 수 있습니다.

어깨와 허리는 굽고 목만 앞으로 쭉 빼는 거북이와 같은 모습을 거북목이라고 하며, 이렇게 목뼈가 변형되어 통증을 유발하는 질환을 거북목 증후군이라고 합니다. 서남의대 명지병원 재활의학과 최정화 교수는 "컴퓨터·스마트폰 사용 시 잘못된 자세가 거북목 증상을 키웠다."며 "요즘 척추와 목이 불편해 병원을 찾는 청소년이 크게 늘었다."고 말했습니다(중앙일보, 2015. 07. 20일자). 거북목 증후군은 뒷목 결림, 어깨 뭉침, 두통 등과 같은 다양한 증상을 유발하고, 방치하였을 때에는 목뼈에 관절염까지 이어질 수 있다고 합니다. 뿐만 아니라 호흡에도 지장을 주기 때문에 최대 30%가량 폐활량을 감소시킬 수 있습니다(서울대학교 의과대학 국민건강지식센터, 2015).

5. SNS는 신체활동을 저하시킵니다.

영국 셰필드대학 연구팀이 '소셜 미디어의 이용과 아이들의 건강'이라는 논문을 공개했습니다. 연구팀은 소셜 미디어의 이용이 아이들의 삶에 얼마나 만족감을 주는지를 탐구했습니다. SNS에서 보내는 시간이 길수록 '학교생활'과 '자신의 외모'와 같은 삶의 만족도가 감소하는 결과가 확인됐습니다. 논문에서는 이러한 결과가 나온 근거로 '유한 자원' 이론에 대해 이야기 하고 습니다. SNS에서 아이들이 시간을 오래 보낸다는 이야기는 결국 아이들의 건강과 성장에 도움이 줄 수 있는 활동에 쓰는 시간이 줄어든다는 말과 같습니다. 즉, 사람을 현실에서 직접 만나 대화를 하고 신체를 움직이는 활동이 줄어들어 아이들의 신체 발달이 원활하게 이뤄지지 못하고, 불만으로 연결된다는 이야기입니다.

| 정리 | **SNS에 대해 건설적 논쟁 보고서 작성하기** |

⊚ 최고의 증거와 추론을 공동의 입장으로 종합 및 통합합니다. 그룹의 네 명의 구성원이 자신이 아는 내용, 모든 측이 동의 할 수 있는 공동의 입장으로 요약되는, 사실적이고 판단적인 결론으로 종합 및 통합합니다. 결론을 보고서로 작성하여 마무리 합니다.

논쟁주제	
모 둠 원	
최종결론	

김양은(2009), 『디지털 시대의 미디어 리터러시』, 서울: 커뮤니케이션북스.

김지은·홍혜현(2015), "페이스북 건강 증진 메시지의 설득 및 구전 효과: 이득-손실 메시지 프레임과 위험성 인식의 영향을 중심으로", 『홍보학연구』, 19(1), 183-214.

서강식(2000), 『도덕·윤리과 교수-학습과정』, 서울: 양서원.

서울대학교 의과대학 국민건강지식센터(2015), "SNS 과다 이용 청소년, 근심과 우울증 비율 높인다.", 국민건강지식센터.

오윤경(2012), "SNS 중독경향성과 외로움, 우울, 대인관계, 사회적지지의 관계", 한국상담대학원대학교 석사학위 청구논문.

이미나(2011), "청소년 수용자들의 뉴스 리터러시 교육 효과 연구: 파당적 뉴스에 대한 프레이밍과 객관보도규범 교육효과를 중심으로", 『시민교육연구』, 43(1), 111~155.

이정훈(2012), "뉴스 리터러시: 새로운 뉴스 교육의 이론적 탐색", 『한국소통학보』, 19, 66-95.

정보통신정책연구원(2009), 『디지털시대 사회통합을 위한 시민의식 제고 방안』, 진천: 정보통신정책연구원.

중앙일보(2015.07.20.), "웅크리고 인터넷·SNS … '거북목' 부른다."

조성민(1993), "가치분석 이론의 윤리학적 배경", 『철학과 현실』, 270-288.

조영탁(2018.1), "SNS와 정신건강", 『정신건강칼럼』, 서울: 서울아산병원.

조일수(2009), "디지털 시민의식에 대한 규범적 연구", 『한국지역정보화학회지』, 12(1), 11-19.

조화순·박유라(2012), "디지털 위험사회와 디지털 디톡스 운동", 『Internet and Information Security』, 3(4), 3-20.

질병관리본부(2018), 『제14차 청소년건강행태온라인조사 통계집』, 충북: 질병관리본부.

커뮤니케이션정책위원회(2010), 『OECD 정보화, 컴퓨터, 인터넷 혁명과 뉴스의 진화』, 서울: 한국언론진흥재단.

추병완 · 박보람 · 김하연 (2019), 『건설적 논쟁 학습의 이론과 실제』, 춘천: 춘천교육대학교 출판부.

Carpenter, Christopher J. (2012), "Narcissism on Facebook: Self-promotional and anti-social behavior", *Personality and Individual Differences*, 52(4), 482-486.

Hampton, K. N. (2019), "Social media and change in psychological distress over time: The role of social causation", *Journal of Computer-Mediated Communication*, available at http://doi.org/10.1093/jcmc/zmz010

Shoemaker, P. J., & Reese, S. D. (1996), *Mediating the message*, White Plains, NY: Longman.

Turkle, S (2008), "Always-on/always-on-you: The tethered self", In J. E. Katz (Ed.), *Handbook of mobile communication studies* (pp. 121-137), Cambridge: The MIT Press.

Waldman, S. (2011), *The information needs of communities: The changing media landscape in abroadband age*, Washington, DC: Federal Communications Commission.

Woods, H. C., & Scott, H. (2016), "Sleepyteens: Social media use in adolescence is associated with poor sleep quality, anxiety, depression and low self-esteem", *Journal of adolescence*, 51, 41-49.

www.thenewsliteracyproject.org

6장
인식(Awareness)

김하연(광주교육대학교)

1. 온라인 참여

인터넷의 발달과 보급으로 인하여 시민들의 사회적 참여의 형태가 다양화되고 있다. 인터넷이 사회와 정치에 대한 시민들의 무관심을 초래할 수 있다는 인터넷 발달 초기의 우려와 다르게, 인터넷은 오히려 일반 시민들의 사회적 참여의 장벽을 낮추어주고 있다는 평가를 받고 있다. 물론 인터넷을 활용한 참여의 형태와 양상이 모두 긍정적으로 나타나고 있다고 평가하기에는 한계가 있다. 그러나 그동안 참여가 어려운 물리적인 상황에 처해있던 이들에게는 다양한 사회적 현안에 대하여 디지털 매체를 활용한 온라인 참여가 가능해졌다는 그 사실 자체만으로도 온라인 참여는 개인적·사회적·정치적 의미를 모두 갖기에 충분하다.

이렇게 디지털 매체를 통한 온라인 참여는 더 이상 거스를 수 없는 전 세계적인 흐름이기 때문에, 이러한 흐름 속에 살아가야 하는 학습자들로 하여금 디지털 시민으로서 참여가 갖는 의미와 중요성, 참여의 방법과 성격 등을 안내하는 과정이 반드시 포함되어야 한다. 실제로 디지털 시민으로서 갖추어야 할 다양한 역량 중 유네스코(2017)가 제시한 '디지털 시민성 프레임워크'에는 이러한 디지털 참여가 제시되고 있는데, 구체적인 내용은 아래 〈표 17〉과 같다.

〈표 17〉 UNESCO(2017)의 디지털 시민성 프레임워크

영역	설명
디지털 활용 (Digital Literacy)	ICT 기기를 작동하여 디지털 정보를 찾고, 평가하며 활용할 수 있는 능력
디지털 보안 및 탄력성 (Digital Safety & Resilience)	자신과 타인의 권리를 보호하고, 건강 및 심리적 안녕감을 향상하는 방향으로 디지털 기술을 활용할 수 있는 능력
디지털 참여 (Ditigal Participation & Agency)	디지털 미디어를 활용하여 개인적, 사회적 목적을 위해 정보 공유 및 상호작용을 하고 사회적 활동에 참여할 수 있는 능력
디지털 정서 지능 (Digital Emotional Intelligence)	디지털 정보, 미디어 기술을 활용할 때 자신의 감정을 조절하고 타인의 감정을 이해하여 긍정적 사회관계를 형성할 수 있는 능력
창의 & 혁신 (Creativity & Innovation)	자신의 목표에 적합한 디지털 기술 및 정보를 활용하여 창의적으로 표현하고 문제를 해결할 수 있는 역량

* 출처: 방송통신위원회, 한국정보화진흥원, 2018: 22에서 재인용함.

유네스코는 디지털 미디어를 활용한 참여를 '개인적 목적'과 '사회적 목적' 모두를 포함하고, 그러한 목적을 달성하기 위하여 정보를 공유하고 타인과 상호작용하기 위해 필요한 능력으로 규정하고 있음을 확인할 수 있다.

유네스코뿐만 아니라, 국내의 연구에서도 디지털 시민성의 하위 요소로 참여를 포함하고 있다. 최문선(2016)은 디지털 시민성의 하위 요소를 '디지털 윤리, 미디어 및 정보 리터러시, 온라인 참여, 비판적 저항' 네 가

지로 제시한 바 있다. 그 중 '온라인 참여'는 정치·사회·경제·문화적 차원으로 그 범위를 규정하였다. 구체적인 내용은 아래 〈표 18〉과 같다(방송통신위원회, 한국정보화진흥원, 2018: 23에서 재인용).

〈표 18〉 디지털 시민성의 하위 요소

요소	내용
디지털 윤리	- 안전하고 올바른 디지털 기기 및 인터넷 사용 - 새로운 형태의 정치 참여, 경제 활동, 사회문화적 쟁점에 대한 민감성 - 온라인 커뮤니티에서 개인이 가지는 권리와 책임
미디어 및 정보 리터러시	- 기술적인 인터넷 접근 및 활용 능력, 정보 검색 능력 - 비판적인 미디어 이해 능력, 미디어를 통한 글쓰기 능력까지 포함 - 소셜 네트워크를 통한 의사소통 능력이나 협업 능력
온라인 참여	- 정치, 사회경제, 문화적 차원의 온라인 참여
비판적 저항	- 기존의 사회 냉서 발생하는 정치·경제·사회·문화적인 문제를 해결하고 사회의 체제 변화 및 사회 변화를 요구

이와 같은 디지털 시민성에 대한 국내외의 연구 결과를 통하여, 디지털 시민에게는 디지털 미디어를 활용하여 사회적·정치적·문화적 활동에 온라인으로 참여할 수 있는 능력이 요구되고 있음을 확인할 수 있다. 실제로 정보 통신 기술의 비약적 발전은 다양한 형태의 사회적 모임을 활성화하였고, 특히 시민들의 정치 참여의 형태와 방법을 다양화함으로써 시민들로 하여금 '정치적 주체'로서 자신의 권리와 책임, 역할 등을 새롭게 인식하게 하였다.

오늘날 온라인을 통한 참여가 일상화된 가운데, 이러한 참여의 범주와 범위에 대한 논의가 활발하게 이루어지고 있다. 일반적으로 참여는 사회적·경제적·정치적 성격을 갖는 것으로 이해되지만, 온라인 참여가 언제나 공적인 성격을 갖는 것만은 아니다. 왜냐하면 개인적인 목적과 이익, 선호에 따라서 개별적인 형태의 참여와 집단 활동 역시 활발하게 이루어지고 있기 때문이다. 이러한 개별적인 참여 역시 온라인을 활용하여 필요한 정보를 얻고 타인과 상호작용을 하는 과정이기 때문에, 디지털 참여의 대표적인 유형 중 하나로 볼 수 있다. 그러나 온라인 참여가 개인적인 목적에서 개별적으로만 이루어진다면, 진정한 의미에서 '시민으로서의 참여'의 성격을 갖기에 한계가 있는 것이 사실이다.

따라서 디지털 시민으로서 역할을 수행하고 책임을 다하기 위해서, 온라인을 통한 참여가 어떻게 가능하고 또 바람직한 것인지에 대한 이해가 우선적으로 이루어질 필요가 있다. 이와 관련하여 공적인 성격을 갖는 온라인 참여를 유목화하여 제시하면 아래 〈표 19〉와 같다(Gibson et al, 2013; 민희 외, 2015: 11에서 발췌하여 재인용).

〈표 19〉 다층적 형태의 온라인 참여

유형	종류	온라인 활동
참여	투표	전자 투표
	정당/캠페인 활동	지지자 서명하기, 정당지지 위해 SNS 그룹에 가입하기, 온라인으로 기부하기
	시위 활동	전자 청원에 서명하기
	접촉	정치인에게 이메일 보내기
	지역 공동체	정치 이슈 중심의 SNS 그룹에 가입하기
	소비	e-보이콧
수동적인 관여	뉴스 관심	인터넷 신문이나 블로그 보기, 유튜브 보기
	토론	온라인상에서 토론하기
	표현적	정치 콘텐츠를 포스팅하거나 포워딩하기

깁슨(Gibson)에 따르면, 온라인 참여는 그 정도에 따라 '수동적인 관여'와 '참여'로 구분할 수 있다. 여기서 '수동적인 관여'의 경우 직접적인 활동

을 하지 않고 정치적 이슈에 관심을 표출하는 정도의 간접적인 참여를 지칭하고, '참여'의 경우 관심을 표출하는 수준에서 더 나아가 해당 이슈를 직접 실천하거나 개선하는 등의 움직임이 포함되는 참여라고 할 수 있다. 이는 수동적 관여의 경우 온라인 활동이 '관심, 토론, 표현'으로 나타나고, 참여의 경우 '투표, 정당/캠페인 활동, 시위 활동, 접촉, 지역 공동체에의 참여, 소비 형태'로 나타난다는 사실에서 확인할 수 있다.

물론 정치적 무관심 혹은 개별적인 참여와 비교해본다면 수동적인 관여 역시 정치적 의미를 가질 수 있지만, 온라인 참여가 수동적인 관여의 수준에만 머물게 되면 사회의 개선과 발전을 기대하기는 어려운 것이 사실이다. 따라서 디지털 시민성을 신장하기 위하여 '참여'의 방법과 그 의미, 중요성을 가르칠 때에는 무관심에서 수동적인 관여로, 수동적인 관여에서 참여로 나아갈 수 있도록 해야 한다. 참여 그 자체만으로도 시민으로서, 주권자로서 자신의 의무와 책임을 다한다는 의미를 가질 수 있지만, 궁극적으로는 공동체의 개선과 발전을 도모할 때 더 큰 의미를 가질 수 있기 때문이다.

이러한 의미에서 관여와 참여보다 더욱 급진적이고 비판적이며 본질적인 성격을 갖는 '비판적 저항'이 강조되고 있다. 기존 온라인 참여의 대부분의 형태가 페이스북(facebook)이나 인스타그램(instagram) 등의 SNS 공간에서 '좋아요.' 버튼을 누르는 정도의 '원 클릭 활동주의(one-click activism)'에 머물고 있는 것과 달리, 비판적 저항은 기존의 인터넷 환경이 지나치게 권위적이고 상업화된 것에 대한 비판과 인터넷을 도구로 한 적극적인 정치적 활동을 포함하는 것이다(방송통신위원회, 한국정보화진흥원, 2018: 39). 전자의 경우 현재의 유해한 인터넷 공간을 접하고 단순하게 받아들이는 교육은 디지털 시민성 교육이라 할 수 없으며,

오프라인과 온라인에 걸쳐 있는 권력, 이데올로기, 불평등, 조직화와 같은 기존의 권력구조에 대한 비판이 이루어져야 한다(위의 글: 39). 한편 적극적인 정치적 활동은 대표적으로 우리나라의 촛불집회와 같이, 디지털 시민이 인터넷을 활용하여 불평등한 권력에 저항하는 형태이다. 즉 인터넷을 기반으로 사회적·정치적 네트워크를 형성하여, 사회적 약자와 소수자에 대한 평등을 비롯하여 기존의 부조리한 사회 구조에 대한 변혁과 개혁을 요구하는 목소리로 나타나는 것이다.

따라서 디지털 시민성을 신장하기 위해서는 수동적인 관여에 머물지 않고, 참여할 뿐만 아니라 더 나아가 비판적 저항을 할 수 있는 역량을 신장해야 한다. 이를 위해서는 우선 디지털 시민으로서 개인이 갖는 의무와 역할, 권리와 책임을 인식하는 것에서부터 출발해야 한다. 그리고 나아가 참여가 갖는 사회적·정치적 의미를 이해한 후, 온라인 참여의 종류와 범위, 구체적인 참여 방법과 사례를 학습해야 한다. 특히 온라인 참여의 구체적인 방법들이 어떠한 의미와 효과를 갖는지에 대한 이해는 앞으로의 실천성을 담보하는 데 상당히 중요한 영향력을 행사할 것이기 때문에, 참여를 인식하는 것이 디지털 시민성 교육의 출발점이 되어야 하는 것이다.

그렇다면 참여를 가르치기 위해서는 어떠한 방법을 활용할 수 있을 것인가? 본츠와 레밍(Vontz & Leming)은 사회 참여의 기능과 주요 학습 방법을 제시하였는데, 그 구체적인 방법을 살펴보면 아래 〈표 20〉과 같다(옥일남, 2017: 59-60).

<표 20> 본츠와 레밍의 사회 참여 기능의 종류와 학습 방법에 관한 참여 분석

종류	구체적 내용	본츠와 레밍의 참여 특징
사회 참여 기능	- 공공 문제에 대해 숙고하기 - 공공 정책 결정을 실행하기 - 공공 정책 결정에 영향력 행사하기 - 공공 및 사적 이익을 위해 상호작용하기 - 공공문제와 사건을 감시하기 - 공적 생활을 개선하기 위해 활동하기	사회 참여 범위를 포함하여 공공의 문제에 참여하는 경우를 포함하여 사회 참여 기능으로 유형화
주요 학습 방법	- 사례연구 방법 - 공동체 문제 해결 - 이슈와 핵심 개념을 연결하기 - 신중한 토의 - 모의재판 - 세미나식 토의 - 모의 청문회 - 대법원 및 헌법재판소 판결	정치참여, 법 참여, 사회적 이슈를 모두 포괄하여 참여 기능을 진작하는 학습 방법을 제시
참여의 유형	- 공공 문제에 관한 토론 - 공공 문제 개선 활동	- 학교 안 수업 활동 - 학교 밖 교외 활동

　　본츠와 레밍(Vontz & Leming, 2004; 옥일남, 2017: 59 재인용)은 사회 참여 역량을 개발하기 위한 기능과 관련하여, 사회 참여 기능의 구체적인 내용과 이를 진작하기 위한 학습 방법을 제시한 바 있다. 본츠와 레밍은 공공의 문제와 정책에 참여하는 것을 '사회 참여'로 인정하고, 정치 영역에만 한정하지 않고 법, 사회적 이슈 등에 참여하는 것 또한 사회 참여로 포함하고 있다. 그들은 이러한 주제들을 학습 과정에서 다루는 영역을 크게 '학교 내 수업 활동'과 '학교 밖 교외 활동'으로 구분하고, 전자의 경우 해당 이슈를 토론 주제로 상정하고 다루는 방법을, 후자의 경우 문제를 실제로 개선해보는 활동을 그 방법으로 제시하고 있다. 주요 학습 방법으로는, 디지털 시민성 함양과 관련된 다양한 교과의 교실 수업 활동에서 '이슈와 핵심 개념을 연결하기, 신중한 토의, 모의재판, 세미나식 토의,

모의 청문회'를 활용할 수 있고, 교외 학습 프로그램으로서 '사례연구, 공동체 문제 해결, 법·정치 등의 기관 온라인 참여 방법 탐색' 등을 활용할 수 있다.

이러한 학습 방법들을 교과 수업 및 범교과 활동에 적용하면서, 디지털 시민으로서 참여의 의미와 중요성, 방법 등을 직접 안내하고 경험해 볼 수 있는 기회를 제공하는 것이 시민성 함양에 유의미하다. 각 참여 방법이 갖는 특징과 장·단점을 정확하게 이해하고, 디지털 시민으로서 공동체의 개선과 발전을 위해 어떠한 참여 방법이 가능하고 또 자신에게 적절한지를 스스로 판단하고 실제로 실천해낼 수 있는 능력을 신장하는 것이 목표가 되어야 한다. 이 과정에서 실제로 '참여' 기회를 부여한다면, 더 큰 교육적 효과를 기대할 수 있다. 가치교육의 권위자인 커센바움(Kirschen-baum)은 가치교육 방법 중 인지적 '주입' 방법으로서 교과 외 교육과정에 참여하는 기회가 가져올 교육적 효과를 다음과 같이 강조한 바 있다(추병완 외, 2006: 95-96).

- 교과 외 교육과정에 참여하는 것은 근면과 인내의 가치를 가르친다.
- 협동과 팀웍을 가르친다.
- 학생들에게 성공할 기회를 확장시키고 자존감을 고양할 수 있다.
- 공정과 규칙 준수를 가르친다.
- 다른 역할 모델들을 접촉할 기회를 제공한다.
- 다양한 학생들을 알고 함께 일할 수 있는 기회를 갖게 된다.

커센바움에 따르면, 교과 교육과정 외의 교육과정에 참여하는 것은 직접적인 교수만으로는 학습자들이 경험하기 어려운 인내, 협동, 준법정신 등의 가치 규범을 학습할 수 있을 뿐만 아니라, 다양한 사람들과의 만남과 협업, 역할 모델을 경험함으로써 가르침의 인지적 효과에서 더 나아가 정의적·행동적 영역의 발달을 도모할 수 있다는 점에서 의미가 있다.

따라서 디지털 시민성으로서 참여를 가르치기 위해서는, 디지털 시민으로서 참여할 수 있는 그리고 참여 해야만 하는 영역과 방법, 참여의 자세와 태도 등을 함께 신장할 수 있도록 해야 한다. 이를 위해서는 참여의 의미와 중요성, 방법과 절차 등에 대한 직접적인 교수가 가장 먼저 이루어져야 하고, 그와 함께 참여의 경험이 제공된다면 '참여'의 본질적인 의미와 목적에 대해 직접적으로 학습할 수 있는 효과적인 교수·학습 과정이 될 것이다.

따라서 교사는 학습자의 발달 수준을 고려하여, 온라인 참여가 가능한 분야와 방법, 그 절차를 안내할 수 있어야 한다. 그리고 그러한 참여에 대해 디지털 시민으로서 갖는 역할과 책임, 사회적 의미와 중요성 등을 인식시키고, 마지막으로 직접적으로 혹은 모의 참여를 시도하는 교수·학습 과정을 설계할 수 있어야 한다.

참여하는 디지털 시민 되기

1. 교수·학습 활동의 개관

학습 주제	온라인 참여의 방법
학습 목표	1. 온라인 참여의 방법을 알 수 있다. 2. 온라인 참여의 중요성을 설명할 수 있다.
학년(군)	중학교 1-2학년 / 관련 교과목 / 도덕 / 정보화 시대에 우리는 어떻게 소통해야 하는가?
관련 성취기준	[9도02-05] 정보화 시대에 요구되는 도덕적 자세와 책임의 도덕 적 근거와 이유를 제시하고, 타인 존중의 태도를 통 해 다양한 방식으로 의사소통할 수 있다.
차시 분량	2차시 / 핵심역량 / 지식 정보 처리 역량
수업 지침	· 도입에서 학생들이 그림을 통해 온라인 참여의 방법을 인지하도록 한다. 이때 학생들이 온라인에 참여할 때 자신의 모습을 돌아보도 록 안내한다. · 전개에서 온라인 참여의 분야와 방법, 구체적인 참여 절차를 모둠 별로 탐색해보도록 하는 활동을 진행하고, 이 과정에서 어떠한 마 음가짐을 가져야하는지를 스스로 깨달을 수 있도록 안내한다. · 정리에서 학생들이 실제 있었던 일에 대한 간접적인 참여를 해 보 는 기회를 제공한다. 이를 통해 앞으로의 일상생활에서 온라인을 통해 사회에 참여 할 수 있도록 지도한다.
토론 주제	· 온라인으로 사회에 참여할 수 있는 방법으로는 무엇이 있을까?
더 나아가기	· 학생들에게 온라인을 통한 참여 일기를 작성해 보도록 과제를 부 여한다.

2. 교수·학습 활동의 예시

　　그림으로 생각 열기

　　✿ 수업 시작 인사 후, 학생들에게 다음 그림을 제시하여 온라인을 통한 사회 참여 방법에 대한 흥미를 유발하도록 합니다. 그림 (가), (나), (다)는 모두 온라인을 통해 의사를 표현함으로써 사회에 참여하는 방법입니다. 학생에게 그림을 통해 사회에 참여한 경험이 있는지, 그리고 참여를 통해 사회 변화가 가능한지 등에 대한 자신의 생각을 친구들과 공유해보도록 안내합니다.

☞ (가), (나), (다)의 그림을 보고 다음 질문에 답해 봅시다.

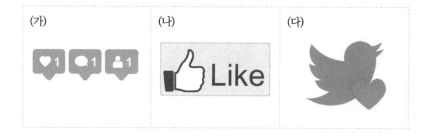

Q. 그림 (가), (나), (다)와 같은 그림을 본 적이 있나요?

　　요즘 인기 있는 대표적인 소셜 네트워크 서비스(SNS)에서 게시한 사진, 그림, 글 등에 대한 생각을 표현하는 버튼이다.

Q. 그림 (가), (나), (다)를 사용해보았다면, 언제 사용하였나요?

　　다른 사람이 게시한 사진이나 글에 대해서 동의, 공감, 칭찬, 격려, 축하 등 나의 생각과 느낌을 전달 혹은 표현하고 싶을 때 사용한다.

Q. 그림 (가), (나), (다) 버튼을 사용하는 것의 장점이 있다면 무엇이라고 생각하나요?

내 생각을 표현하는 기술이 부족해도, 다른 사람에게 나의 마음을 쉽게 표현할 수 있어서 좋다고 생각한다.

다른 이들이 나에게 주는 관심, 사랑, 인정 등을 느낄 수 있어서 좋다.

개인적인 일뿐만 아니라, 사회적 현안 등에 대해서 얼마나 많은 사람들이 같은 생각과 마음을 가지고 있는지를 가시화하여 보여줄 수 있어서 좋다.

Q. 그림 (가), (나), (다) 버튼을 사용하는 것의 단점이 있다면 무엇이라고 생각하나요?

동의하지 않거나 비판하고 싶을 때, 슬프거나 좋지 않는 내용에 대한 공감을 표현할 때에도 '최고'를 상징하는 엄지손가락 버튼인 '좋아요', 하트 혹은 별 모양의 버튼을 누르는 것이 적절하지 않다고 생각될 때가 있다.

타인의 의견에 대해 단순하고 손쉬운 방법으로 나의 생각을 표현할 수 있기 때문에, 나의 생각이나 의견을 적극적으로 표현하지 않게 된다.

전개 1   온라인 참여 방법 탐색하기

◎ 도입의 활동을 통해 학생들은 간단한 방법으로 온라인을 통한 사회 참여가 가능하다는 사실을 알게 되었을 것입니다.

이 활동에서는 학생들이 한 번의 클릭만으로 참여하는 단순한 방법보다, 더욱 적극적으로 자신의 의견을 표현할 수 있는 온라인 참여 방법으로는 어떠한 것들이 있는지 탐색해보도록 합니다. 이때, 모둠 별로 한 가지 사회 영역을 정하여 참여할 수 있는 방법과 절차를 찾아보고 발표해보도록 합니다. 학생들은 이러한 탐색 과정에서, 자신이 개선하고 싶었던 사회 문제를 떠올려보고, 변화를 위해 어떻게 참여할 수 있을지에 대해서 생각해볼 수 있도록 안내합니다.

☞ 우리는 온라인을 통해 어떻게 사회에 참여할 수 있을까요? 다음은 대표적인 온라인을 통한 사회 참여 방법의 사례입니다. 이 사례를 참고하여 모둠별로 사회 영역별 온라인 참여 방법을 찾아보고, 그 절차를 알아봅시다. 또한 해당 분야에서 개선하고 싶었던 사안을 떠올려보고, 이 문제를 개선하기 위한 참여 방법을 구상해봅시다.

사회 영역		온라인 사회 참여의 방법
사회 전반	국민 신문고	목적: 민원, 제안, 부패, 공익신고, 행정 심판, 상담 등
		방법 및 절차: https://www.epeople.go.kr/에 접속하여 직접 민원 신청이 가능함
		사안: 부패·공익 신고, 민원·제안, 소극행정 신고, 갑질 피해 신고, 행정 심판, 상담 등
법		목적:
		방법 및 절차:
		사안:
교통		목적:
		방법 및 절차:
		사안:
안전		목적:
		방법 및 절차:
		사안:
교육		목적:
		방법 및 절차:
		사안:
환경		목적:
		방법 및 절차:
		사안:

소비		목적:
		방법 및 절차:
		사안:
노동		목적:
		방법 및 절차:
		사안:

☞ 모둠별로 온라인을 통한 사회 참여 방법을 탐색해보았나요? 완성한 내용을 발표하여 친구들에게 소개해 봅시다. 다른 모둠의 발표를 잘 듣고, 발표 모둠이 찾지 못한 다른 참여 방법과 개선이 필요한 사안이 있다면 발표해봅시다.

전개 2   **온라인 사회 참여하기**

◎ 전개1 활동에서 학생들은 모둠별로 온라인을 통한 사회 참여 방법을 탐색하였습니다. 이제 전개2 활동을 통해 다른 사람들의 관심과 참여를 독려하거나 자신의 생각을 표현할 수 있는 보다 적극적인 온라인 참여를 해 볼 것입니다. 이 때 학생들이 가장 많이 사용하는 소셜네트워크서비스(SNS)나 앞선 모둠 활동을 통해 탐색한 참여 방법 중 하나를 선택하여, 모의 참여를 해 볼 수 있는 기회를 제공합니다. 이 활동을 할 때는 모둠별로 스마트폰이나 태블릿을 사용하도록 하거나, 학급 구성원 전체가 컴퓨터실로 이동하는 것이 효율적인 활동을 위해 좋습니다.

☞ 이제 온라인을 통해 참여하고 싶은 주제와 방법을 선정한 뒤, 모의 참여를 해 보도록 합니다. 내가 선정한 주제와 온라인 매체는 무엇인지, 구체적인 참여 방법과 결과는 어떠한지 구상하여 발표해봅시다.

〈활동 방법〉

1. 온라인을 통해 사회 변화에 참여하고 싶은 주제 선택하기

– 참여하고 싶은 과거 혹은 현재의 사회적 현안이 무엇인지 선택하도록 한다. 학
  생들의 관심사에 따라 가정, 학교, 지역사회, 세계, 환경 등 자유롭게 주제를 선
  정할 수 있다.

2. 온라인 참여를 위한 방법을 선정하기

– 모둠별로 핸드폰이나 태블릿, 컴퓨터를 활용하여, 효과적인 참여 방법을 선정하
  도록 한다.

3. 온라인 모의 참여하기

– 모둠별로 실제 혹은 모의 참여를 실행하고, 그 결과를 학급 구성원들과 공유하
  도록 지도한다.

온라인 참여 사례

〈예시〉

* 온라인 참여의 주제 : 노트르담 대성당 화재

1. 참여 동기: 세계적인 문화 유산의 소실에 대한 안타까운 마음을 표현하기 위하여
2. 참여 방법: SNS(instagram)
3. 이 방법을 선택한 이유: 전 세계인에 대한 파급력이 높기 때문에
4. 참여 결과:

우리 모둠의 온라인 참여
* 온라인 참여의 주제 : 1. 참여 동기: 2. 참여 방법: 3. 이 방법을 선택한 이유: 4. 참여 결과:

정리 온라인 참여 다짐하기

◎ 이 단계에서는 온라인을 통한 사회 참여의 중요성을 생각하며, 앞으로의
온라인 참여를 다짐하는 것으로 수업을 마무리합니다.

느낀 점	
앞으로의 계획	

☞ 우리는 온라인을 통해 사회에 참여해 보았습니다. 온라인 참여를 하며 느낀 점을
정리해보고, 앞으로 온라인 참여에 대한 계획과 다짐을 해 봅시다.

2. 윤리를 가르치기

디지털 시민성의 하위 요소로 제시되는 것 중 결코 빠지지 않는 것이 바로 '디지털 윤리'이다. 디지털 윤리는 '디지털 에티켓, 디지털 이용 윤리, 디지털 윤리 의식' 등 다양한 표현으로 제시되고 있지만, 본질적으로 디지털 매체를 이용하는 과정에서 생산자 및 소비자 모두가 갖추어야 할 윤리적 태도와 의식을 지칭한다는 점에서는 의미하는 바가 동일하다.

이러한 디지털 윤리는 디지털 기기 및 온라인 환경을 사용하는 것이 일상화되면서, 그것을 적절하고 바람직하게 사용할 수 있는 개인의 역량이 요청됨에 따라 논의되기 시작하였다. 특히 '면대면 관계'에서 벗어나 때로는 익명성을 특징으로 하고 도덕적 이슈가 발생하였을 때 책임 소재가 분명하지 않은 온라인 환경은, 개인의 양심과 책임 있는 태도에 의존하는 바가 크다. 따라서 디지털 윤리는 디지털 시민성에서 빠질 수 없는 요인으로 인정받고 있다.

디지털 환경에서 개인이 갖추어야 할 윤리에 대해서는 다양한 내용들이 제시되고 있는데, 이를 정리하여 제시하면 다음 〈표 21〉과 같다(한국정보화진흥원, 2018: 21-30).

〈표 21〉 디지털 윤리의 개념 정의

학자/기관 (연도)	명칭	내용
ISTE (2016)	디지털 에티켓	- 행동과 절차의 온라인 기준
최문선 (2016)	디지털 윤리	- 안전하고 올바른 디지털 기기 및 인터넷 사용 - 새로운 형태의 정치 참여, 경제 활동, 사회문화적 쟁점에 관한 민감성 - 온라인 커뮤니티에서 개인이 가지는 권리와 책임

안정임 외 (2013)	미디어 이용 윤리	- 미디어를 합법적으로, 윤리적으로 이용하고 자신의 개인 정보를 보호하는 능력

디지털 윤리에 대한 개념 정의에 기초해본다면 디지털 윤리는 디지털 미디어를 활용하는 과정에서 지녀야 할 윤리적 태도 및 행동 양식으로서, 온라인에 참여하는 과정에서 개인이 가져야 할 관점과 태도, 권리와 책임, 절차 및 규범 등을 통칭하는 개념이라고 정리할 수 있다.

한국정보화진흥원(2018: 36-37)은 디지털 시민성을 '디지털 윤리, 미디어 및 정보 리터러시, 참여 및 관여, 비판적 저항'의 네 가지 범주로 제시하며, 디지털 윤리는 "인터넷 사용자가 인터넷을 적절하고 안전하게 그리고 윤리적으로 사용하면서 인터넷 활동에 책임 있게 관여하는 것을 의미한다."고 정의한 바 있다. 그리고 이러한 디지털 윤리를 구성하는 세 가지 하위 요소를 구체화하여 제시하였는데, 그 내용은 아래 〈표 22〉와 같다.

〈표 22〉 디지털 윤리의 하위 요소

요소	내용
기술의 윤리적 사용	훌륭하고 좋은 디지털 시민은 기술과 인터넷을 안전하고 책임 있게, 그리고 윤리적으로 이용한다. 디지털 기술과 인터넷의 적절하고 효과적인 사용에 대한 규범과 가치를 명확하게 알고 있다.
디지털 인식	디지털 시민은 일상생활에서 디지털 기술의 확산적인 사용에서 기인하는 정치적·사회적·문화적·경제적·교육적 이슈를 명확하게 인식할 필요가 있다.
디지털 권리와 책임	디지털 시민은 자신과 타인의 권리 및 책무를 보호할 수 있어야 한다. 훌륭하고 좋은 디지털 시민은 디지털 세계의 이점을 풍부하게 경험하면서도, 일반 국가의 시민과 마찬가지로 사이버 세계에서 적절한 언어를 사용하고, 익명성에 기대지 않고 신원을 밝힌 채 법률적·도덕적 규범을 준수하고, 유덕한 사람이 되고자 끊임없이 노력한다.

디지털 윤리의 하위 요소를 살펴보면, 디지털 윤리가 크게 세 영역으로 구분되어 논의될 수 있음을 확인할 수 있다. 디지털 윤리는 디지털 기술을 사용함에 있어서 숙지해야 할 규범과 가치를 알고 준수하는 능력, 디지털 사용 그 자체에만 매몰되지 않고 디지털 사용을 둘러싼 정치적·사회적·문화적·경제적·교육적 쟁점을 민감하게 인식하는 능력, 마지막으로 디지털 세계에서 자신 및 타인의 권리와 책무를 인식하고 보호할 수 있는 도덕적 능력을 포함하고 있다. 사실 이러한 디지털 시민성은 '정보 통신 윤리'와 상당 부분 일치한다. 디지털 시민성이란, 정보 통신 기술이 발달하며 디지털 시대가 도래 하였고 이러한 디지털 세계에서 발생할 수 있는 다양한 윤리적 문제가 무엇인지 알며, 그러한 문제를 예방 혹은 해결하기 위하여 개인이 준수해야 할 가치 규범을 숙고하는 것에 핵심이 있다는 점에서 그러하다.

그런데 이러한 디지털 시민성은 디지털 기술이 고도로 발달하면서 점차 복잡한 층위에서 논의되고 있다. 그 이유는 온라인 환경의 사용자인 개인이 바로 '생산자'인 동시에 '소비자'가 되었기 때문이다. 이러한 현상을 일컬어 엘빈 토플러가 『제 3의 물결』에서 제창한 '프로슈머(Porsumer: producder와 Consumer의 합성어)'라는 개념을 차용하여, 디지털 환경에서 직접 정보를 생산, 공유, 참여하는 디지털 시대의 '디지털 프로슈머'로 정의할 수 있다(김정랑, 2010: 3). 실제로 오늘날 보편화된 검색 엔진의 블로그, 카페, 유튜브 등의 온라인 채널들은 온라인 환경을 사용하는 개인들이 스스로 정보를 생산, 제작, 공유하는 생산자인 동시에 타인의 그것들을 소비하는 소비자이기도 하다. 따라서 온라인 환경에서 유통되는 다양한 정보들은 이러한 개인 프로슈머의 역량과 윤리 의식에 상당히 의존할 수밖에 없다. 사용자가 직접 제작한 콘텐츠(User Created Contents,

이하 UCC)가 모두 도덕적으로 올바르고 교육적으로 바람직한 것은 아닐 수 있기에, 생산자로서 개인은 UCC가 온라인 환경에서 함께 활동하는 타인에게 인지적·정서적·행동적 영향력을 행사할 수 있다는 책임감을 가져야 하고, 소비자로서 개인은 유해하고 바람직하지 않은 콘텐츠, 사실과는 다른 오류가 있는 정보를 접했을 때에는 이에 대한 비판과 정정의 책무가 있음을 깨달아야 한다.

디지털 프로슈머로서 개인이 갖추어야 할 디지털 윤리는 디지털 세계의 정보를 생산하고 제작하며 유통하고 소비하는 등 전반의 과정에 걸쳐 요구되는 것이라 할 수 있다. 김정랑(2010: 12)은 이러한 디지털 프로슈머가 갖추어야 할 윤리 의식 및 태도를 하나의 윤리 강령으로 제시하였는데, 이는 아래 〈표 23〉과 같다.

〈표 23〉 디지털 프로슈머의 윤리 강령

영역	행동 지침
인간의 존엄성 존중	- 민주시민으로서의 도덕을 인터넷 공간에서도 지킨다. - 인간의 존엄성과 권리를 존중하는 태도를 지닌다. - 자신의 댓글이 어떤 영향을 미칠 수 있는지 고려한다.
윤리 의식	- 음란물이나 유언비어는 사회를 오염시키는 위법적인 행동이라는 사실을 명심한다. - 타인의 UCC를 표절하거나 아이디어를 도용하지 않는다.
책임 의식	- UCC가 사회에 큰 영향을 미칠 수 있다는 사실을 알고 책임 의식을 갖는다. - UCC에 바이러스나 악성코드를 넣어 배포하지 않는다. - 자신의 UCC에 부적절한 내용이 있을 경우, 즉각적으로 그 사실을 인정하고 수정한다.
개인의 사생활 보호	- 타인의 사생활 보호를 위해 다른 사람의 사생활과 정보가 나의 개인 정보만큼 중요하다는 생각을 갖는다. - 타인의 사진을 사용할 때 초상권에 유의한다.
저작권 준수	- 디지털 프로슈머로서 저작권을 준수하고 저작권 이용허락 표시 제도를 이용한다. - UCC를 복사하고 전달하는 행위도 사회적 책임이 있음을 안다.

정보사회의 분배 정의 및 정보 복지의 증대	- 정확한 정보를 전달한다. - 중요한 정보를 UCC로 제작할 때 정보의 신뢰성을 뒷받침 할 수 있는 근거를 제시한다. - 창의적이고 생산적인 UCC가 확산될 수 있도록 노력한다.
적극적 공익의 실현 및 자율 정화 능력	- 공익과 특정 개인의 사익을 훼손하지 않는가를 판단하여 게시한다. - UCC가 미디어로서 효과를 갖는다는 것을 알고, 긍정적 파급 효과를 위해 노력한다.

이러한 윤리 강령에 따르면, 윤리적 디지털 프로슈머는 다음과 같은 특징을 갖는다.

첫째, 정보를 생산, 제작, 공유, 유통, 소비하는 과정에서 자신의 언행이 타인에게 미칠 영향력을 인지하고 인간의 존엄성과 그들의 권리를 존중하며 도덕적 가치 규범을 따라야 한다.

둘째, 타인에게 유해하거나 도덕적으로 바람직하지 않은, 그리고 사실과는 다른 '가짜' 콘텐츠를 제작 및 공유하지 않고 타인의 저작물이나 아이디어를 표절 혹은 도용하지 않는 윤리 의식을 가져야 한다.

셋째, 자신이 제작한 콘텐츠가 불러올 사회적 영향력을 인지하고 부적절하거나 잘못된 내용이 있을 경우 즉각적으로 수정하며, 바이러스나 악성코드 등을 넣어 배포하는 등 타인에게 유해한 행위를 하지 않는 책임 의식을 가져야 한다.

넷째, 인터넷의 파급력을 고려하여 타인과 관련한 정보나 사진 등을 무단으로 배포하지 않도록 나뿐만 아니라 타인의 사생활을 보호해야 한다.

다섯째, 자신의 콘텐츠를 제작 및 배포할 때 타인의 저작권을 철저히 준수해야 하며, 타인의 저작물을 단순히 복사 및 전달하는 등의 행위에도 사회적 책임이 따를 수 있음을 알아야 한다.

여섯째, 정확하고 사실에 입각한 신뢰성 있는 콘텐츠를 개발하고, 관련

자료의 출처와 근거를 제시할 수 있어야 하며, 창의적이고 생산적인 콘텐츠를 개발 및 공유함으로써 그러한 정보를 접하지 못했던 이들에게는 정보에 있어서 분배 정의 및 복지 증대가 이루어지는 데 기여해야 한다.

마지막으로, 자신의 콘텐츠의 파급력을 인지하고 타인의 이익과 공익을 해치지 않는지 점검할 뿐만 아니라 더 나아가 긍정적이고 적극적으로 공익을 실현하고 바람직하지 못한 정보는 스스로 정화할 수 있어야한다.

이러한 디지털 프로슈머는 결국 디지털 시민으로서 개인이 갖추어야 할 윤리적 역량이라고 볼 수 있다. 따라서 디지털 시민성을 신장하기 위해서는 디지털 윤리 교육의 일환으로서 '무엇을 해야 하고 하지 말아야 하는지'에 대해서 구체적으로 안내하는 과정이 반드시 이루어질 필요가 있다. 디지털 윤리는 디지털 환경에서 발생할 수 있는 혹은 이미 발생한 윤리적 문제에 대한 예방적이고 처방적인 성격을 갖는다. 따라서 디지털 세계에서 살아가면서 프로슈머로서 지켜야 할 도덕적 규범과 가치 기준을 직접적으로 가르쳐줄 수 있어야 하겠다. 이를 위해서는 디지털 프로슈머로서 자신의 활동과 공유하는 콘텐츠를 반성적으로 성찰해보고, 이를 출발점으로 삼아 디지털 세계에서 갖추어야 할 윤리적 태도와 준수해야 할 도덕적 규준들을 숙지하도록 해야 한다. 이는 이미 발생한 디지털 윤리 문제를 해결하기 위한 처방이 될 수도 있지만, 앞으로 새롭게 발생할 수 있는 디지털 윤리 문제를 예방하는 차원에서, 개인이 디지털 시민으로서 살아가며 자신을 점검하고 행동할 수 있는 능력을 갖추도록 하는 데 궁극적인 목적이 있다. 이에 디지털 프로슈머의 반성적 성찰을 돕는 기준은 아래 〈표 24〉와 같다(김정랑, 2010: 13).

<표 24> 디지털 프로슈머 체크리스트

단계	행동 지침
생산 단계	1. UCC에 바이러스나 악성코드를 넣어 배포하지 않는다. 2. 타인의 UCC를 표절하거나 아이디어를 도용하지 않는다. 3. 타인의 사진을 사용할 때 초상권에 유의한다. 4. 타인의 사생활 보호를 위해 다른 사람의 사생활과 정보가 나의 개인정보만큼 중요하다는 생각을 갖는다. 5. 저작권 이용허락 표시 제도를 이용한다. 6. 정확한 정보를 전달한다. 7. 중요한 정보를 UCC로 제작할 때 정보의 신뢰성을 뒷받침 할 수 있는 근거를 제시한다.
게시 단계	1. 음란물이나 유언비어는 사회를 오염시키는 위법적인 행동이라는 사실을 명심한다. 2. UCC가 사회에 큰 영향을 미칠 수 있다는 사실을 알고 책임 의식을 갖는다. 3. UCC를 복사하고 전달하는 행위도 사회적 책임이 있음을 안다. 4. 공익과 특정 개인의 사익을 훼손하지 않는가를 판단하여 게시한다. 5. UCC가 미디어로서 효과를 갖는다는 것을 알고, 긍정적 파급 효과를 위해 노력한다.
이용 단계	1. 민주시민으로서의 도덕을 인터넷 공간에서도 지킨다. 2. 인간의 존엄성과 권리를 존중하는 태도를 지닌다. 3. 자신의 댓글이 어떤 영향을 미칠 수 있는지 고려한다. 4. 자신의 UCC에 부적절한 내용이 있을 경우, 즉각적으로 그 사실을 인정하고 수정한다. 5. 창의적이고 생산적인 UCC가 확산될 수 있도록 노력한다. 6. 디지털 콘텐츠 소비자로서 저작권 이용 허락 표시제도에 따른 저작권을 준수한다.

앞서 논의한 바와 같이, 디지털 세계는 개인들이 생산자이자 소비자인 '프로슈머'로서의 특성을 갖는다. 따라서 디지털 프로슈머는 정보를 '생산 (제작)'하고 '게시(공유)'하며 '이용(소비)'하는 단계 전반을 도덕적·윤리적 기준에 따라 반드시 점검해야 한다. 따라서 교사가 디지털 시민으로서 학습자의 윤리적 역량을 신장하기 위해서는 학습자들이 갖추어야 할 윤리 의식과 태도가 무엇인지를 직접 안내해야 한다. 나아가 이러한 윤리 의식과 태도가 온라인 환경을 사용하는 과정에서 자신의 활동을 점검하는 실

천적인 기준으로 작용할 수 있도록, 각 단계별로 반성적 성찰의 기회를 함께 제공할 수 있어야 한다.

윤리를 가르친다고 할 수 있기 위해서 교사가 반드시 포함해야 할 내용은 아래와 같다(Kirschenbaum, 추병완 외, 2006: 93).

1. **윤리적 개념들**: 윤리적(ethical), 공정(fairness)과 정의(justice)라는 개념이 의미하는 것이 무엇인가? 합법적이라는 것과 윤리적인 것의 차이점은 무엇인가? 공정 혹은 정의를 판단하기 위한 중요한 규칙, 원리, 혹은 지침은 무엇인가?

2. **윤리학의 역사**: 플라톤, 임마누엘 칸트, 존 롤즈 등은 윤리에 대한 우리의 이해에 어떤 기여를 하였는가? 소크라테스로부터 워터게이트에 이르기까지 어떤 것들이 윤리적이고 비윤리적인 행위의 대표적인 역사적 사례인가?

3. **최근의 적용**: 오늘날 직업, 정부, 범죄 정의(criminal justice), 교육, 의료와 다른 영역에서 어떤 윤리적인 문제와 이슈들이 존재하는가?

4. **연습과 활동**: 학생들에게 윤리적인 사고와 행위를 보다 잘 이해하고 내면화하며 중요하게 여기도록 하는 학습 활동으로는, 흔히 도덕적이고 윤리적인 이슈로 가득한 문학을 활용하는 것이다. 이는 사고, 토론, 작문, 그리고 이후의 독서를 위해 윤리적인 질문들을 제기하는 탁월한 방법이다. 윤리적인 사고를 고취시키기 위한 하나의 중요한 방법은 학생들에게 윤리적인 딜레마와 문제 상황을 제시하고 그들에게 가장 윤리적이고, 공정하며, 정의로운 결론에 도달하기 위해 이제까지 학습해 온 윤리적인 개념들과 지침을 사용하도록 요구하는 것이다. 상황들과 딜레마들은 가상적일 수도 있고 동시대의 실제 상

황들과 관련될 수도 있다.

'윤리를 가르치는 것'에 대한 커센바움의 이해는 디지털 시민으로서 갖추어야 할 윤리를 가르치는 교수·학습에 중요한 지침이 된다. 앞서 살펴본 디지털 프로슈머 체크리스트가 디지털 윤리 교육의 주요한 내용으로 작용한다면, 이는 디지털 윤리 교육의 주요한 방법이자 절차로 작용할 수 있다. 디지털 윤리를 가르칠 때, 권리, 자유, 책임 등 관련된 윤리적 개념을 확인하고, 특정 행위가 왜 도덕적으로 옳지 않은지 판단해보도록 하며, 최근 디지털 세계에서 존재하는 윤리적 문제로는 어떠한 것들이 있는지 탐색해보도록 한 후, 그러한 윤리적 문제에 민감성을 가질 수 있도록 실제 혹은 가상 상황에서 판단 및 문제 해결을 시도해보는 활동이 포함될 때, 우리는 디지털 윤리를 가르치는 효과적인 교육이 이루어졌다고 말할 수 있을 것이다.

디지털 윤리 가르치기

1. 교수·학습 활동의 개관

학습 주제	인터넷 사용에서 윤리의 중요성			
학습 목표	1. 인터넷 윤리가 필요한 이유를 설명할 수 있다. 2. 인터넷을 사용함에 있어서 갖추어야 할 바람직한 자세와 태도는 무엇인지 설명할 수 있다.			
학년(군)	초등학교 5-6학년	관련 교과목	도덕	사이버 공간에서 지켜야 할 것은 무엇일까?
관련 성취기준	[6도02-01]	사이버 공간에서 발생하는 여러 문제에 대한 도덕적 민감성을 기르며, 사이버 공간에서 지켜야 할 예절과 법을 알고 습관화한다.		
차시 분량	2차시	핵심역량	도덕적 사고 능력, 도덕적 대인관계 능력, 윤리적 성찰 및 실천 성향	
수업 지침	· 도입에서 학생들에게 인터넷을 반윤리적으로 사용하는 사례를 토대로, 인터넷을 사용할 때 갖추어야 할 바람직한 자세와 태도는 무엇인지 이해할 수 있도록 지도한다. · 전개에서 인터넷을 활용하며 발생하고 있는 윤리적 문제로는 어떤 것들이 있는지 탐색하도록 한다. 그리고 디지털 프로슈머 체크리스트를 준거로 해당 문제를 비판적으로 바라볼 수 있도록 지도한다. 이 과정에서 학생들이 자신의 경험을 떠올려보도록 안내한다. · 정리에서 학생들이 온라인 윤리 강령을 만들어보도록 한다. 이를 통해 온라인 윤리 강령을 준수할 필요성을 느낄 수 있도록 지도한다.			
토론 주제	· 우리 반 대화방에 필요한 윤리 강령은 무엇인가?			
더 나아가기	· 학생들에게 자신이 경험한 인터넷 윤리 문제를 떠올리고, 다른 친구들과 공유해 보도록 안내한다. · 학생들에게 우리 반 대화방 윤리 강령을 수합하여 교실에 게시하고, 실천할 수 있도록 안내한다.			

2. 교수·학습 활동의 예시

◎ 수업 시작 인사 후, 학생들에게 다음 뉴스 기사를 제시하여 인터넷 윤리가 왜 필요한지 생각해 보도록 합니다. 교사는 이 기사를 활용하여, 학생들이 경험한 인터넷 윤리 문제를 떠올리고 인터넷을 사용하며 갖추어야 할 바람직한 자세와 태도는 무엇인지 생각해보도록 합니다. 이러한 도입 활동을 통해 교사는 학생들로 하여금 '디지털 윤리' 혹은 '인터넷 윤리'라는 개념에 관심을 갖도록 합니다.

☞ 다음은 뉴스 기사 중 일부 내용입니다. 글을 읽고 질문에 답해 봅시다.

> 학교폭력은 다른 범죄와 마찬가지로 빠르게 진화하고 변종·변이돼 학부모나 경찰들이 먼저 인지하기 전에 은밀히 이뤄지고 나중에 사회이슈화 되는 경우가 많아지고 있다. 최근에는 SNS, 카카오톡 등 사이버(Cyber) 공간에서 집단으로 따돌리고 괴롭히는(Bullying) 새로운 유형의 학교폭력이 확산되고 있다.
>
> 사이버불링(Cyber Bullying)의 유형으로는 단체대화방에 특정학생을 초대 단체로 욕설을 하거나 괴롭히는 행위와 초대 후 그 학생만 남겨두고 단체로 나가버리는 행위도 있다. 피해학생이 단체 대화방에서 나가면 끊임없이 초대하여 괴롭히기도 하는 행위도 있는데 학생들은 이를 카톡감옥이라 부르면서 재미삼아 행동하기도 한다. 또한 스마트폰 핫스팟 기능을 이용 피해학생의 데이터를 무제한으로 빼앗아 금전적으로 피해를 주는 wifi셔틀도 행해지고 있다.
>
> (… 하략 …)
>
> * 출처: 광주매일신문(2019.04.02.), 진화하는 학교폭력, 알아야 대처할 수 있다!

Q. 위 글은 인터넷 사용에 있어서 어떠한 문제를 보여주고 있나요?

사이버 공간에서 집단으로 따돌리고 괴롭히는 학교 폭력이 확산되고 있다.

Q. 위 글의 내용과 유사한 자신의 경험이 있나요?

친구가 내가 업로드 한 사진을 보고 친구들과 놀리는 댓글을 달며 장난을 쳐서 기분이 나빴다. 지워달라고 말했지만 장난인데 이해를 못한다며 오히려 나에게 화를 내며 지워주지 않았다. 이것도 사이버 불링이라고 생각한다.

Q. 인터넷을 사용할 때 바람직한 자세와 태도는 무엇일지 이야기해 봅시다.

친구에게 상처를 주거나 친구가 싫어할 만한 행동을 인터넷 상에서 하지 말아야 한다고 생각한다.

전개	체크! 체크! 인터넷 윤리

◎ 도입의 활동을 통해 학생들은 인터넷을 사용하면서 타인에게 미칠 영향을 고려하여 '도덕성'을 갖추어야 한다는 점을 알게 되었을 것입니다. 전개에서는 온라인 환경에서 발생하고 있는 다양한 디지털 윤리 문제의 사례를 모둠별로 탐색하고, 그러한 윤리 문제가 발생하게 된 원인으로서 위반 사항이 무엇인지 윤리 강령 체크리스트를 통해 확인해보는 시간을 갖도록 합니다. 이 과정에서 인터넷 사용에 있어 자신의 태도와 습관 등을 성찰할 수 있도록 지도합니다.

☞ 우리가 인터넷을 사용할 때, 타인이나 사회에 미칠 수 있는 영향을 항상 생각할 수 있어야 합니다. 이 시간에는 오늘날 디지털 세상에서 발생하고 있는 윤리 문

제로는 무엇이 있는지 모둠별로 탐색해보도록 합니다. 그리고 우리 모둠에서 선정한 윤리 문제가 어떠한 윤리 강령을 위반하고 있는지 체크리스트에 표시해보도록 합시다.

〈활동 방법〉

1. 모둠 구성 및 인터넷 윤리 문제 선정하기
- 자신이 탐색하고 싶은 윤리 문제 하나를 선정하여, 자율적으로 모둠을 구성하도록 한다.

2. 인터넷 윤리 문제 탐색하기
- 해당 윤리 문제가 어떠한 양상으로 발생 및 전개되고 있는지 인터넷 검색을 통해 확인해보도록 한다.

3. 인터넷 윤리 강령 체크리스트 확인하기
- 해당 윤리 문제가 발생하게 된 원인을 탐색하기 위하여, 인터넷 윤리 강령 체크리스트를 확인한다. 그리고 어떠한 윤리 강령을 위반하였는지를 체크한다. 이 과정에서 자신의 인터넷 사용 태도를 반성해보도록 한다.

4. 탐색 결과 발표하기
- 모둠별로 탐색한 인터넷 윤리 문제를 발표하여 친구들과 그 결과를 공유한다.

체크! 체크! 인터넷 윤리 문제		
불법 다운로드	사례	
	원인	
언어폭력	사례	
	원인	

초상권 침해	사례	
	원인	
사생활 침해	사례	
	원인	
음란물	사례	
	원인	
유언비어	사례	
	원인	

체크! 체크! 인터넷 윤리 강령		
단계	행동 지침	위반사항
생산 단계	UCC에 바이러스나 악성코드를 넣어 배포하지 않는다.	
	타인의 UCC를 표절하거나 아이디어를 도용하지 않는다.	
	타인의 사진을 사용할 때 초상권에 유의한다.	
	타인의 사생활 보호를 위해 다른 사람의 사생활과 정보가 나의 개인정보만큼 중요하다는 생각을 갖는다.	
	저작권 이용허락 표시 제도를 이용한다.	
	정확한 정보를 전달한다.	

	중요한 정보를 UCC로 제작할 때 정보의 신뢰성을 뒷받침할 수 있는 근거를 제시한다.	
게시 단계	음란물이나 유언비어는 사회를 오염시키는 위법적인 행동이라는 사실을 명심한다.	
	UCC가 사회에 큰 영향을 미칠 수 있다는 사실을 알고 책임 의식을 갖는다.	
	UCC를 복사하고 전달하는 행위도 사회적 책임이 있음을 안다.	
	공익과 특정 개인의 사익을 훼손하지 않는가를 판단하여 게시한다.	
	UCC가 미디어로서 효과를 갖는다는 것을 알고, 긍정적 파급 효과를 위해 노력한다.	
이용 단계	민주시민으로서의 도덕을 인터넷 공간에서도 지킨다.	
	인간의 존엄성과 권리를 존중하는 태도를 지닌다.	
	자신의 댓글이 어떤 영향을 미칠 수 있는지 고려한다.	
	자신의 UCC에 부적절한 내용이 있을 경우, 즉각적으로 그 사실을 인정하고 수정한다.	
	창의적이고 생산적인 UCC가 확산될 수 있도록 노력한다.	
	디지털 콘텐츠 소비자로서 저작권 이용 허락 표시제도에 따른 저작권을 준수한다.	

※ 이 표는 디지털 프로슈머 윤리 강령에 관한 연구(김정랑, 2010: 13)에 제시된 체크리스트를 변용한 것이다.

정리 **우리 반 대화방 윤리 강령 만들기**

◎ 이 활동에서는 앞서 학습한 인터넷 윤리에 기초하여, 우리 반 대화방 윤리 강령을 직접 만들어보도록 합니다. 학생들이 모둠별로 제시한 인터넷 윤리 강령을 정리하여 학급 게시판에 게시함으로써, 일상 인터넷 사용에서도 실천할 수 있도록 유도합니다.

☞ 우리는 '체크! 체크! 인터넷 윤리' 활동을 통해 인터넷을 사용하면서 지켜야 할 윤리 강령으로는 무엇이 있는지 살펴보았습니다. 이제 지금까지 학습한 내용을 바탕으로, '우리 반 대화방 윤리 강령'을 대화창 속에 적어 직접 만들어 봅시다.

3. 향상 프로젝트

2015년 3월 영국의 경제주간지 《이코노미스트》가 지혜가 있는 인간을 의미하는 '호모 사피엔스(homo sapiens)'에 빗대어, 스마트폰을 사용하는 지혜로운 인간을 의미하는 '포노 사피엔스(phono sapiens)'라는 용어를 사용하였다. '포노 사피엔스'는 '스마트 폰을 신체의 일부처럼 사용하는 인류'를 의미하기도 하고, '스마트 폰 없이는 생활하기 어려운 세대'를 의미하기도 한다. 포노 사피엔스에 대한 구체적인 해석은 다양하게 이루어질 수 있지만, 본질적으로 이 용어는 이제 스마트 폰은 인간 삶에서 떼려야 뗄 수 없는 존재가 되었고 또한 인간 삶의 전반을 지배하고 변화시키고 있음을 보여줌으로써, 디지털 기기와 인간 삶 간의 연결성이 확장되고 심화되고 있는 오늘날을 상징하는 개념이라 하겠다.

디지털 기기를 사용하는 것이 인간 삶에 유익함을 가져다준다는 식의 단순한 이해로는 미래 사회의 변화를 현명하게 대처하기 어렵다. 디지털 기기는 인간 삶의 깊숙한 곳까지 들어와, 모든 분야에서 인간 삶의 영역을 보완하거나 때로는 대체까지 하고 있기 때문이다. 따라서 오늘날을 살아감에 있어 이러한 디지털 기기를 활용한 정보 접근성은 삶을 유지 및 발전시키는 데 반드시 확보되어야 할 조건이라 하겠다. 이러한 맥락에서 디지털 시민성은 디지털 기술을 활용하여 사회에 참여할 수 있는 '디지털 접근(digital access)' 능력을 포함하고 있다.

그러나 앞서 살펴본 바와 같이, 디지털 접근에 있어서 그 능력과 여건 등이 모든 이들에게 동일하지 않다. 금전적, 물리적, 지리적, 신체적 여건 등 디지털 접근에 있어서의 차이가 발생하는 원인은 여러 가지로 진단될 수 있지만, 이러한 원인에 대한 보다 근본적인 원인은 변화된 미디어 환경이 갖는 특징 때문인 것으로 보인다. 미디어의 변화에 있어 가장 큰 특징은 과거의 미디어가 수요자들의 선택권이 적었던 것과 다르게, 오늘날의 인터넷과 같은 미디어는 사용자의 선택권이 폭넓게 확보되고 있다는 것이다. 이러한 환경의 특징을 일컬어 전자의 경우 '저-선택 환경', 후자의 경우 '고-선택 환경'으로 칭하고 있다. 미국의 미디어 환경 변화에 따른 참여 격차의 특징은 아래 〈표 25〉와 같다(민희 외, 2015: 14).

〈표 25〉 미디어 환경 변화에 따른 참여 격차의 특징

저-선택 환경 (Low-choice Environment)	고-선택 환경 (High-choice Environment)
정치와 불가피한 대면 (Politics by Default)	선택에 의한 정치 (Politics by Choice)
자원 기반의 격차 (Resource-based Divide)	선호 기반의 불평등 (Preference-based Inequality)
TV(1950~1960년대)	케이블TV, 인터넷(1970년대 이후)

오늘날의 참여 격차는 과거의 '저-선택 환경'의 그것과 현저하게 차별점이 있다고 주장한다. 왜냐하면 TV를 비롯한 전통적인 매체들은 공급자로부터 생산되어 수요자에게 전달되는 정보의 내용과 질이 동일한 것에 반하여, 인터넷은 사용자들에 의하여 정보가 생산 및 공유됨으로써 끊임없이 변화하는 매체이기 때문이다. 따라서 이러한 미디어 환경 변화는 매체를 활용하는 사용자의 능력에 따라 그것을 향유할 수 있는 수준과 정도에 차이가 크게 발생할 수 있기 때문에, 디지털 격차는 하나의 사회 문제로서 대두되기 시작하였다.

이러한 디지털 격차는 다양한 영역에서 다양한 원인으로 발생하고 있는데, 이를 유형별로 정리하여 제시하면 아래 〈표 26〉과 같다(김기태, 2008: 42 재인용).

<표 26> 정보 격차의 유형

정보 격차 주요 유형	이슈 및 과제
지식 정보 문맹	- 정보 인식 능력 향상 및 의식 수준 제고 - 정보 이용 능력(skills)의 강화 - 지식 활용 능력 향상 및 지식인 정립
세대 간 정보 격차	- 세대별 차별화된 지식 정보화 교육 - 고령화 시대의 정보 적응 능력
지역 간 정보 격차	- 정보 통신 기반에의 접근성 - 지방자치단체의 정보화 능력
계층 간 정보 격차	- 취약 계층에 대한 정보 통신 환경(기기 및 소프트웨어 등 제공)
소득별 정보 격차	- 빈부 격차의 세대 간 전이 - 저소득층 자녀에 대한 정보 환경 제공
성별 간 정보 격차	- 여성의 정보 능력 확충을 위한 지식 정보화 교육 - 여성 인적자원의 개발 및 사회 참여 촉진
정보 소외 문제	- 인터넷의 개방성과 확장성 - 국방 및 경찰 부문과의 연계 및 조정 - 사이버 공간의 보안 및 안전성 등
사회 통합 문제	- 계층 간, 지역 간, 세대 간 및 성 간 통합과 균형 - 정보 빈부격차에 의한 정보 불평등 및 갈등 - 남북 간 정보 격차 문제 대응
정보 윤리	- 건전하고 효율적인 정보 이용과 IT 잠재력 증진 - 불건전 정보의 유통 방지 - 사이버 범죄의 예방 및 교화
국가 간 정보 격차	- 국가 간 정보의 자유로운 유통과 정보에의 보편적 접근 촉진 - 국가 간(정보 부국과 정보 빈국의 대칭 구조 완화) 정보 공동체의 형성
법·제도	- 기존 법률의 개정 및 폐지 - 새로운 법률의 제정 및 제도 개발 - 정보 격차 해소를 위한 추진 체제(민간 참여 활성화 방안 등) 정비 및 재원 마련

디지털 격차는 정보 접근성과 관련한 기회의 관점에서도 접근될 수 있지만, 정보의 활용의 맥락에서도 발생할 수 있다. 디지털 격차는 우선 정

보를 인식하고 이용할 수 있는 능력의 차이, 정보에 접근하고 활용함에 있어 세대 간 차이, 정보 통신 기술의 보급 여건에 따른 지역 및 사회 계층 간 차이, 소득의 빈부 격차에 따른 차이, 성별에 따른 차이, 특정 분야와 관련한 정보 소외, 정보의 불균형으로 인한 사회적 불평등 및 갈등 문제, 사이버 범죄 및 불건전 정보 등과 관련한 윤리적 문제, 국가의 정보 경쟁력에 따른 차이, 정보 격차를 해소하기 위한 법적·제도적 문제 등을 중심으로 나타나고 있다.

이러한 문제들 중 가운데 오늘날 가장 큰 디지털 격차의 사회 문제로 대두되는 것이 바로 '지식 정보 문맹'과 '세대 간 정보 격차'이다. 우선 지식 정보 문맹의 경우, 정보에 접근하여 인식하고 그것을 활용할 수 있는 능력의 부족에서 기인한 정보 격차의 유형이다. 오늘날 젊은 세대에게서는 잘 나타나지 않는 지식 정보 문맹은 사실상 매우 고령층에서 나타나거나 신체적·정신적 장애로 인해 발생하는 경우가 많다. 또한 '디지털 원주민(digital native)'과 '디지털 이주민(digital immigrant)'이라는 최근 생겨난 신조어는 특히 세대 간 격차에 주목한 개념이다. 디지털 원주민이란, 디지털 환경 속에서 태어나 매우 어린 나이에서부터 디지털 미디어를 사용함으로써 디지털 기술을 자유자재로 이용할 수 있는 세대를 칭하는 개념인 반면, '디지털 이주민'이란, 본래는 디지털 환경에서 태어나지 않았지만 청년기 이후에 디지털 기술을 활용하게 된 세대를 칭하는 개념이다. 디지털 시대를 태어나면서부터 향유하는 '디지털 원주민'들은 정보에 대한 접근성과 활용 능력이 '디지털 이주민'들에 비하여 훨씬 더 발달해있기 때문에 디지털 격차를 실질적으로 경험하기 어려운 것이 사실이다.

그러나 앞서 살펴본 바와 같이 디지털 격차는 문맹 혹은 세대 간 격차와 같이 다양한 원인에서 다양한 형태로 발생하고 있다. 따라서 디지털 시민은 디지털·정보화 사회에서의 정보 접근성은 곧 삶의 질을 제고하는 데 반드시 보장되어야 할 뿐만 아니라, 삶을 영위하기 위한 기본적인 조건이 되고 있다는 사실을 고려하여, 디지털 격차 문제를 생존권, 평등권 등과 같은 인간의 기본권을 보장하는 차원에서 접근할 수 있어야 하는 것이다. 따라서 디지털 시민으로서 개인은 정보 격차로 대표되는 디지털 격차를 민감하게 인식하고 이를 개선하고자 하는 문제의식을 가져야 한다. 실제로 모든 개인이 '온라인에 존재하기' 위해서는 앞서 살펴본 다양한 유형의 디지털 격차를 극복 및 해소하여 디지털 공간에 소외되는 이가 없도록 개선해야 한다. 이를 위해서는 모든 이들이 디지털 기술 및 정보에 대한 기회가 동일하게 주어지지 않는다는 현실 인식에서 출발해야 한다. 그리고 더 나아가 디지털 격차를 해소할 수 있는 다양한 방법을 모색하고 실행에 옮길 수 있는 역량을 신장해야 한다.

이러한 디지털 시민성을 함양하기 위해서는 우선 디지털 격차에 대하여 시민으로서 어떠한 관점을 가져야 하는지에 대한 안내가 먼저 이루어질 필요가 있다. 디지털 격차와 관련하여, 정보 격차를 바라보는 시각에는 다음과 같은 세 가지의 관점이 있다(김기태, 2008: 43-44). 첫째, 격차는 초기에만 발생하고 이후 시장경제의 원리에 따라 점자 정보 격차가 해소될 것이라는 '격차 해소론', 둘째, 빈부 및 능력의 차이로 인한 정보 격차는 점차 확대될 것이라는 '격차 확산론', 셋째, 정보 격차의 심각성을 인식하고 이를 해결할 수 있는 것으로 간주하여 그 방법을 모색하려는 '격차 해소 방안 모색론'이 이에 해당한다. 교사는 학습자를 디지털 시민으로 양성하기 위해, 학습자들이 격차 해소 방안 모색론에 입각하여 디지털 격차 문제에 접근하고, 이를 적극적으로 해소하고자 하는 자세와 태도를 함양할 수 있도록 지도해야 한다. 디지털 격차에 대한 세 가지 견해를 제시하면 아래 〈표 27〉과 같다(김기태, 2008: 43-44).

〈표 27〉 디지털 격차 관련 이론

이론	내용
격차 해소론	- 신기술 정보 매체의 보급 초기에는 주로 엘리트 계층 사람들만이 수용하여 기술의 수용과 확산 속도가 느리지만, 성숙단계가 되면 다수가 관련 기술을 수용하게 되어 기술 확산이 급속하게 이루어지고, 대부분이 수용하게 되는 시점에는 기술 확산 속도는 늦으나 포화상태로서 누구나 이용하게 되는 단계에 이르게 됨. - 정보 격차는 정보화 초기에 나타나는 자연스러운 현상으로, 시간이 지나 시장에서의 자유로운 가격 경쟁에 따라 정보 통신 기술 관련 비용이 저렴해지게 되어 누구나 사용할 수 있게 됨. - 사람들 간의 정보 격차는 서서히 축소되는 자연스러운 현상이기 때문에, 심각한 사회 문제가 아니며 정부의 적극적인 개입도 필요하지 않음.
격자 확산론	- 정보 접근 기회의 불평등이 지속될 뿐만 아니라 정보 격차로 인해 빈부 격차의 심화 가능성이 있음. - 정보 통신 기기의 구입 능력 차이로 인한 정보 격차가 발생할 수 있음. - 정보 통신 기기의 이용 능력(나이, 직업, 교육 기회, 신체적 불편 등) 차이로 인한 정보 격차도 발생할 수 있음.
격차 해소 방안 모색론	- 정보 격차의 심각성을 인정하고, 이를 해결 불가능한 것으로 바라보지 않고 정부의 정책 개입을 통해 상당 부분 해결 가능한 것으로 간주함. - '정보 참여(Digital Inclusion)'를 통해 정보 격차는 해결 가능함.

따라서 학습자들의 디지털 시민성을 신장하기 위한 교육 방법으로서, 이러한 디지털 격차를 해소하는 '향상'을 고려할 필요가 있다. 커센바움(Kirschenbaum, 1995)은 '가치에 기초한 향상 프로젝트'를 주요 인지적 교수 방법으로서 제시하고 있는데, 디지털 격차 해소 역시 하나의 사회적 문제 해결을 위한 프로젝트 주제로서 의미를 갖기 때문에 디지털 시민성 교육의 방법으로 주목할 필요가 있다.

커센바움(추병완 외 역, 2006: 82 발췌)은 가치에 기초한 향상 프로젝

트의 주요 주제들을 다음과 같이 제시한 바 있다.[1]

- 부정의를 바로잡아라.
- 외로운 사람에게 손을 내밀어라.
- 당신이 마음의 상처를 입힌 사람에게 사과하라.
- 자선 혹은 비영리 단체에 무엇인가를 기부하라.
- 그들이 네게 해 준 것에 대해 고맙다고 말하라.
- (학교를) 보다 매력적인 곳으로 만들기 위해 무엇인가를 하라.
- 너(의 부모)를 위해 유익한 무엇인가를 행하라.
- 네가 하지 말아야 할 것을 행하고 있다면 중단하라.
- 인종 관계를 향상시키기 위해 무엇인가를 하라.

이러한 향상 프로젝트는 디지털 격차 해소를 위한 프로젝트의 주제와
도 긴밀하게 연결될 수 있다. 디지털 격차가 발생하는 유형이 주로 '지역,
세대, 계층, 소득, 성별, 국가'에 따른 정보 격차, 정보 소외, 지식 정보 문
맹, 윤리, 법·제도적 측면으로 나타나고 있음을 앞서 살펴본 바 있다. 따
라서 구조적 불평등으로 인한 디지털 격차를 해소하고, 반윤리적인 참여
로 인한 격차 등을 해소하는 향상 프로젝트는, '정의'라는 가치에 기초한
하나의 디지털 시민성 교육 방법이 될 수 있다.

---

1 커센바움은 학교에서의 도덕 · 가치교육을 하는 방법으로서 제시하고 있기 때문에,
   학교 교육에 국한된 표현(학교, 학부모 등)은 본 글의 취지에 부합하여 해석하도록
   괄호 처리하였다.

디지털 격차 해소를 위한 향상 프로젝트

1. 교수·학습 활동의 개관

학습 주제	디지털 격차 해소를 위한 방법
학습 목표	1. 디지털 격차 해소가 왜 필요한지 설명할 수 있다. 2. 디지털 격차 해소를 위한 방법으로는 어떠한 것들이 있는지 설명할 수 있다.

학년(군)	초등학교 5-6학년	관련 교과목	도덕	공정한 사회를 위해 무엇을 해야 할까?
관련 성취기준	[6도03-02]	공정함의 의미와 공정한 사회의 필요성을 이해하고, 일상생활에서 공정하게 생활하려는 실천 의지를 기른다.		
차시 분량	3차시	핵심역량	공동체의식, 의사소통 역량	

수업 지침	· 도입에서 학생들이 오늘날 우리 사회에 존재하는 디지털 격차를 인식하고, 디지털 격차와 관련한 자신의 경험을 떠올려보도록 한다. 이 과정에서 디지털 격차를 해소해야 할 필요성을 도덕적 관점에서 인식하도록 한다. · 전개에서 학생들이 이러한 디지털 격차를 해소하기 위한 방안을 모색하는 프로젝트 활동을 수행하도록 한다. 이 과정에서 디지털 격차의 현황과 이를 개선하기 위한 노력이 어떻게 이루어지고 있는지 그 실태를 조사하도록 안내한다. · 정리에서 학생들이 수행한 프로젝트 학습 결과를 토대로, 디지털 격차 해소를 위한 향상 프로젝트의 실행 계획을 수립하며, 디지털 향상을 위한 노력을 다짐하며 수업을 마무리한다.
토론 주제	· 디지털 격차를 해소할 수 있는 방법으로는 무엇이 있을까?
더 나아가기	· 도입 활동에서 제시되지 않은 유형의 디지털 격차로는 무엇이 있을지 생각해보도록 안내한다. · 학생들이 수립한 디지털 향상 계획을 일주일 동안 실천하고, 실천 일기를 작성해 보도록 과제를 부여한다.

2. 교수·학습 활동의 예시

우리나라의 디지털 격차 현황 파악하기

◎ 수업 시작 인사 후, 학생들에게 디지털 격차를 보여주는 도표를 담은 그림을 보여주고, 오늘날 우리 사회의 디지털 격차에 대한 이야기를 시작합니다. 그림은 소득, 장애, 연령, 지역에 따른 디지털정보화 수준에 차이가 발생하고 있다는 현실을 보여주고 있습니다. 학생들에게 직·간접적으로 경험한 디지털 격차를 떠올려보도록 합니다.

☞ 다음 그림을 보고 질문에 답해 봅시다.[2]

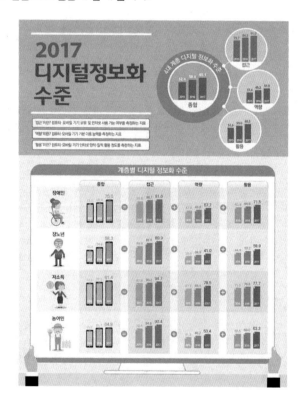

Q. 그림은 어떤 내용을 보여주고 있나요?

장애인, 장년층과 노년층, 저소득층, 농어촌의 사람들은 디지털정보화의 혜택을 많이 누리지 못하고 있음을 보여준다.

시간이 흐를수록 디지털정보화의 격차가 심화되고 있다는 사실을 보여준다.

Q. 그림과 같은 디지털 격차를 직접 혹은 간접적으로 경험한 적이 있나요?

우리 할머니가 스마트폰을 사용하지 못해서, 스마트폰 어플리케이션을 통해 기차표가 먼저 팔리는 바람에 기차표를 끊기 어려워하신다. 어플리케이션을 사용하여 편리하게 기차표를 살 수 있는데도 할머니는 사용하지 못하겠다고 하셔서 안타까웠다.

Q. 이러한 현상은 어쩔 수 없는 것인가요? 아니면 해결할 수 있을까요?

개인과 사회가 모두 노력하면 해결할 수 있다고 생각한다.

점차 우리 삶의 모든 영역이 디지털화 되고 있기 때문에, 모든 사람들의 생존 및 사회 정의와 관련된 문제이므로 반드시 해결해야 한다고 생각한다.

| 전개 | 격차를 줄여라! 디지털 향상 프로젝트 |

◎ 도입의 활동을 통해 학생들은 우리 사회의 디지털 격차를 인식하고, 이러한 문제를 바라보는 바람직한 자세와 태도를 생각해보았습니다. 학생들은 지금까지 생각해보지 못했던 디지털 격차를 객관적인 자료를 통해 우리 사회에 분명히 존재하는 것으로 실감할 수 있었을 것입니다.

---

2 이 자료는 2017년 디지털정보 격차실태조사 결과를 과학기술정보통신부가 인포그래픽으로 제시한 것을 사용하였다.

전개에서는 이러한 디지털 격차 해소를 위한 프로젝트 활동을 진행할 것입
니다. 프로젝트 활동을 통해 우리 사회의 다양한 유형의 정보 격차를 탐색하
고, 그러한 문제를 해결할 수 있는 구체적인 방법으로는 어떠한 것들이 있는
지 직접 조사하여 발표하도록 합니다. 이 과정에서 오늘날의 디지털 격차 해
소는 인간의 기본권 및 생존권, 사회 정의의 문제와 관련될 수 있다는 것을 깨
닫도록 지도합니다.

☞ 여러분들은 이전 활동을 통해 우리 사회에 존재하는 디지털 격차를 확인할 수 있
었습니다. 그렇다면 이러한 디지털 격차를 해소하기 위해서 우리가 무엇을 실천
할 수 있는지 프로젝트 활동을 통해 알아보도록 합시다.

격차를 줄여라! 디지털 향상 프로젝트	
1. 모둠명, 모둠원	○○○ ○○○, ○○○, ○○○, ○○○, ○○○

2. '격차를 줄여라!
  디지털 향상
  프로젝트' 주제	

3. '격차를 줄여라!
  디지털 향상
  프로젝트'실행을 위한
  계획 수립
	1. 일정:
	
	2. 장소:
	
	3. 대상:
	
	4. 결과 산출 유형:
	
	5. 결과 발표 방법:
	
	…(하략)…

4. '격차를 줄여라! 디지털 향상 프로젝트' 실행을 위한 역할 분담	1. 이끄미: 2. 기록이: 3. 궁금이: 4. 나눔이: …(하략)…
5. '격차를 줄여라! 디지털 향상 프로젝트' 실행	1. 디지털 격차의 현황 2. 디지털 격차의 원인 3. 디지털 향상 노력의 실태 4. 디지털 향상을 위한 개선 방법

6. '격차를 줄여라! 디지털 향상 프로젝트' 실행을 통해 배운 점, 느낀 점, 실천할 점	배운 점	
	느낀 점	
	실천할 점	

| 정리 | **디지털 향상 계획 세우기** |

◎ 이 활동에서는 디지털 격차 해소를 위한 계획을 수립하면서, 학습한 내용을 토대로 실천 다짐을 하도록 합니다.

☞ 우리는 앞서 디지털 격차 해소를 위한 디지털 향상 프로젝트를 수행했습니다. 프로젝트를 수행하며 얻게 된 디지털 향상 방법을 실천하기 위한 계획을 수립해봅시다.

디지털 향상을 위한 실천 계획	
일정	
대상	
방법	
기타	

참고 문헌 ──────────────────────────────────

광주매일신문(2019.04.02.), "진화하는 학교폭력, 알아야 대처할 수 있다!"
김기태(2008), "디지털 격차해소와 미디어 리터러시", 한국방송학회 세미나 및
    보고서, 37-57.
김정랑(2010), "디지털 프로슈머 윤리 강령에 관한 연구", 『초등교육연구』,
    24(2), 1-17.
민희·윤성이(2015), "온라인 정치참여: 국내·외 연구동향", 『정보화정책』,
    22(2), 3-18.
방송통신위원회, 한국정보화진흥원(2018), "디지털시민성 + 교육", 서울: 공공
    미디어연구소.
옥일남(2017), "시민성 교육을 위한 참여의 유형 탐색", 『시민교육연구』, 49(2),
    55-88.
Kirschenbaum, 추병완 역(2006), 『도덕·가치 교육을 위한 100가지 방법』, 서
    울: 울력.

7장
역할 모델링(Role-modeling)

신지선(송양고등학교)

1. 관찰 학습(observational learning)

우리는 다른 사람의 행동을 모방하면서 일상의 문제를 해결하는 방법을 학습한다. 모방은 인간의 선천적 능력으로, 문화적 산물의 습득·전이(transfer)에서 중요한 능력이다(Tomasello, Carpenter, Call, Behne & Moll, 2005; Piaget, 1962; 정혜린, 방희정, 2014: 40에서 재인용). 우리가 다른 사람의 행동을 모방할 때, 우리는 단순히 겉으로 드러난 행동만을 따라하는 것이 아니라 표면적으로 드러나는 것 이상의 정보를 추출하여 습득하고 행위로 옮기는 선택적인 과정을 가진다(정혜린, 방희정, 2014: 39-41). 이렇듯 특정 대상을 선정하여 그의 행위를 관찰하고 모방하는 것을 모델링(role-modeling)이라고 한다. 다시 말해, 모델링이란 사회적으로 지지되는 가치와 태도를 지니고 행동하는 사람을 역할 모델(role-model)로 삼고, 그를 따라하고 닮고자 하는 과정을 말한다.

모델링의 중요성과 교육적 효과는 밴두라(Bandura)에 의해 구체적이고 체계적으로 설명된다. 밴두라는 교육이란 학습자에게 최선의 모델을 제시하고, 학습자가 모델의 뛰어난 특성을 관찰하고 본받게 하는 것이라고 생각하였으며(안종욱, 2011: 214), 이러한 사회적 반응들을 모델링(modeling) 혹은 관찰 학습(observation learning)이라고 불렀다(Rich & DeVitis, 추병완 역, 1999: 62). 그는 학습이란 직접적 경험을 통하여 일어나기도 하지만, 학습자에게 모델을 제시하고 학습자가 모델의 행동을 관찰하는 것만으로도 학습이 이루어질 수 있다고 말한다. 칭찬이나 보상을 받은 행위를 관찰한 학습자는 그 행위를 모방하게 되는데, 이 때 학습은 단순히 어떤 행동을 관찰했다는 것만으로 이루어지는 것이 아니라 학습자가 모델의 행위와 그 결과가 주는 의미를 파악하고 이를 의식적으로 수용했을 때 이루어진다(유병열, 2004a; 정창우, 2006: 85에서 재인용). 다시 말해 모델링은 단순한 따라하기나 흉내내기의 모방이 아니라 관찰자의 선택과 의도적인 수용, 가치 평가, 재현의 과정을 통해 이루어진다. 즉 학습자는 다른 사람의 행동을 관찰하고, 그의 행위 및 행위의 결과를 자신의 행동을 결정하기 위한 정보로 활용하면서, 모델의 행위를 따라하기도 혹은 따라하지 않기도 한다.

밴두라는 주의 집중, 파지 과정, 운동 재생 과정, 동기화의 4가지 구성 요소에 의해 관찰학습이 이루어진다고 하였다. 먼저 학습자는 모델에 주의를 집중하여 그의 행위를 관찰한다. 이 과정에서 학습자는 자신의 삶에서 중요한 사람들이나 온정적이고 유능하며 강력하다고 여겨지는 모델에 더욱 주의를 기울이는 경향이 있다. 또한 의존적이고 자아개념이 낮으며 불안감이 높은 학습자일수록 타인의 행위를 모방하려는 경향이 크다(Rich & DeVitis, 추병완 역, 1999: 65). 주의를 집중하여 모델의 행위를 관찰한 후 학습자는 관찰 내용을 자신이 기억할 수 있는 형태의 표상(상징)으로 구성하는데 이는 암기와 상상, 정교화의 방법을 통해 이루어진다. 파지 과정을 거친 후 학습자는 관찰한 행동을 직접 실행한다. 이 때 학습자가 모델과 동일한 행위를 하는 이유는 자신이 어떤 행위를 한 후 얻은 긍정적인 결과나 강화에 의해서이기 보단, 모델이 행위의 결과로 받은 보상이나 강화를 목격했기 때문이다. 대리강화는 선행적인 영향력으로 작용하므로 이를 바탕으로 학습자는 자신의 행위 기준을 개발하고 모델과 동일한 행위를 수행한다(Rich & DeVitis, 추병완 역, 1999: 65; 안종욱, 2011: 215-216; 정창우, 2006: 84-85).

주의 집중	⇨	파지 과정	⇨	운동 재생 과정	⇨	동기화
모델의 행위를 주의 깊게 관찰함.		암기 · 상상 · 정교화를 통해 정신적 이미지를 구성함.		모델의 행위를 따라함.		대리강화 자기강화

  그동안 좋은 본보기를 통한 모델링의 중요성과 효과에 대한 많은 논의가 있었으나 왜 모델링이 효과가 있는지, 무엇이 모델링에 대한 학습자의 동기를 촉진시키는지에 대한 이야기는 많이 이루어지지 않았다. 다음 6가지 모델링의 동기 혹은 과정이 이 같은 물음에 해답이 될 수 있을 것이다(Kirschenbaum, 추병완 외 역, 2006: 74-76).

<표 28> 6가지 모델링의 동기 혹은 과정

본뜨기(patterning)	주변 사람들의 행동을 본떠서 행동함.
애정과 승인 요청	타인이 원하는 방식, 타인이 원하는 부류의 사람이 될 때 얻는 애정과 승인을 원함.
두려움과 처벌 회피	강한 사람의 특성을 그대로 따라 벌을 피하고 거부에 대한 두려움을 피함.

보상	타인에 대한 동조와 일치가 가져다주는 보상을 원함.
긍정적 연상(positive association)과 동일시 (identification)	타인의 특성을 모방하여 얻는 안정감과 만족감
의식적인 대안 선택	존경할만한 본보기를 보여주는 모델의 행위를 의식적으로 따라함.

본뜨기와 의식적인 대안 선택의 경우, 모델링이 긍정적인 가치를 지닌 모델들을 무의식적 혹은 의식적으로 선택하는 행위라는 점을 통해 모델링의 효과를 설명한다. 그러나 애정과 승인, 보상을 얻으려 하거나 두려움과 처벌을 회피하기 위한 동기로 행해지는 모델링은 권력에 의한 가치의 주입과 교화의 문제를 지니기 때문에 적절한 교육 방법으로서의 가치를 지니지 못한다(Kirschenbaum, 추병완 외 역, 2006: 76-77). 모델링의 동기 혹은 과정은 위의 6가지로 설명될 수 있으나 이들 각각이 지닌 교육적 가치에 대해서는 그 평가가 다를 수 있다. 따라서 모델링을 활용할 경우, 학생들이 교육적 가치를 지닌 본뜨기와 의식적인 대안 선택의 동기, 과정을 추구하도록 안내될 필요가 있다.

행동주의 학습이론은 환경결정론(environment determinism)의 관점에서 학습자를 환경의 수동적 수용자로 간주한 데 반해, 밴두라는 학습자가 자유롭게 모델을 선택하고, 모델의 행위를 의식적으로 채택하는 것을 통해 자신의 성장과 발달에 영향을 주는 환경에 능동적으로 개입한다고 보았다(정창우, 2006: 80). 밴두라가 학습자를 바라보는 관점은 디지털 네이티브(digital native)인 학생들의 특성에 부합한다. 디지털 네이티브란 개인용 컴퓨터 및 휴대전화, 인터넷의 확산과 같은 디지털 혁명기 때 성장기를 보낸 세대를 의미하는데, 이들은 태어나면서부터 자연스레 디지털 기기를 접하여 디지털 기기에 매우 친숙하면서 능숙하게 다룰 줄 알며, 디지털 환경의 특성을 이해하고 디지털 환경에서 필요한 기술을 갖추고 있다. 또한 쌍방향적인 미디어 환경을 편안하게 느끼고, 자신들의 기능과 기술을 활용하여 미디어 환경에 적극적으로 참여하며 미디어를 활용하여 자신의 의사를 표현하고 타인과 소통하며 문제를 해결하는 것에 매우 익숙하다(공수경, 2017: 1020-1021; 정종완, 최보아, 2013: 377-378). 따라서 디지털 네이티브인 학생들은 사이버 세계에서 수동적으로 정보를 받아들이는 것이 아니라 새로운 정보를 생산하거나 기존의 정보를 새롭게 재창조하면서 사이버 세계에 능동적으로 개입한다. 이에 교사들은 학생들이 자유롭고 능동적으로 사이버 세계에서의 모델링을 통해 디지털 시민성을 함양할 수 있도록 지도해야 한다.

관찰학습을 통한 디지털 시민성의 학습 역시, '주의 집중-파지 과정-운동 재생 과정-동기화'를 거치며, 이 중 '파지 과정'에서 교육연극 기법을 활용하면 학생들이 관찰한 내용을 정신적인 이미지로 재현하는데 도움을 줄 것이다.

교사가 디지털 시민성과 관련된 주제를 선정하면, 학생들은 여러 미디어 매체를 활용하여 모델링의 대상을 선정하고 그를 주의 깊게 관찰한다. 학생들은 SNS나 1인 미디어, 뉴스나 신문 등 다양한 경로를 통해 모델을 관찰한다. 그 후 학생들은 자신이 관찰한 모델의 행위를 자신이 기억할 수 있는 형태로 만드는 파지 과정을 거친다. 이 때 교육연극 기법의 하나인 '핫시팅'을 활용하여 학생들이 자신이 관찰한 모델의 행위와 그 결과가 자신에게 주는 의미를 탐색해보게 한다.

교육연극이란 관객을 참여시켜 관객과 더불어 극을 완성시키는 응용연극의 하나로, 수업 시간을 활용한 연극적 활동을 통해 학생들이 수업에 몰입하게 하고, 학생 상호 간의 협력을 바탕으로 자신과 세상을 이해하고 공감하면서 다양한 문제 해결의 경험을 가지게 한다(권경희, 2017: 70-71). 교육연극은 행위를 통한 학습(learning by doing)을 강조하는 듀이(Dewey)의 경험교육론과 진보주의 교육운동으로부터 영향을 받아 실생활의 문제를 해결하는 방법의 학습을 중시하므로 공연을 목적으로 하거나 교육을 목적으로 도입한 완성된 창작물과는 다르다(최지영, 2011:51-59; 박윤희, 2019: 559에서 재인용). '핫시팅'은 다양한 의미를 표현하고 확장하기 위하여 교육연극에서 활용되는 기법 중의 하나이며, 특정 역할(인물)에게 질문을 하거나 인터뷰를 하는 것으로, 주제에 대한 심화된 전개와 탐구를 위해 활용되는 기법이다. 이 때 인터뷰는 사전 준비에 따라 진행하거나 즉흥극 도중에 장면을 정지하고 진행할 수도 있다. 인터뷰 질문의 내용은 학생들이 자유롭게 구성하게 하되, 인물이 자신의 행위 결과나 행위에 대한 사회적 인식과 관련된 질문을 포함시킬 수 있도록 안내한다. 학생들은 인터뷰를 통해 인물의 성격 특성이나 행위의 동기를 파악할 수 있고, 사건과 사건에 대한 인물의 태도 간의 관련성, 사건이 인물의 태도에 미치는 영향, 인물의 행동에 관하여 비판적으로 성찰을 하는 기회를 가지므로(Neelands & Goode, 2011: 12; 박윤희, 2019: 563에서 재인용), 핫시팅은 학생들로 하여금 자신들이 관찰한 모델을 탐구하여 의식적이고 자발적으로 모방하게 하는데 효과적이다. 핫시팅 시, 교사는 학생들에게 자신이 관찰한 모델에게 가상 인터뷰를 하는 상황을 제시하고 학생들이 모델에게 인터뷰를 통해 질문할 내용을 구성하게 한다.

모델링 시 학습자는 자신의 삶에서 '중요한' 사람을 모델로 삼는데, 학습자가 모델링의 대상으로 삼는 사람은 부모, 교사, 또래집단 혹은 유명인사 등 매우 다양하다. 이 중 교사는 다른 모델들보다 더욱 중요한 역할을 한다고 말할 수 있다. 왜냐하면, 교사는 역사나 문학 속에 내재된 혹은 당대의 실존 인물들과 같은 다른 모델을 제시해줄 수 있는 문지기(gate-keeper)로서의 역할을 하면서도, 교사 스스로가 '중요'하고 '강력'한 모델이 되기 때문이다(Kirschenbaum, 추병완 외 역, 2006: 79).

리코나(Lickona)는 모델로서 교사는 스스로 모범을 보여주는 사람(model)이라는 것을 인식하여 학생들과 학부모, 동료 교사와의 상호 작용 과정에서 긍정적인 인격적 특질(positive character traits)을 보여주어 학생들에게 좋은 본보기가 되어야 한다고 말한다(추병완, 2004: 265-266; Lickona, 1991; 1993; 정창우, 2006: 132에서 재인용). 라이언(Ryan) 역시 교사는 교실에서 자신의 행동이 학생들에게 미칠 영향력을 깊이 생각하고 좋은 인격을 예증해야 하므로 도덕 생활의 모범(example)을 보여주는 역할 모델이 되어야 한다고 주장한다(Ryan, 1986; 정창우, 2006: 132에서 재인용; 추병완, 2004: 265-266).

교사는 학생들이 보다 자신의 행위를 모방하게 하기 위해서, 모델링의 효과를 높이기 위해서 무엇을 해야 하는가? 사회 학습 이론에 따르면, 아동은 부모와의 '감정적 연관성' 혹은 '감정적 유대'에 의해 사회적으로 허용되는 행위들을 습득한다. 아동은 부모의 사랑과 애착, 지지를 유지하려하고, 부모를 실망시키거나 화나게 하는 것은 피하려 하기 때문에 부모의 가치를 추구한다. 이러한 특성은 교사와 학생 사이에서도 나타난다. 학생들이 교사를 좋아하고 존경한다면 교사의 말과 행위에 주의를 기울일 것이며, 교사가 자신을 향한 애정과 지지를 철회할 만한 행위는 하지 않으려 할 것이다. 반대로 학생들이 교사를 좋아하지 않는다면, 교사는 학생들에게 모델로서의 영향력을 상실하게 될 것이다. 따라서 교사는 학생들과의 감정적 유대를 강화하기 위해 노력해야 한다. 그러나 교사는 학생과의 감정적 유대를 위하여 수단과 방법을 가리지 않고 자신을 좋아하게 끔 만들지 않도록 주의해야 한다. 즉 교사는 올바른 가치를 지닌 역할 모 델로서의 역할을 지키면서 학생들과의 감정적 유대를 맺어야 한다. 교사 가 역할 모델로서의 역할을 지키면서 학생들과 감정적 유대를 강화하기 위해서 다음의 10가지 방법을 활용할 수 있다(Kirschenbaum, 추병완 외 역, 2006: 238-260).

• 교사의 신념과 이유를 공유하기

예를 들어, 교사가 "사회는 편견이 나쁘다고 믿는다."라고 말하기보다 "나는 편견이 나쁘다는 것을 믿는다."고 한다면, 이는 추상적인 원칙을 하 나의 신념으로 바꾸어 주는 것이며, 아주 개인적이며 강력한 방식으로 학 생들의 주의력을 사로잡을 것이다.

• 교사의 감정을 공유하기

예를 들어, 한 교사가 여러 명의 아이들이 어떤 한 아이를 괴롭히는 것 을 본 후 불쾌한 감정을 표현한다면, 그는 친절과 존중의 중요성을 전달 한 것이나 마찬가지이다. 이는 개인적인 신념을 공유하는 것과는 다르며, 신념의 공유보다 영향력이 클 것이다.

• 교사의 경험을 공유하기

듀이는 교육이란 경험의 재평가라고 주장하였다. 만약 교사가 자신의 경험을 매우 구체적이고 현실감 있게 이야기한다면, 학생들의 교사의 경 험을 경험함으로써 무엇인가를 배우게 될 것이다.

• 교사의 기능을 공유하기

교사는 가르치는 것 외에도 많은 기능을 수행할 수 있다. 교사가 지닌 기능을 학생들에게 나누어 주는 것을 통해 학생들은 교사의 기능을 모델링 할 수 있다.

• 교사의 개인적인 생활과 흥미를 공유하기

예를 들어, 교사가 한 책 속의 주인공이 자신의 가족 중 한 구성원과 닮았다고 이야기하고 비슷한 점을 묘사한다면, 이는 학생들이 책이 내용을 보다 잘 이해할 수 있게 도울 뿐만 아니라 학생들에게 가족의 가치에 대해서도 가르치는 기회가 될 수 있다.

• 교사의 개인 게시판을 활용하기

교실이나 교무실에 교사의 이름, 사진, 인용문, 뉴스 기사, 편지, 가족사진, 자기소개 등을 적은 게시판을 마련한다. 이를 통해 교사는 자신이 누구이고 자신에게 중요한 것이 무엇인지를 전달한다.

• 교사의 개인적인 가치를 공개하기

교사는 말보다는 행동을 통해 일상생활에서 자신이 추구하는 가치대로 사는 모습을 학생들에게 보여줌으로써, 역할 모델로서 보다 큰 영향력을 지닐 수 있다.

• 위선 피하기

어떤 연구 결과한 연구 결과에 따르면, 중학생들은 자신들에게 타인을 존중하라고 하면서 교사 스스로는 학생을 편애하거나 학생을 어린 아이

취급하는 교사, 학생의 말을 경청하지 않는 교사, 과제를 많이 내주는 교사를 약한 역할 모델이라고 생각한다고 한다.

• 맵시 있는 옷차림 갖추기

많은 학생들은 교사의 옷차림에 무관심하지 않다. 학생들은 고학년이 될수록 패션에 민감해진다. 만약 학생들의 관점에서 교사가 매력적이고 맵시 있는 옷차림을 하고 있다면, 많은 학생들이 교사에게 관심을 가지고 보다 매력적인 역할 모델로 삼을 것이다.

• 학교 밖에서 학생들을 초대하기

학교 안에서 교사가 유력한 역할 모델이 될 수 있긴 하지만, 학교는 단지 교사의 삶의 한 부분이며 학교에서 교사와 학생의 역할은 학교 문화에 의해 제약받기도 한다. 이에 교사가 자신의 생활에 학생들을 참여시켜 교사와 학생이 서로를 보다 잘 알아가고 교사의 가치가 학생들에게 스며들 수 있는 기회를 제공한다면, 교사는 더욱 영향력 있는 모델이 될 것이다.

디지털 시민성의 영역에서도 교사는 얼마든지 매력적인 모델로서 학생들에게 좋은 본보기가 될 수 있다. 교사가 사이버 세계에서 자신의 경험을 내러티브(narrative), 즉 이야기로 구성하여 학생들에게 들려주어 경험을 공유하는 것을 통해 학생들이 디지털 시민성을 본받고 자신의 삶에 적용할 수 있게 만든다. 교사가 자신의 가치와 신념, 경험을 학생들과 공유하는 것은 학생들과의 감정적 유대를 강화시키고 학생들로 하여금 교사를 모델로서 선택하여 교사의 행위를 모방하게 만드는데 효과적이기 때문이다(Kirschenbaum, 추병완 외 역, 2006: 238-241). 한혜민 외(Han et al., 2017: 3; 김하민, 2019: 5에서 재인용)에 따르면, 청소년들이 역사적 영웅(historic figure)이나 성인(saints)같이 쉽게 접하기 어려운 모델이 아닌 일상생활에서 만날 수 있고(attainable) 자신과 관련이 있는(relevant) 모델을 접했을 경우, 그들의 선행이 증가한다고 한다. 이에 일상생활에서 만날 수 있고(attainable) 자신과 관련이 있는(relevant) 교사의 이야기는 학생들에게 매우 큰 교육적 효과를 가질 것이다. 교사의 이야기를 통해 디지털 시민으로서의 역량과 태도를 모델링한 학생들은 교사처럼 자신의 경험을 이야기로 구성하여 친구들과 공유하는 과정을 통해 디지털 시민성을 보다 더 공고하게 내면화할 수 있게 된다. 학생들이 내러티브를 통해 자신의 도덕적 경험을 이야기(self-narrative)할 경우, 그들은 저자 의식(self-authorship)과 도덕적 권위를 발휘하여 도덕적 판단을 도덕적 행동으로 옮길 가능성이 높아지며, 도덕적 관점에서 자신을 규정하는 도덕적 정체성(moral identity)을 발달시킬 수 있다(추병완, 2000: 93). 따라서 학생들이 교사의 이야기를 통해 디지털 시민성과 관련된 교사의 가치, 신념을 모방하고 내면화한 후, 다시 자신의 경험을 이야기로 구성하여 타인에게 이야기할 때, 학생들은 보다 높은 수준의 디지털 시민성을 함양하게 될 것이다.

Role-modeling

디지털 시민성과 관찰학습

1. 교수·학습 활동의 개관

학습 주제	미디어를 통한 선행의 확산 및 모델링 효과		
학습 목표	1. 미디어를 통한 선행의 확산 및 모델링 효과를 설명할 수 있다. 2. 미디어를 활용한 모델링 시 주의해야 할 점을 설명할 수 있다.		
학년(군)	고등학교 1-2학년	관련 교과목	생활과 윤리 정보 이해 및 표현 능력의 윤 리적 접근
			통합사회 정보화와 생활의 변화
관련 성취기준	12생윤 04-02		정보기술과 매체의 발달에 따른 윤리적 문제들을 제시할 수 있으며, 이에 대한 해결 방안을 정보윤리와 매체윤리의 관점에서 제시할 수 있다.
	10통사 03-03		교통 통신의 발달과 정보화로 인해 나타난 생활공간과 생활양식의 변화 양상을 조사하고, 이에 따른 문제점을 해결하기 위한 방안을 제안한다.
차시 분량	2차시	핵심역량	공동체 역량, 지식 정보 처리 역량
수업 지침	· 도입에서 학생들이 신문 기사 및 영상 자료를 활용하여 SNS를 통한 유명인의 버킷 챌린지에 관한 정보(글, 사진, 동영상 등) 확산에 관한 생각을 나눈다. · 전개에서 모둠별로 SNS 상에 게시된 버킷 챌린지 영상이 자신과 친구들, 더 나아가 사회 전반에 미친 영향이 무엇인지 탐구하고, 이를 평가해보게 한다. 아울러 버킷 챌린지를 실행한 유명인을 모델링한 경험이나 유명인의 선행을 접한 후 생긴 변화, 모델링의 경험을 소개한다. · 정리에서 유명인의 선행의 모델링 효과에 대한 생각을 정리하고, 미디어 환경에서의 모델링의 효과성을 되새긴다.		
토론 주제	· 유명인의 선행이 일반인의 행동에 영향을 미치는가?		

2. 교수·학습 활동의 예시

도입   주의 집중

⊛ 수업 시작 인사 후, 학생들에게 시청각 자료를 통해 유명인의 릴레이 선행에 관해 긍정적인 감정을 가지고, 유명인의 가치와 행위를 모델링하고자 하는 동기를 가질 수 있도록 흥미를 유발하도록 합니다. 자료는 'SNS를 통한 버킷 챌린지의 확산'에 관한 내용입니다. 자료를 접한 후 학생들이 온라인상에서 유명인들의 릴레이 선행에 대한 느낌이나 생각을 자유롭게 이야기할 수 있는 기회를 제공합니다. 이 때 교사는 자신의 생각과 느낌을 학생들에게 이야기하여 학생들이 보다 편안하게 이야기를 할 수 있는 분위기를 만들어주어야 합니다. 본 수업에서 교사는 스스로 역할 모델이 되기도 하고, 다른 모델을 제시해주는 문지기가 되기도 하므로 무엇보다 학생들에게 적절한 모델은 어떤 모습을 가져야 하는가라는 고민을 하고 자료를 선정해야 합니다. 아울러 다양한 발문을 활용할 필요가 있습니다. 본 수업의 전 과정에서는 교사의 발문보다는 학생이 질문자가 되어 직접 발문하고 답변하는 기회를 가지게 하는 것이 중요합니다. 이는 학생들이 보다 폭 넓은 시야를 견지하고 수업 상황에 적극적으로 참여하며, 주제에 대한 민감성과 몰입도를 높여주어 수업의 목표를 달성하는데 도움이 될 것입니다.

☞ 다음 자료를 보고 질문에 답해 봅시다.

루게릭병 환자를 돕기 위한 'ALS 아이스 버킷 챌린지'에 미 프로야구 LA 다저스의 류현진(27)도 동참했다.
'ALS 아이스 버킷 챌린지'는 미국 비영리기관인 ALS 재단이 펼치는 루게릭병 환자 모금 캠페인으로, 얼음물을 뒤집어쓴 사람이 캠페인에 동참할 세 명을 지목하고, 이들은 24시간 이내에 얼음물 샤워를 하거나 루게릭병 관련 기부금을 내야한다.

*출처: 뉴데일리(2014.08.22.),
류현진, 아이스버킷 챌린지 동참

유통업계가 환경을 지키겠다는 뜻을 모아 '플라스틱 프리 챌린지'에 적극 동참하고 있다. 개인이 보유한 텀블러 사진을 소셜 네트워크 서비스(SNS)에 해시태그(#)를 달아 인증하면 건당 1천원이 적립된다. 이 적립금으로 제작한 텀블러 판매 수익금은 제주도 환경보전활동과 세계자연기금 기부에 쓰인다. '아이스버킷 챌린지'처럼 SNS에 인증하면서 다음 참여자를 지목하는 형식으로 진행된다. 롯데푸드 조경수 대표이사는 임직원들과 함께 친환경 제품 사용 인증샷을 공식 인스타그램 및 페이스북에 게시했다. 조 대표는 이영구 롯데칠성음료 대표이사에게 지목을 받아 동참하게 됐다. 다음 주자로는 롯데GRS 남익우 대표이사와 롯데렌탈 이훈기 대표이사가 지목됐다.

*출처: 일간투데이(2019.06.13.),
지구 건강 우리가 지킨다…
유통업계 '플라스틱 프리 챌린지' 동참

Q. 위 글의 사람들은 왜 버킷 챌린지에 참여하게 되었을까요?

Q. 위 글과 같은 유명인들의 버킷 챌린지를 보았을 때 어떤 생각이 들었나요?

Q. 유명인들이 미디어를 통해 선행을 알리는 경우가 종종 있습니다. 위 사례들 외의 다른 사례가 있다면 찾아봅시다.

Q. 미디어를 통해 접한 유명인의 선행 사례를 통해 드는 생각이나 느낌에 대해 자유로이 적어봅시다.

Q. 유명인의 사례뿐만 아니라, 일상생활 혹은 주변에서 접한 사례도 찾아봅시다.

Q. 디지털 미디어 기술을 통한 선행의 확산 효과에 대해 생각해봅시다.

◎ 도입에서 SNS를 통한 선행을 접했습니다. 전개1에서는 핫시팅 기법을 활용하여 그들의 선행에 대한 판단과 선택적 수용이 일어나게 합니다.

◎ 학생들은 SNS를 통해 선행을 한 사람을 인터뷰하기 위한 인터뷰 대본을 작성하게 합니다. 이 때, 교사는 그가 어려운 상황에 처한 이웃을 도와주고 SNS를 통해 선행을 알리게 된 계기, 자신의 행위에 대한 가치 판단, 자신의 행위가 사회에 미친 영향 등도 인터뷰 내용에 포함시키게 합니다.

◎ 이 활동은 모둠활동으로 진행합니다. 모둠원들이 개별적으로 3가지씩 인터뷰 질문을 만들고, 이를 종합하여 5가지의 질문을 선정합니다.

◎ 유명인을 직접 초청하여 인터뷰를 진행하는 데에는 어려움이 있기에, 학생들이 유명인의 역할을 맡아 인터뷰의 대상이 되어 핫시팅을 진행합니다. 학급 단위로 핫시팅을 진행하는 방법과 모둠 단위로 진행하는 방법 등 상황에 따라 교사가 자유로이 핫시팅을 활용할 수 있습니다.

☞ 인터뷰 질문을 만들고, 핫시팅을 통해 (가상의)유명인을 인터뷰 해봅시다.

〈인터뷰 질문 예시〉
Q. 어떤 계기로 SNS를 활용하여 선행을 알리게 되었나요? Q. 당신의 SNS를 통해 선행을 접한 사람들의 반응은 어땠나요? Q. 당신의 선행이 사회적으로 어떤 변화를 가져왔다고 생각하나요? Q. 미디어를 통해 정보를 제공할 때 주의해야 할 사항은 무엇이라고 생각하나요?
1. 각각 인터뷰 질문을 3가지씩 만들어 봅니다.

2. 모둠원들이 만든 질문들 중 인터뷰에 활용할 질문 5가지를 추려보세요.

3. 인터뷰를 통해 새롭게 알게 된 사실이나 변화된 생각과 느낌이 있다면 자유로이 적어보세요.

4. 인터뷰를 하고 난 후, 인터뷰를 한 유명인의 어떤 점을 본받고 싶어졌나요?

전개 2　　**운동 재생 과정**

◎ 유명인의 선행을 관찰하고, 그의 행위를 수용하여 모방하는 단계, 즉 선행의 동일시가 일어납니다. 이 때, 온라인상에서 유명인의 선행을 접한 후 생겨난 나의 변화와 함께 친구들의 경험도 알아가는 시간을 가집니다.

◎ 온라인을 통해 유명인의 선행이 많이 알려짐에 따라 우리 사회에서 선행에 대한 인식과 행위의 변화가 있었는지 구체적인 자료를 찾아보고 사회의 변화도 함께 알아봅니다. 이를 바탕으로 온라인상의 확산 효과도 함께 생각해보도록 합니다.

☞ 다음 질문에 답하면서, 온라인에서의 선행의 확산 효과에 대해 생각해봅시다.

〈개 별 활 동〉
1. SNS나 1인 미디어, 뉴스 등을 통해 유명인이 선행을 접한 후, 선행에 대한 자신의 생각이나 태도가 어떻게 변화하였나요? 변화가 있다면, 구체적으로 적어봅시다.
〈모 둠 활 동〉
1. 미디어를 통해 유명인의 선행을 접한 후 자신에게 생겨난 변화를 모둠원들과 나누어 보세요. 인상 깊은 내용은 적어봅시다.
2. 온라인 상에서 유명인의 선행이 많이 알려짐에 따라 우리 사회에 생겨난 선행에 대한 인식 및 행위의 변화로는 어떤 것이 있는지 구체적인 자료를 통해 찾아보세요.

3. 미디어를 통해 유명인의 소식이 전해질 때, 사회 전반에 일어나는 변화를 찾아
보세요. 선행과 관련된 내용이 아니어도 괜찮습니다.

4. 미디어 및 인터넷이 가지는 확산 효과에 대해 적어보세요.

◎ 전개의 활동을 바탕으로 학급 토의를 통해 디지털 미디어를 통한 유명인의 선행의 모델링 효과에 대해 생각을 공유합니다. 이 때 선행에 대한 모델링과 함께, 미디어 환경을 통한 모델링의 효과성에 주목합니다.

◎ 교사는 학생들로 하여금 인터넷 환경의 특성 상 우리는 모두 정보의 소비자이면서 생산자가 될 수 있고, 많은 사람들에게 영향을 줄 수 있는 위치에 있다는 것을 자각하여 자신이 SNS 상에 올린 글이나 사진, 영상을 통해 자신이 모델링의 대상이 될 수 있다는 것을 깨닫게 합니다. 아울러 자신이 제공하는 정보에서 얼마든지 다른 사람들의 역할 모델이 되는 인물과 사례가 있을

수 있다는 점을 알고, SNS 상에서 보다 책임감을 가지고 정보를 업로드 하는 습관을 지녀야 함을 상기시킵니다.

☞ 미디어 및 인터넷을 통한 유명인의 선행의 모델링 효과에 대해 토의해봅시다.

☞ 프로슈머(prosumer)가 무엇인지 알아본 후, 프로슈머로서 우리가 미디어를 어떻게 활용해야 할지 토의해봅시다.

2. 고양(elevation)

하이트(Haidt)는 도덕적인 행위를 목격하였을 때 가지게 되는 도덕 정서인 '고양(elevation)'을 통해 역할 모델링의 중요성을 설명하였다(강인구, 2014: 31; 추병완, 2014: 78; 추병완, 2018: 2). 고양이란 어떤 사람이 타인의 선한 행위나 칭송할 만한 행위를 목격하고 난 후, 스스로 이를 행하게 만들도록 동기를 부여하는 긍정적인 도덕 정서를 말한다(추병완, 2014: 66; 추병완, 2018: 2). 즉 고양은 사회적 행동을 동기화하는 정서적 반응들로, 도덕적인 아름다움이나 도덕적 모범 사례를 목격한 후 생겨난 정서적 반응을 일컫는다(강인구, 2014: 31; 추병완, 2018: 6). 고양의 정서를 통해 우리는 스스로 더 나은 사람이 되고자 하고, 자신이 관찰한 유덕한 행동을 경쟁적으로 모방하고자 하며, 타인을 돕고자 하는 행동 경향성이 높아진다(Diessner, Iyer, Smith & Haidt, 2013: 140; 추병완, 2018: 2에서 재인용). 도덕적 모범 사례를 목격하는 것은 그것을 목격한 사람에게 감화를 줄 뿐만 아니라 그 사람의 성장을 촉진하는 효과가 있으므로, 고양은 우리에게 도덕적 귀감을 모방하려는 동기를 가지게 할 뿐만 아니라 스스로를 도덕적으로 개선하게 만드는 기능을 수행한다(추병완, 2018: 6).

도덕적 고양으로 생성되는 이타주의적인 동기에 대한 연구들에 따르면, 도덕적 고양을 경험한 사람들은 다른 사람을 돕기를 희망하고 자신들의 고양을 촉발한 이타주의자를 더 좋아하게 되며, 인간애에 대한 낙관적인 감정을 가지게 된다(Haidt, 2003; Algoe & Haidt, 2009, Schnall, Roper, & Fessler, 2010; 강인구, 2014: 34에서 재인용). 도덕적 고양은 누군가가 자신에게 직접적으로 도움을 주었을 때 가지게 되는 감사와는 다른 도덕 정서로, 타인의 도덕적 선행을 직간접으로 경험하였을 때 가지게 된다. 이에 도덕적 고양은 도덕적 선행을 직접 목격하는 것뿐만 아니라 비디오 클립과 같은 동영상 혹은 서술된 사례를 통하여 간접적으로 목격하였을 때도 발생한다(강인구, 2014: 34; 강인구, 2016: 261-262).

고양을 확인하기 위해 하이트가 실시하였던 실험의 결과를 보면, 역할 모델링의 중요성을 알 수 있다. 이 실험에서 하이트는 실험 집단의 참가자들에게 삶에서 인간 본성의 훌륭한 점, 더 높고 좋은 본성이 표현된 것을 관찰했던 특정 시점에 대해 생각해보게 하였다. 반면 통제 집단의 참가자들에게는 자신의 목표 달성을 위해 애썼던 특정 시점에 대해 생각하게 하였다. 이 때 통제 집단의 참가자들에게 자신의 목표 달성과 관련하여 타인의 칭찬을 받을만한 행동을 솔직하게 표현하게 하였다. 이 후 하이트는 테레사 수녀의 삶에 관한 10분짜리 영상을 실험 대상자들에게 보여주었다. 그 결과, 고양 조건에 있던 참가자들은 행복이나 여타 통제 조건에 있던 참가자들에 비해 상이한 유형의 신체적 감정과 동기 유형을 가지고 있음을 알 수 있었다. 고양된 참가자들은 영상을 본 후 온화함, 유쾌함, 설렘, 흥분의 감정 같은 신체적 감정을 느꼈다고 하였다. 또한 그들은 타인을 돕고자 하는 욕망, 그들 스스로가 더 나은 사람이 되고자 하는 욕망, 타인과 소통하고 관계를 맺으려는 욕망이 강하게 생성되었다고 응답하였다. 자신의 목표 달성과 관련하여 타인에게 칭찬 받을만한 시점을 생각했던 통제 조건의 참가자들은 자기 이익 추구에 관여하려는 욕망이 증가한 반면, 고양 조건의 참가자들은 자신들의 마음을 크게 열어 그들의 주의력을 외부로 향하게 하는 타인 지향적인 관심과 욕망이 강화되었다(추병완, 2014: 80).

이 실험을 통해 역할 모델링이 고양 조건을 유발하게 하기 위해서 교사의 역할이 중요하고, 역할 모델을 경쟁적으로 모방하는 것은 유덕한 인간이 됨에 있어서 교육학적으로 매우 중요하다는 점을 알 수 있다(Krist-jánsson, 2016: 47; 추병완, 2014: 26에서 재인용). 교사는 학생들로 하여금 자신들의 삶에서 긍정적인 역할 모델의 행동을 관찰했던 기억을 상기하게 하고, 그 기억을 자신의 긍정적인 성격 특성과 연합시킬 수 있는 기회를 제공해야 한다. 이 때 교사는 교과 수업과 밀접한 관련이 있는 역할 모델을 접했을 때 학생들이 실제적인 고양 상태에 도달할 수 있다는 것을 인식하여 역할 모델링의 방법을 어떻게 활용해야 할지에 대한 이해를 지니고 있어야 한다(추병완, 2014: 80). 하이트와 동료들의 연구에 따르면, 일상생활에서 도덕적으로 칭송할 만한 행위를 관찰하거나 목격한 사례를 기록하고 이를 바탕으로 다른 학생과의 대화를 통해 공유하는 것은 교육적 효과가 매우 크고, 동영상이나 비디오 클립을 통해 간접적으로 접하게 된 선행 역시 그것을 관찰한 학습자의 고양을 촉진하기 때문에(강인구, 2014: 34; 강인구, 2016: 261-262) 교사는 도덕적 미(美)가 담긴 선한 행동의 사례나 이야기를 적극적으로 활용해야 한다(Diessner, Iyer, Smith & Haidt, 2013: 160; 추병완, 2018: 3에서 재인용).

디지털 기술과 미디어가 발달하고 삶의 모든 영역에서 디지털 기술이 스며듦에 따라 개인 및 사회의 모습은 극적으로 변화하였고 스마트폰과 컴퓨터가 없는 일상은 상상할 수 없다. 디지털 기술과 사회구조의 상호작용으로 인해 정보 격차의 문제와 같이 예측하지 못한 문제들이 발생하거나 디지털 미디어의 오남용에 의한 개인 정보 유출 및 사생활 침해 문제, 가짜 뉴스와 여론 조작, 게임 및 인터넷 중독, 지적 재산권 침해 등의 새로운 형태의 사회 문제가 발생하였다(박기범, 2014: 33-34; 황용석, 2015: 63). 이 같은 문제는 고양의 정서를 촉진하는 교육을 통해 해결책을 찾을 수 있다. 학생들에게 디지털 환경에 대한 바른 이해를 바탕으로 보다 건전한 디지털 환경을 만들기 위해 노력하는 인물을 모델링하는 기회를 제공하는 것은 학생들로 하여금 디지털 시민으로서의 고양의 정서를 불러일으키는데 도움이 된다. 디지털 시민의 역량과 자질, 올바른 정체성을 지닌 모델을 통해 학생들이 고양의 정서를 함양하여 도덕적이고 건전한 디지털 사회를 만들어가고자 하는 의지를 지니도록 동기화해야한다.

Role-modeling

디지털 시민성과 고양

1. 교수·학습 활동의 개관

학습 주제	건강하게 소셜 미디어 사용하기
학습 목표	1. 건강하게 SNS를 사용하는 방법을 설명할 수 있다. 2. 건강한 SNS 사용 문화를 확산하는데 기여할 수 있다.
학년(군)	고등학교 2-3학년	관련 교과목	생활과 정보 이해 및 표현 능력의 윤 윤리 리적 접근 사회문화 현대의 사회 변동
관련 성취기준	12생윤 04-02	정보기술과 매체의 발달에 따른 윤리적 문제들을 제 시할 수 있으며, 이에 대한 해결 방안을 정보윤리와 매체윤리의 관점에서 제시할 수 있다.
	12사문 05-02	세계화 및 정보화로 인한 변화 양상을 설명하고 관련 문제에 대처하는 방안을 모색한다.
차시 분량	3차시	핵심역량 자기 관리 역량, 지식 정보 처리 역량
수업 지침	· 도입에서 카페인 우울증의 사례를 찾아보고, 자신의 경험을 공유하 여 수업 주제에 대한 흥미를 가지게 한다. · 전개에서 오탈누나, 암환자 뾰삐의 동영상을 보고, SNS 및 1인 미 디어를 통해 자신의 실패담과 극복 과정을 공유하는 것이 건강한 소셜 미디어 사용에 미치는 긍정적인 영향을 알아본다. 이 후 캠페 인 활동을 통해 학생들이 고양의 모델이 되는 기회를 가지게 한다. · 정리에서 모둠 간 캠페인 활동을 공유하고, 평가하는 시간을 통해 건강한 소셜 미디어 사용 방법을 되새긴다.
토론 주제	· 소셜 미디어를 통한 실패 및 극복의 공유가 미치는 긍정적인 영향 은 무엇인가
더 나아가기	· 수업 활동을 학교 축제 및 동아리 전시회와 연계하여 건강한 소셜 미디어 활용법에 대한 학교 차원의 논의와 학교 문화를 형성한다.

2. 교수·학습 활동의 예시

도입   카페인 우울증 소개 및 경험 나누기

◎ 카카오톡 및 카카오 스토리, 페이스북, 인스타그램의 줄임말인 카페인, 즉 SNS로 인한 우울증이 급격하게 증가하는 추세입니다. SNS를 하고 나면 우울해지고, 이것이 일상생활에도 영향을 미친다면 카페인 우울증을 의심해 봐야 합니다. 자신이 SNS에 올린 사진이나 글에 많은 사람들이 계속 해서 관심을 가져주기를 바라지만, 그러한 욕구가 충족되지 않을 때 이 같은 우울감을 느낍니다. 또한 멋진 곳에서 여행을 하거나 유명한 맛집에서 근사한 식사를 하는 모습, 또는 명품 브랜드의 옷이나 가방 등을 구입한 모습 등을 타인의 SNS를 통해 접했을 때, 자신과 타인을 비교하며 다른 사람들은 멋지게 사는데 나는 왜 이럴까하는 상대적 박탈감과 우울감, 자존감 상실 등으로 인해 카페인 우울증을 겪게 됩니다.

◎ 도입에서는 학생들이 카페인 우울증에 대해 접해 본 적이 있는지, 학생 스스로도 카페인 우울증 혹은 이와 유사한 경험을 해본 적이 있는지 이야기를 나누며, 수업에 흥미를 가지게 합니다.

◎ 카페인 우울증과 같이 디지털 세상에서 겪는 박탈감, 상실감, 불안 등이 어떤 문제를 초래하는지, 이러한 부정적인 감정이 왜 유해한지 생각해보게 합니다.

☞ 다음 글을 읽고 물음에 답하세요.

(가) 전 세계 SNS(소셜 네트워크 서비스) 이용자는 약 30억 명, 우리나라 인구 약 70%가 SNS 이용 중이다. SNS는 말 그대로 온라인상에서 자유롭게 새로운 인맥을

형성할 수 있는 서비스이다. 현대인은 SNS에 소소한 일상부터 특별한 추억을 공유하며, 많은 사람과 소통한다. 그런데 언제부터인지, SNS상에 소통보다는 자기 과시적인 성격을 띠는 게시물이 줄을 잇고 있다. '좋아요'와 '하트'를 더 많이 받기 위해 자극적이고 과장된 게시물을 올리기도 한다. 그 대표적인 예가 '허세 샷', '폴링스타 챌린지'이다. 마치 누가 더 행복한지를 두고 경쟁하는 듯하다. 우리는 왜 SNS 속에서 '행복 경쟁'을 하게 된 것일까?

소통 인증샷 허세샷 selfie 행복스타그램 행복경쟁 카페인우울증

SNS를 통해 타인의 행복을 탐색하면, 사람들은 '부러움'을 느낀다. 왜냐하면, SNS에는 누구나 부러워할 법한 게시물들이 가득하기 때문이다. 문제는 이런 게시물들을 보고 '부러움'을 넘어서 '상대적 박탈감'을 느끼고, '우울증'을 겪기도 한다는 것이다. 이를 두고 '카·페·인 우울증'이라고 한다. 카카오스토리, 페이스북, 인스타그램의 앞글자 따서 만드는 신조어이다. 사람들은 왜 '우울감'을 느끼면서도 SNS를 계속하는 걸까?

*출처: 전북일보(2019.08.20.), 'SNS 행복 경쟁' 카페인(카카오스토리, 페이스북, 인스타그램) 우울증

(나) 커피와 전혀 상관없는 카페인 우울증이란 말이 있다. 여기서 카페인이란 '카카오톡', '페이스북', '인스타그램'의 앞글자를 따서 만든 신조어. 카페인 우울증을 'SNS 우울증'이라고도 한다. 우리는 소셜네트워크서비스(SNS)에서 새로운 친구를 만난다. 친구가 되는 순간, 상대방의 생활을 볼 수 있게 된다. 해외여행을 간 이야기, 분위기 좋은 맛집에서 식사한 이야기, 새로 구입한 명품백과 비싼 옷, 나는 할 수 없는 것을 상대방은 평범한 일상으로 즐기고 있다. 갑자기 내 처지가 비관되고 삶의 의욕이 떨어진다. 그래서 우울하다. 바로 카페인 우울증이다. 실제로 2014년 오스트리아 인스브루크대에서 연구한 결과, 페이스북을 오래 사용할수록 우울감을 쉽게 느끼고 자존감도 떨어진다고 한다.

*출처: 세계일보(2018.12.04.), 카페인 우울증

Q. 카페인 우울증에 대해 들어본 적 있나요? 혹시 카페인 우울증 또는 이와 비슷한 경험을 한 적 있나요?

Q. 카페인 우울증 같이 디지털 세상에서 겪는 불안, 우울감, 박탈감 등의 부정적인 감정이 초래하는 문제는 무엇이고, 왜 이러한 감정이 문제시 되는 것일까요?

전개 1   건강하게 SNS 활용하는 방법 생각하기

◎ 교사는 본 수업을 통해 학생들이 1인 미디어를 통해 자신의 실패와 좌절의 경험을 공개한 사람들을 접하고, 그들의 행동이 주는 도덕적 가치를 통해 '회복탄력성'을 기르고, 건강한 디지털 시민으로서 SNS를 활용하는 역량을 가질 수 있도록 지도합니다.

◎ 교사는 1인 미디어를 통해 자신의 실패와 좌절의 경험과 그것을 극복해 나가는 과정을 소개하는 인물을 모델링의 대상으로 선정하고, 그들에 관한 영상이나 뉴스 기사 등을 소개합니다.

◎ 영상을 본 후 학생들은 감상문 작성 및 모둠원들과의 토의를 통해 느낀 감정을 되새기고 자신의 모습을 성찰하는 시간을 가지며, 카페인 우울증과 같이 디지털 환경을 통해 겪은 자존감 상실, 상대적 박탈감. 우울증 등을 극복하는 방법을 찾아봅니다.

(가) "나의 실패담이 누군가에게 힘이 되기를"

5탈 조항과 싸움을 계속하고 있는 탁씨는 동시에 토익 시험을 보는 등 취직 준비도 하고 있다. 그는 "취직이 되거나 나중에 5탈 규정이 없어져 변호사가 돼도 계속 유튜브에 영상을 올릴 생각"이라고 말했다. 실패 경험을 알리는데 관심이 있기 때문이다. 그는 "고시나 입사 시험 등 각종 시험에서 실패를 맞닥뜨린 사람들은 자꾸 고립된다"며 "그럴 때일수록 실패담을 공유하며 서로에게 힘이 될 필요가 있다"고 설명했다. 탁씨 역시 고시에 실패했을 때 힘을 얻은 것은 다양한 분야에서 좌절했던 사람들의 이야기였다. 그는 모르는 사람에게서 도움을 받았던 것처럼 자신의 실패담이 다른 이들에게 도움이 되기를 바라며 오늘도 영상을 만든다.

*출처: 한국일보(2019.03.21.), "변시 5회 낙방, 더 이상 시험기회 없어" 유튜버 '오탈누나'의 실패담

(나) 지난 1월 조윤주(31)씨가 유튜브에 '암환자 뽀삐' 채널을 개설하고 올린 영상들이다. 조씨는 2019년 첫날 유튜브 채널에 첫 영상을 올리면서 당당하게 자신이 '난소암 3기' 투병중이라는 사실을 공개했다. 이른바 '암밍아웃'(암과 커밍아웃의 합성어)이라고 불린다. '암환자는 다 우울할 것이라는 편견을 깨고 싶었다'는 이유에서다. 구독자는 벌써 1만 8천명이 넘었다.

조씨는 24살 때인 2012년 난소암 진단을 받고 수술을 받았다. 그리고 4년6개월 뒤, 조씨는 골반 쪽에 암세포가 전이됐다는 진단을 받았다. "스스로 암 환자가 아니라며 애써 외면해오다가 재발 사실을 알게 된 뒤, 숨겨서 될 문제가 아니라는 생각이 들었죠." 조씨가 '암밍아웃'에 나서게 된 계기다. '암환자가 먹으면 그게 바로 항암식단', '8년차 암환자의 암병동 오지랖퍼 이야기' 조씨가 올리는 영상들에는 암 환자는 늘 맛없는 항암 식품만 먹는 사람들, 암 환자는 불쌍한 존재, 무조건 위로해줘야 하는 존재라는 편견을 깨는 내용들이 담겨있다.

*출처: 한겨레(2019.05.02.), "유튜브로 '암밍아웃' 했어요" 암환자 편견 깨는 유튜버 '뽀삐'

Q. SNS에 올리기 위해 꾸며서 사진 및 동영상을 찍거나 자랑할 만한 경험을 포스팅 해 본 경험이 있나요? 있다면 그 이유는 무엇인가요?

Q. 다른 사람의 SNS나 BJ의 방송을 보고 허탈했거나 우울했던 경험이 있나요? 있다면 이유는 무엇인가요?

Q. (가)의 오탈누나와 (나)의 암환자 뽀삐의 동영상을 찾아보고, 소감을 자유로이 적어주세요.

Q. 오탈누나와 암환자 뽀삐가 왜 사람들의 이목을 끌게 되었다고 생각하나요?

Q. SNS나 1인 미디어를 통해 자신의 실패담이나 좌절 등을 알리고, 이를 극복한 과정을 밝히는 것에 대해 어떻게 생각하나요?

Q. 자신도 오탈누나와 암환자 뽀삐처럼 개인적인 실패의 경험을 SNS나 1인 미디어를 통해 다른 사람들에게 알릴 수 있을 것 같나요? 나의 실패담과 이를 극복한 경험이 다른 사람들에게 어떤 영향을 줄 수 있을까요?

◎ 전개1에서 얻은 고양의 정서를 증폭시키고 실천으로 옮길 수 있는 활동으로 캠페인 활동을 활용합니다. 캠페인 활동은 학생이 고양의 정서를 증폭시키고 실천할 수 있는 경험이 될 뿐만 아니라 다른 사람들의 고양의 정서를 불러일으킬 수 있는 경험을 제공할 수 있습니다.

◎ 전개2에서는 건강하게 SNS를 사용하는 방법과 카페인 우울증 극복 방법을 알리는 캠페인 활동을 기획하고 전개합니다.

◎ 본 캠페인 활동은 SNS 및 1인 미디어를 활용하여 진행하며, 오탈누나, 암환자 뽀삐의 아이디어를 차용하여 SNS가 과시용으로 악용되는 현상을 극복할 수 있는 대안을 마련합니다.

◎ 본 캠페인 활동은 수업과 수업 외 활동을 함께 진행하여 일회성으로 그치지 않게 합니다. 학생들은 수업 시간에 캠페인 활동을 기획하며, 사진과 영상 촬영하고 글을 게시하게 한 후, 댓글이나 구독수 등을 확인하고 기간을 정하여 지속적으로 사람들과 소통하게 합니다.

◎ 학생들은 캠페인 활동을 마친 후, 소감문을 작성합니다. 작성한 소감문을 바탕으로 모둠별로 캠페인 활동에 대하여 약 5분 가량 발표(보고)의 시간을 가집니다.

☞ 캠페인 활동 기획서

모둠명		모둠원	
회의일시		회의장소	
캠페인 제목			

캠페인 주제			
콘티(8컷)			

세 부 계 획	사용 매체		
	게시 기간		
	역할분담	(이름)	(하는 일)
	준비물		
	주의사항		

☞ 캠페인 활동 소감문

모둠명		모둠원	
제목			
주제			

댓글 중 가장 인상 깊었던 내용 (5가지 정도)

건강하게 SNS를 사용하는 것이란? 그림, 단어, 문장 등을 활용하여 자유롭게 표현해 보세요.

캠페인 활동을 마무리하며(소감 및 하고 싶은 말)

◎ 학생들은 자유롭게 질의응답하면서 각 모둠의 캠페인 활동 보고(발표)에 대해 서로 의견을 교환합니다.

◎ 모둠별 보고(발표) 및 피드백의 시간이 끝난 후, 가장 흥미로웠던 모둠의 캠페인 활동을 뽑는 시간을 가집니다. 이 때 투표는 기발하고 흥미로운 아이디어의 캠페인 활동일 뿐만 아니라, 이를 접한 많은 사람들이 소셜 네트워크 서비스를 건강하게 활용하고자 하는 마음을 불러일으킬 만한 소재 및 내용을 담고 있는지를 기준으로 삼아야 합니다.

◎ 본 수업은 수업 활동으로 끝나지 않도록 학생들이 제작한 사진 혹은 동영상, 게시한 글은 학교 축제 및 전시회에 활용하도록 합니다.

가장 기억에 남는 모둠의 캠페인 활동(이유 포함)	
후속 프로젝트 계획	
주제	
사용 매체	
줄거리	

3. 모범 감화

모범 감화 수업 모형은 도덕적 귀감과 모범의 사례를 통해 학생들이 자신을 돌아보고 보다 가치 있는 삶을 살고자 하는 의지를 기르며 이를 생활에 적용하는 것을 목표로 한다(김하민, 2019: 157-158).

현대 덕 윤리학자인 매킨타이어(McIntyre)에 의하면, 현대 사회는 도덕적 전통과의 단절에 의해 도덕적 합의가 부재하게 되었고, 도덕성의 상실은 전인(全人) 양성의 실패와 사회적 혼란을 초래하였다. 그는 이러한 문제를 해결하기 위해서 공동체는 덕의 모델을 제시하여 구성원들은 이를 통해 덕의 관점에서 올바른 행위를 정의내리고 이를 실천하고 내면화할 수 있게 해야 한다고 주장하였다. 재그젭스키(Zagzebski)는 모범주의(exemplarism)라는 새로운 도덕 이론을 통해 기본적인 도덕 개념은 감탄(admiration)의 감정을 유발하는 도덕적 선함의 모범 사례에 근본적인 토대를 둔다고 주장하였다. 재그젭스키는 모범 사례를 자연적 탁월성에 의하여 감탄의 대상이 되는 모범 사례와 우리가 습득한 탁월성 때문에 감탄의 대상이 되는 모범 사례로 구분하면서 우리가 습득한 탁월성으로부터 유래하는 감탄은 그 대상을 경쟁적으로 모방하려는 동기를 제공하기 때문에 모방하기에 더욱 매력적이라고 하였다(Zagzebski, 2010: 56; 추병완, 2018: 1-2에서 재인용).

인격교육론자들은 미국 사회에서의 청소년의 탈선과 마약 남용, 폭력의 증가, 매스컴의 선정화와 같은 도덕적 혼란과 아노미 현상을 극복하기 위해 좋은 인격(good character)을 강조하며, 역할 모델과 귀감(exemplar)이 인격 발달에서 중요한 역할을 한다고 주장하였다(정창우, 2006: 130-131). 리코나(Lickona)는 학생들이 옳은 것을 경험하여 가치의 혼란에 빠지지 않도록 교사가 역사적이고 문학상의 인물들을 조사하여 학생들에게 제시해주어야 하며, 교사 스스로 모범을 보여주는 사람(model)의 역할을 담당해야 한다고 주장하였다. 라이언(Ryan) 역시 교사는 학생들이 훌륭한 인격을 가질 수 있도록 도덕 생활의 모범(example)을 보여주는 역사나 이야기 속의 모범 사례를 학생들에게 제공해주어야 할 것을 강조하였다(추병완, 2004: 265-266; 정창우, 2006: 132).

전통적으로 모델링은 가장 효과적이고 손쉬운 교육 방법으로 여겨지며, 고대부터 이어져 온 모델링은 현대 사회에서도 그 중요성이 인식되어, 다양한 영역에서 적용되고 그 효과와 중요성을 입증하려는 시도가 이루어지고 있다(추병완, 2018: 1). 이에 모범과 귀감을 통한 모델링은 디지털 시민성의 교육에서도 그 효과를 충분하게 보일 것으로 기대할 수 있다.

디지털 기술과 미디어의 발달로 인한 변화는 계속적인 사회 변화의 추동력으로 작용하고 있다. 디지털 공간의 확산으로 시민적 삶의 영역이 확대되었으며 시민들의 사회 참여 역시 확장되었다. 인터넷을 사용하는 사람들은 기술적 능력의 여부와 상관없이 누구나 정보를 활용할 수 있고, 자신이 원하는 정보에 접근할 수 있는 기회를 가진다. 이는 성별이나 계층, 인종, 연령, 교육 수준 등과 상관없이 누구나 자신의 생각과 의견을 자유롭게 개진할 수 있는 기회를 부여하여 다양한 의견을 통한 여론 형성을 가능하게 한다. 또한 정보가 개방되고 공유되면서 활발하게 집단 지성이 발휘되어 사회 발전이 촉진된다(박기범, 2014: 33-34; 황용석, 2015: 63; 정원섭, 2004: 7).

이 같은 사회 변화의 추이에 따라 디지털 시민으로서의 역량, 특히 디지털 공간에서의 참여와 의사소통의 역량이 중요하게 여겨진다. 이에 교사는 모범 감화 수업 모형을 활용하여 학생들이 사이버 참여의 모범을 모델링하여 참여적 디지털 시민성을 함양하는 수업을 전개할 수 있다. 모범 감화 수업은 다음과 같이 5단계에 걸쳐 이루어진다.

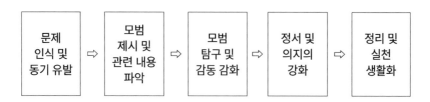

문제 인식 및 동기 유발 ⇨ 모범 제시 및 관련 내용 파악 ⇨ 모범 탐구 및 감동 감화 ⇨ 정서 및 의지의 강화 ⇨ 정리 및 실천 생활화

모범 제시의 단계에서 교사는 학생들의 긍정적인 변화를 이끌어낼 수 있는 모델을 선정하고, 그 적절성을 신중히 검토한 후 제시해야 한다. 그 후 '모범 탐구 및 감동 감화' 단계에서는 학생들이 모범 및 귀감이 되는 인물을 탐구하여 정의적 차원에서 깊이 수용하고 내면화할 것이 강조된다. 5단계 중 핵심이라 할 수 있는 모범 탐구 및 감동 감화의 단계에서 학생들은 제시된 모범에 대한 지적 탐구의 과정을 통해 선악의 대결 상황 속에서 가치 있는 삶을 살기 위해 노력하는 모델(인물)의 모습을 구체적으로 접하게 된다. 4단계인 '정서 및 의지의 강화'에서 학생들은 모델에 대한 시선을 자신에게 돌려 스스로를 돌아보고 바람직한 삶을 위한 의지를 다지는 기회를 가진다. 이 때 교사는 학생에게서 모델과 유사한 모습이나 사례를 찾아 칭찬해주어 학생이 구체적인 실천 계획을 세우고 이를 실행하고자 하는 동기를 강화해주어야 한다. 모범 감화 수업은 모범이 되는 인물 혹은 사례 속에서 나타나는 가치를 내면화 하는데 중점을 둔다. 그러나 교사는 모범의 제시 이후 가치 있는 삶을 추구하는 인물의 행동양식에 대한 지적 탐구가 수행되도록 지도해야 한다(김하민, 2019: 159-160).

모범 감화의 방법은 고양 이론에서 마찬가지로, 학생이 선하거나 도덕적으로 칭송받을 만한 행위를 하는 인물로부터 감화되고 그를 모방하게 하는 것을 통해 도덕적인 행위를 하게 되는 것을 강조한다. 이에 모범 감화를 활용한 디지털 시민성 교육 역시 학생들이 디지털 시민성의 모범, 귀감이 되는 모델을 접하는 것이 중요하다. '모범 탐구 및 감동 감화' 단계에서 교사는 디지털 사회에서 발생한 사회적·윤리적 문제를 해결하고자 노력하는 인물이나 사례를 제시하여 학생들이 디지털 시민성의 모범을 탐구하고 내면화할 수 있도록 지도해야 한다. 익명성 뒤에 숨어 타인을 음해하거나 거짓된 정보들을 유포하는 행위를 제지하거나 가짜 뉴스를 분별하는 능력을 기르기 위해 노력하는 모델, 타인의 글이나 사진 등을 무단 도용하는 행위를 방지하거나 해결한 모델, 인터넷을 통한 정치 참여 및 여론 형성에 적극적으로 임하여 정치적 무관심의 문제를 해결하려 노력한 모델 및 사례, 해킹이나 신상 털기 등으로 타인의 사생활을 침해하고 인격을 훼손하는 사건들을 예방하거나 해결하기 위해 노력한 모델 및 사례 등을 탐구하고 감동 감화를 받는 경험을 통해 학생들은 디지털 시민성을 내면화하고 자신의 삶에서 실천할 수 있는 힘과 역량을 기를 수 있다.

Role-modeling

디지털 시민성과 모범 감화

1. 교수·학습 활동의 개관

학습 주제	디지털 시민의 정치 참여		
학습 목표	1. 정치 참여의 모델을 통해 정치 참여의 의지를 기른다. 2. 인터넷을 통한 정치 참여의 방법 혹은 경로를 설명할 수 있다.		
학년(군)	고등학교 2-3학년	관련 교과목	생활과 윤리 / 국가와 시민의 윤리
			정치와 법 / 정치과정과 참여
관련 성취기준	12생윤 03-03	국가의 권위와 의무, 시민의 권리와 의무를 동서양 다양한 관점에서 설명하고, 민주시민의 자세인 참여의 필요성을 제시할 수 있다.	
	12정법 03-01	민주 국가의 정치과정을 분석하고, 시민의 정치 참여의 의의와 유형을 탐구한다.	
차시 분량	2차시	핵심역량	자기 관리 역량, 지식 정보 처리 역량, 공동체 역량
수업 지침	· 도입에서 정치 참여의 경험을 이야기하는 것을 통해 수업에 대한 흥미를 유발한다. · 전개에서 홍콩 시민들의 시위 사례를 바탕으로 정치 참여의 모범을 접하고, 정치 참여의 의지를 기른다. · 실제로 참여의 경험을 가지는 기회를 제공하여 실천으로 옮기게 한다.		
토론 주제	· 디지털 시민의 효과적인 정치 참여 방법은 무엇이며, 정치 참여가 사회에 미치는 영향은 무엇인가?		
더 나아가기	· 꾸준한 관심과 참여를 독려하기 위해 인터넷 및 미디어를 활용한 정치 참여 계획 및 일지를 쓰게 한다.		

2. 교수·학습 활동의 예시

> **도입**　　문제 인식 및 동기 유발

◎ 교사는 정치 참여에 대한 학생들의 인식 및 관심도를 알아보는 기회를 가지고, 학생들이 인터넷을 통한 정치 참여 활동에 대해 알아보고, 참여적 시민으로서 디지털 환경을 어떻게 활용해야 하는지 생각해보게 합니다.

◎ 교사는 학생들이 정치 참여의 경험을 나누게 합니다. 정치 참여의 경험이 있다면 어떤 방법을 활용하여 참여하였는지, 참여의 과정에서 어려움은 없었는지, 참여 이후의 생각이나 느낌은 무엇인지, 정치 참여에 동력원은 무엇이었는지, 정치 참여에 가장 필요한 자질 혹은 태도는 무엇이라고 생각하는지를 자유롭게 이야기하게 합니다.

Q. 정치 활동에 참여해 본 경험이 있나요? 있다면 다음의 질문에 답해주세요.

1. 어떤 방법을 활용하여 참여하였나요? 인터넷을 활용하여 참여한 경험이 있나요?
2. 참여 과정에서 어려움이 없었나요? 있었다면 어떤 점이 어렵거나 힘들었나요?
3. 어떤 이유로 참여하게 되었나요? 당신의 참여를 이끈 것은 무엇이었나요?

4. 정치 참여에 필요한 자질이나 태도는 무엇이 있을까요?

5. 참여 이후 어떤 생각 혹은 느낌이 들었나요?

Q. 정치 활동에 참여해 본 경험이 없나요? 없다면 다음의 질문에 답해주세요.

1. 참여하지 않은 이유는 무엇인가요? (혼내지 않아요^^ 편안하게 적어보세요.)

2. 참여를 망설이게 하는 가장 큰 요인은 무엇이었나요?

3. 인터넷을 활용한 정치 참여에 대하여 어떻게 생각하나요?

　◎ 교사는 학생들에게 정치 참여의 모델이나 사례를 제시하고 이를 탐구하게 합니다.

　◎ 학생들이 스스로 정치 참여의 방법을 찾을 수 있게 합니다. 이 때 디지털 네이티브로 인터넷 환경이 익숙하고 디지털 기술을 잘 활용할 수 있는 특성을 살려 인터넷을 활용한 효과적인 정치 참여의 방법을 찾게 합니다.

(가)

(나) "기자 양반, 요금은 안 받겠소. 고마운 건 내 쪽이오. 부디 세상에 전해주시오. 홍콩 사람들은 절대 포기하지 않는다고. 우리는 자유를 위해 계속 싸울 거라고."

영국 BBC방송의 중국 특파원인 스티븐 맥도넬은 지난 9일 홍콩 국제공항에서 가슴 뭉클한 일을 겪었다. 공항까지 자신을 태워준 택시기사가 한사코 요금을 사양한 것이다.

이름 모를 택시기사는 외신 매체가 있어 정말 고맙다면서 맥도넬의 손을 덥썩 잡았다. 그러면서 자유를 쟁취할 때까지 끝나지 않을 홍콩 시위대의 싸움을 세상에 전해달라고 부탁했다.

맥도넬은 이 일을 트위터(@StephenMcDonell)에 즉시 올렸다. 그의 글은 5000번 이상 리트윗되는 등 큰 반향을 불러일으켰다. 맥도넬은 "홍콩의 정치적 위기로 이 택시운전사의 생계는 곤란해졌을 것"이라면서 "시위대 때문에 장사에 피해를 본다고 불평하는 사람도 물론 만났지만, 시위대를 지지하는 자영업자가 이처럼 많다는 사실이 정말 놀랍다"고 적었다.

홍콩 및 중국 재외국민을 비롯한 트위터리안은 홍콩 시위를 지지한다는 댓글을 1000건 이상 남겼다. 이 가운데는 맥도넬의 사연이 5·18 광주 민주화 운동의 실화를 기반으로 한 한국 영화 '택시운전사'를 떠올리게 한다는 중국어, 영어 댓글이 여러 개 달렸다. 방탄소년단을 프로필 사진으로 사용한 트위터리안은 "훌륭한 한국 영화 한편이 생각난다"고 적었다. "택시운전사의 홍콩버전"이라는 평도 있었다. 또 다른 이용자는 이 영화의 상세한 줄거리를 언급하며 "언젠가 홍콩 시위도 더 많은 영화와 TV작품으로 볼 수 있길 바란다"며 적었다.

*출처: 서울신문(2019.09.11.), '5·18 광주 데자뷔' 홍콩의 택시운전사, BBC 기자에 "우리의 싸움 전해달라"

정리 **정서 및 의지의 강화**

◎ 전개 활동에서 찾은 정치 참여의 방법을 직접 실행해보게 합니다.

1. 어떤 활동에 참여하였나요?

2. 활동을 하고 난 후 드는 생각이나 느낌을 자유로이 적어보세요.

3. 친구들의 활동을 알아봅시다.

4. 이 후 활동에 대한 계획을 세워봅시다.

일시/기간/주기	
참여 방법	
활동 내용 및 소감	

4. 도덕적 전문성

모범이나 귀감을 제시하여 학습자로 하여금 그들의 가치와 태도, 행위를 내면화하게 하려는 인격교육론자들의 모델링 방식은 교화와 주입의 문제를 내포하고 있다는 비판에 직면하게 되었다. 모범과 귀감은 학습자에게 모방, 모델링, 동일시의 대상으로 인물을 소개하는 것이기에 단기간의 행동 변화를 이끌어내는 데에는 효과를 가지나, 학습자로 하여금 모범과 귀감이 되는 인물에 대해 무비판적으로 수용하게 하는 부작용을 가져올 수 있다. 구성주의자인 콘(Kohn)은 "인격교육의 행동주의적 기반은 특정한 행동을 단기간 나타나게 하는 데는 성공적일 수 있으나, 그런 행동이 가치구조 속에 통합되지 않기 때문에 학생들로 하여금 그런 행동에 지속적으로 헌신하게 할 수는 없다."고 주장하며 모범에 대한 모델링으로 인해 동기화된 행동이 지속 가능할 것으로 여기는 것은 학습에 대해 지나치게 낙관적인 전망이라고 비판하였다(정창우, 2016: 272; 김하민, 2019: 149에서 재인용).

모델링의 교육적 효과에 대해 주장하였던 밴두라 역시 타인이 수행하는 행위를 관찰한 학습자는 그와 유사한 방식에서 행동할 경향성이 아주 크다고 하였으나, 모델의 행위에 대한 학습자의 인지적 작용을 강조하면서(Rich & DeVitis, 추병완 역, 1999: 62), 관찰과 모방에 의한 학습에서 '인지적 매개'가 중요하게 작용함을 시사하였다. 즉, 학습자가 단순히 모델을 관찰하는 것만으로 행위의 변화가 일어나는 것이 아니라, 모델의 태도나 행위가 학습자 자신에게 주는 의미를 파악하고 이를 의식적으로 수용할 때 학습이 더 잘 일어난다. 따라서 학습자가 자신과 모델과의 관련성을 생각하는 과정은 모델링에 대한 심정적 동기화를 일으킨다(김하민, 2019: 148).

모범과 귀감을 제시하는 경우, 주로 모범이 가진 덕목이나 성격 특질 (traits)에 초점을 맞추는데, 이는 성격의 선천적 요소에 집중하게 하는 문제를 지닌다. 특히 성격 특질을 고정 불변하는 요소로 이해할 경우, 인성을 개발하고자 하는 의지 자체를 꺾을 수 있다(김하민, 2019: 150).

이 같은 모델링의 문제를 해결하고 도덕적 귀감을 보다 균형 잡힌 관점에서 모델링하기 위해서 나바이즈(Narvaez)의 도덕적 전문성 모델을 활용할 수 있다. 전문성 모델은 모범과 귀감에 대하여 '체화된 인지'의 관점에서 볼 수 있게 도와준다. 기존의 모범과 귀감을 통한 모델링은 모델에 대한 감화를 통해 학습자의 정서적 자극을 유발하였다. 그러나 나바이즈의 도덕적 전문성 모델은 도덕적 전문가가 지닌 자동화된 반응, 즉 체화된 인지에 주목함으로써 인지적·정서적·행동적·직관적 측면에서 모범이 되는 가치와 태도를 내면화하는 것에 주목한다. 뿐만 아니라 전문성 모델은 귀감이 가진 성격 특질이 아닌 기능(skills)을 다루어 도덕적 전문성을 개발 가능한 것으로 보는 관점을 지닌다. 나바이즈는 4가지 영역의 기능을 제시하는데, 이는 윤리적 노하우(ethical know-how)를 습득할 수 있는 계기를 마련해주고, 그동안 귀감의 성격 특질이나 덕목에 초점을 맞추었던 인격교육의 한계를 극복하게 한다(김하민, 2019: 146-147).

나바이즈는 도덕성을 도덕 기능을 수행하기 위한 다양한 기술(skills)을 습득하고 실행할 수 있는 능력인 도덕적 전문성이라고 말한다. 나바이즈가 도덕성을 기술(skills)로 여기는 이유는 도덕성의 핵심을 도덕 기능이 온전하게 실행되는 것으로 보기 때문이다. 전문성(expertise)이란 정련되고(refined) 깊은(deep) 이해로서, 실천과 행위에서 분명하게 드러난다 (Narvaez, 2006: 716; 정창우, 2012: 346에서 재인용). 도덕적 전문가는 선(good)을 아는 '도덕적 지혜(moral wisdom - knowing the good)'와 그

선을 적절한 시점에 적절한 절차를 통해 실천하는 방법적 지식인 '실천적 지혜(practical wisdom – knowing how to carry it out in the situation)'를 겸비하고 있다. 이러한 지식을 반복적으로 실천하고 습관화하면 윤리적 문제를 의식 이전 수준(preconscious)에서 거의 자동적으로 처리할 수 있게 된다(Narvaez, 2006: 716; Narvaez & Bock, 2014: 140-141, 150-151; 석자춘, 정창우, 2017: 31에서 재인용). 즉 전문가는 상황에 대한 이해와 자신이 가진 스키마를 이용하여 의도적이고 의식적인 노력 없이도 자동적이고 즉각적으로 전문적인 실행이 가능하다(김하연, 2017: 123).

나바이즈는 전문성 논의에 기초하여 인격 발달과 교육에 대한 전문성 모형인 '통합적 윤리 교육(Intergrative Ethial Education: 이하 IEE)' 모형을 제시하면서(정창우, 2013: 270) 윤리적 기술을 가르치는 것을 지향하는 IEE를 '인격교육(character education)'이라고 규정한다. 나바이즈가 지향하는 인격교육은 인간이 지닌 일련의 특질을 수동적으로 습관화하는 차원이 아니라 '기술'을 가르치는 것이다(석자춘 · 정창우, 2017: 32).

나바이즈는 레스트(Rest)의 연구를 근거로 좋은 인격을 가진 사람들의 특징적인 기술들을 밝히면서(정창우, 2013: 271), 자신의 주장이 레스트가 심리적으로 구분한 과정들인 도덕적 민감성과 도덕적 판단, 도덕적 동기화와 도덕적 행동의 4과정을 확장하고 있다고 주장하면서, IEE에서 4개의 각 과정마다 7가지 윤리적 기술을 제시하고 각각의 윤리적 기술에는 3개의 하위 기술을 제시하고 있다(Narvaez & Lapsley, 2005; 정창우, 2012: 347에서 재인용).

〈표 29〉 통합적 윤리 교육 모형(IEE)의 네 가지 과정, 기술, 하위기술

윤리적 민감성 (Ethical sensitivity)	윤리적 판단 (Ethical judgment)	윤리적 동기화, 초점 (Ethical focus)	윤리적 행동 (Ethical action)
ES-1: 감정 표현 이해 • 감정 확인과 표현 감정 조절 • 노여움과 공격성 다스리기	EJ-1: 윤리적 문제 이해 • 정보 수집 • 문제 분류 • 윤리적 문제 분석	EF-1: 타인 존중하기 • 예의 갖추기 • 공격적이지 않기 • 존경 나타내기	EA-1: 갈등과 문제 해결 • 관계 문제 해결하기 • 협상하기 • 개선하기
ES-2: 타인의 관점 채택 • 대안적 관점 채택 • 문화적 관점 채택 • 정의(justice) 관점	EJ-2: 규칙사용과 판단 • 준거 확인하기 • 규칙 특징화하기 • 규칙을 분별하여 적용하기 • 규칙의 다양성 판단하기	EF-2: 양심 계발 • 자제(극기)하기 • 영향력 관리하기 • 명예롭게 되기	EA-2: 공손하게 주장하기 • 인간의 욕구에 주목하기 • 주장 기술 형성하기 • 공손한 수사법 사용하기
ES-3: 타인과 관계 형성 • 다른 사람과 관계 맺기 • 배려를 나타내기 • 친구가 되기	EJ-3: 일반적으로 추론하기 • 객관적으로 추론하기 • 건전한 추론 사용하기 • 추론의 함정 피하기	EF-3: 책임감 있게 행동 • 의무 이행하기 • 훌륭한 담당자 되기 • 훌륭한 세계 시민이 되기	EA-3: 지도자로서 솔선수범하기 • 지도자 되기 • 타인을 위해 그리고 타인과 함께 솔선수범하기 • 타인의 조언자 되기
ES-4: 다양성에 반응하기 • 집단과 개인차 속에서 일 하기 • 다양성 인식하기 • 다문화적으로 되기	EJ-4: 윤리적으로 추론하기 • 관점들 판단하기 • 표준과 이상에 대해 추론하기 • 행동과 결과에 대해 추론하기	EF-4: 공동체의 일원되기 • 협동하기 • 자원 공유하기 • 지혜 함양하기	EA-4: 결정 실행 계획 • 전략적으로 사고 성공적으로 수행 자원의 사용을 결정하기

ES-5: 사회적 편견 통제	EJ-5: 결과 이해하기	EF-5: 삶의 의미 찾기	EA-5: 용기 계발하기
• 편견 진단 • 편견 극복 • 관용 가르치기	• 자신의 환경 선택 하기 • 결과 예측하기 • 결과에 대응하기	• 자신에게 집중하기 • 헌신적 태도 기르기 • 경이로움 함양하기	• 두려움 다스리기 • 압력 견뎌내기 • 변화와 불확실성 다스리기
ES-6: 상황 해석하기	EJ-6: 과정과 결과에 대해 깊이 생각해보기	EF-6: 전통과 제도에 가치 부여하기	EA-6: 참을성 기르기
• 일어나고 있는 일 이 어떤 일인지 규 정하기 • 도덕적으로 인식하기 • 창의적으로 대응하기	• 목표와 수단에 대 해 추론하기 • 올바르게 선택하기 • 과정을 재구성하기	• 전통을 명확히 알고 가치 있게 여기기 • 사회 구조 이해하기 • 민주주의 실천하기	• 확고부동 • 장애 극복하기 • 능력 형성하기
ES-7: 효과적인 의사소통	EJ-7: 맞서서 극복하고 쾌활함을 되찾기	EF-7: 윤리적 정체성과 자기 통합성 계발하기	EA-7: 열심히 일하기
• 말하고 듣기 • 말하지 않고 다른 방식으로 의사소통 하기 • 의사소통 모니터하기	• 긍정적인 추론 적용 • 실망과 실패를 다루기 • 회복 방법 개발하기	• 좋은 가치를 선택 • 자신의 정체성 형 성하기 • 자신의 잠재력에 도달하기	• 달성 가능한 목표 세우기 • 시간 관리하기 • 자기 삶을 책임지기

예를 들어 윤리적 민감성 기술에서 전문가는 더 빠르고 정확하게 상황을 읽을 수 있고 자신이 해야 할 역할을 결정한다. 또한 가능한 행동의 결과에 대한 풍부한 이해를 바탕으로 유용한 해결책을 더 잘 찾아낸다. 윤리적 판단 기술에서 전문가는 복잡한 문제를 빨리 해결할 수 있는 요점을 찾고, 자신이 무엇을 해야 할지 추론하게 만드는 도식들을 구성하는데 숙달되어 있다. 전문가들의 정보처리과정 도구들은 복잡하지만 효율적이다. 윤리적 동기화 기술에서 전문가들은 윤리적 이상을 우선시하면서 다

른 사람들에 대해 책임을 진다. 그들의 동기화는 도덕적 자아 정체성에 대한 유기적 구조에 의해 이끌려진다. 윤리적 행동에 대한 기술에서 전문가들은 계속 집중하면서 윤리적 행동을 해야 할 때 필요한 조치를 취하고, 전문가들은 윤리적 행동을 할 때 보다 수준 높은 윤리적 행동을 보인다(정창우, 2012: 347).

아울러 각 과정과 하위 기술들은 덕목과 관련되어 있다. 예를 들어 윤리적 민감성에 관여하는 7가지 상위기술 중 두 번째인(ES-2) '타인의 관점 채택(taking the perspective of others)'의 경우 이타심, 시민성, 연민, 정의, 공정함, 관대함, 선견지명, 너그러움, 포용, 관용, 유익함, 개인적 책임감, 사회적 책임감, 사심 없음의 덕과 연관된다(Narvaez & Endicott, 2009: 29; 석자춘, 정창우, 2017: 32; 김하민, 2019: 154-155에서 재인용).

나바이즈의 IEE를 활용한 수업은 는 총 5단계에 걸쳐 전개된다(석자춘·정창우, 2017: 34).

1단계		2단계		3단계		4단계		5단계
각각의 학생들과 배려 관계 형성하기	⇨	지지적인 풍토 조성하기	⇨	윤리적 기술 가르치기	⇨	저자의식 및 자기조절 능력 촉진하기	⇨	공동체 기능 회복하기

여기에서는 5단계 중 윤리적 기술을 본격적으로 가르치는 3단계를 보다 자세히 살펴보고자 한다. 이 단계는 학생들이 초보자에서 전문가로 나아가게 만드는 교수법을 통해 윤리적 기술을 적극적으로 직접 가르치는데, 도덕 기능의 각 영역(윤리적 민감성, 윤리적 판단, 윤리적 동기화, 윤

리적 행동)이 포함한 7개의 상위기술과 관련된 하위기술 각각을 4수준의 위계적 단계에 따라 가르친다(Narvaez & Lapsley, 2005; 정창우 역, 2008: 273-281; Narvaez & Bock, 2014: 151; 석자춘·정창우, 2017: 34-35에서 재인용).

1수준		2수준		3수준		4수준
사례들과 기회들에 푹 담그기	⇨	사실과 기술에 주의 기울이기	⇨	절차 연습하기	⇨	지식과 절차 통합하기

1수준인 '사례들과 기회들에 푹 담그기'에서 교사는 학생들에게 윤리적 이상의 모델을 제시하고 모델링하게 한다. 이를 통해 학생들은 다양한 유형의 활동을 접하게 되며, 윤리적 기술에 대한 큰 그림을 그리고 기본적인 패턴을 익힌다.

2수준인 '사실과 기술에 주의 기울이기'에서 교사는 학생들에게 기술과 관련된 기본적인 개념을 접하고 안내한다. 이를 통해 학생들은 모범사례에 집중하고 윤리적 기술의 지식적인 측면을 정교하게 구축한다.

3수준은 '절차 연습하기'로, 학생들은 교사로부터 맥락 속에서 기술을 직접 수행할 수 있는 기회를 제공받는다. 이 때 교사는 학생들이 원만하게 기술을 수행하기 위해 필요한 구체적인 절차를 안내하고, 이를 바탕으로 학생들은 문제를 해결하기 위한 단계를 계획하고 실행하는 기회를 가진다. 이 과정에서 학생들은 교사의 명시적인 안내를 참고하여 자신의 기술을 미세하게 조정하게 된다. 그 결과 학생들은 문제 상황에 직면하였을 때, 기술을 통해 최적의 방식으로 문제를 해결할 수 있는 역량을 기를 수 있다.

4수준은 '지식과 절차를 통합하기'로, 이 수준에서 교사는 학생들에게 멘토와 다양한 정보를 탐색할 기회를 제공한다. 이를 통해 학생들은 윤리적 기술의 지식 및 절차적 측면을 지속적으로 익히는 기회를 가지며, 멘토와 정보를 바탕으로 다양한 문제 상황에서 윤리적 기술을 지속적으로 실천하고 자신의 부족한 점을 보완하게 된다. 이에 학생들이 가진 윤리적 기술의 지식과 절차가 유기적으로 통합되어 학생들은 계획을 실행하고 윤리적 문제를 해결하는 역량을 향상시킬 수 있다.

IEE 모형에서 3단계의 위계적 교수 절차는 윤리적 기술에 대한 전문가의 지식을 식별하고 정교화하는 과정을 거치고 기술을 특정한 맥락에서 실천하는 절차적 측면을 익혀서 궁극적으로는 지식과 절차를 온전히 통합하는 것을 지향한다. 이 때 도제식 교수법을 활용하면 학생들이 보다 효과적으로 윤리적 기술을 습득하고 체화할 수 있다. 이 때 교사는 지속적으로 학생들의 수행 절차를 관찰하고 점검 및 평가하면서 적극적으로 개입하여야 한다. 학생들의 수행의 전 과정에 대한 교사의 피드백은 학생들이 스스로 자신의 수행을 미세하게 조정하면서 세련된 수준으로까지 기술을 체화하는데 도움을 준다(석자춘·정창우, 2017: 35-36).

정보 통신 기술의 발달이 가져온 여러 긍정적인 변화가 존재하지만, 한편 정보 기술을 악용한 새로운 형태의 범죄가 증가하면서 사회 혼란이 가중되고 있다. 디지털 환경에서의 비윤리성의 증가로 인한 사회 문제는 올바른 가치 및 윤리 의식을 지녀 건강하게 정보 통신 기술을 활용하고 건전하게 디지털 문화를 만들어 가는 디지털 시민을 양성할 것을 요구한다. 나바이즈에 따르면, 윤리적 기술들은 개인의 성품을 형성하고 타인과 원만한 관계를 유지하게 할 뿐만 아니라, 공동체의 번영을 촉진할 수 있는 바람직한 시민으로서의 자질을 기르기 위해 필수적인 요소들을 포함하고 있다(정창우, 2019: 19). 따라서 윤리적 기술을 가르치는 것은 디지털 시민으로서의 자질을 기르는 효과적인 방법으로 볼 수 있다. 아울러 도덕적 전문성 모델은 학생들이 디지털 시민성의 기술을 전문가 수준으로 익히고 체화하여 디지털 환경에서의 윤리적 문제에 대해 민감하게 반응하고 올바르게 판단하며, 윤리적으로 동기화되어 행동하도록 하는데 효과적인 교육 방안으로 활용될 수 있다.

디지털 시민성과 도덕적 전문성

1. 교수·학습 활동의 개관

학습 주제	사이버 외교관 활동을 통해 디지털 시민성의 기술 함양하기		
학습 목표	1. 사이버 외교관 활동의 의미와 필요성을 설명할 수 있다. 2. 사이버 환경에서 필요한 정치 참여 기술에 대해 설명할 수 있다.		
학년(군)	고등학교 1-2학년	관련 교과목	윤리와 사상 사회사상
			통합사회 정보화와 생활의 변화
관련 성취기준	12윤사 04-04	민주주의의 사상적 기원과 근대 자유민주주의를 탐구하고, 참여민주주의와 심의민주주의 등 현대 민주주의 사상들이 제시하는 가치 규범을 이해야하여 바람직한 민주시민의 자세에 대해 토론할 수 있다.	
	10통사 03-03	교통 통신의 발달과 정보화로 인해 나타난 생활공간과 생활양식의 변화 양상을 조사하고, 이에 따른 문제점을 해결하기 위한 방안을 제안한다.	
차시 분량	1차시	핵심역량	자기 관리 역량, 지식 정보 처리 역량, 공동체 역량
수업 지침	· 도입에서 사이버 외교관 반크의 활동을 통해 '사례들과 기회들에 푹 담그기'가 이루어진다. · 전개에서 '사실과 기술에 주의 기울이기', '절차 연습하기'를 통해 학생 스스로 사이버 외교관이 되는 경험과 사이버 외교관으로서 필요한 기술들을 익히게 한다. · 정리에서 '지식과 절차 통합하기'를 통해 디지털 시민의 정치 참여 기술을 함양하게 한다.		
토론 주제	· 디지털 미디어를 활용한 정치 참여에는 어떤 것이 있으며, 그에 필요한 기술은 무엇인가?		

2. 교수·학습 활동의 예시

도입	사례들과 기회들에 푹 담그기

◉ 교사는 사이버 외교 사절단 '반크'에 대해 소개합니다. 학생들에게 반크와 관련된 자료들을 수집하게 하여 '사이버 외교관'으로서의 활동에 대해 자세히 알고, 반크의 활동에 동참하거나 자신만의 사이버 외교관으로서의 활동에 대한 큰 그림을 그리게 합니다.

☞ 다음을 보고 물음에 답해봅시다.

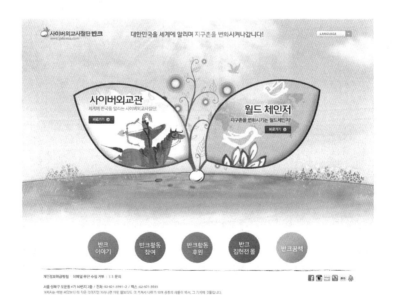

사이버 외교 사절단 반크가 온라인 백과사전인 위키피디아에 한국 관련 콘텐츠를 쉽게 올릴 수 있는 법을 알려주는 온라인 책자를 제작해 배포하고 있다.

　　19일 반크에 따르면 위키피디아는 누구나 자유롭게 정보를 올려 사전을 만드는데, 2019년 7월 기준 영어 위키피디아에는 588만여 개의 단어가 등록돼 있다.

　　현재 한국어를 포함함 전 세계 200개 언어로 서비스되며, 구글은 검색어를 입력하면 위키피디아에 실린 정보를 가장 먼저 첫 화면에 노출해준다.

　　반크는 위키피디아에 한국 역사와 문화 관련 정보를 체계적으로 등재하고, 한국 역사 왜곡과 오류 정보를 바로잡을 수 있는 방법을 쉽게 알려주고자 이른바 '글로벌 위키피디아 한국 홍보 매뉴얼'을 만들었다.

　　36쪽의 온라인 책자는 글로벌 위키피디아 한국홍보 프로젝트 소개를 비롯해 영문 위키피디아에 한국 문화 역사 정보 작성 및 등재 방법, 한국홍보 이미지 등록 및 사용 방법, 독일어, 프랑스어, 스페인어, 이탈리아어 등 다국어 위키피디아 소재 작성과 등재 방법 등이 담겨 있다.

〈반크 청년 리더 김현종 씨가 위키피디아에 올린 울릉도 '나리분지' 소개〉

*출처: 연합뉴스(2019.08.19.), 위키피디아에 韓 콘텐츠 올리는 법…반크, 온라인 책자 배포

Q. 반크에 대해 들어본 적이 있거나 알고 있었나요?

Q. 반크의 활동을 통해 사이버 외교관은 무엇이며, 사이버 외교관은 어떤 일을 하는지 알아봅시다.

Q. 스마트폰을 활용하여 반크의 활동에 대해 보다 자세히 알아보도록 합시다.

전개 1   사실과 기술에 주의 기울이기

◎ 교사는 학생들에게 반크의 활동에 대해 보다 자세하게 알아보게 합니다. 학생들이 반크의 홈페이지 및 자료실에서 반크의 활동에 대한 정보를 찾고, 반크의 활동과 관련된 뉴스기사를 통해 반크의 활동이 미치는 영향을 알아보게 합니다. 또한 모둠별로 반크에 대해 알고 있는지, 반크의 활동에 대해 어떻게 생각하는지 등도 서로 물어보고 답하는 과정에서 반크의 활동에 대해 집중하게 합니다. 아울러 반크의 일원이 되는 방법, 반크에 소속되지 않아도 동참할 수 있는 반크의 활동을 알아보게 합니다. 그 외 자신만의 사이버 외교관 활동에 대한 아이디어를 만들어보게 합니다. 개별활동과 모둠활동을 함께 진행한 후, 발표를 통해 학급에서의 공유가 이루어질 수 있게 합니다.

☞ 다음 물음에 답해가며 활동을 진행합니다.

〈개별활동〉
1. 반크 홈페이지 및 뉴스기사를 통해 반크가 해 온 활동들을 3가지 이상 찾아봅시다.
2. 반크의 활동 중 가장 인상 깊었던 것은 무엇이며, 그 이유를 적어봅시다.
3. 자신만의 사이버 외교관 활동을 만들어봅시다. (다양한 방식으로 가능합니다)
예: 반크에 가입하여 반크의 일원으로서 활동한다./ 반크가 안내해준 활동들에 참여하고 친구들에게 알린다./ 반크와 유사한 동아리를 조직한다.
〈모둠활동〉
1. 각자 자신이 찾은 반크의 활동을 소개하고, 자신이 가장 인상 깊게 느낀 반크의 활동과 그 이유를 함께 말해봅시다.
2. 우리 학급 또는 우리 학교에서 반크 활동을 한다면, 어떤 활동을 하면 좋을지 찾아봅시다.

3. 사이버 외교관으로서 필요한 자질, 역량은 무엇일지 찾아보고, 공유해봅시다.

전개 2   절차 연습하기

◎ 교사는 학생들이 전개1의 활동을 직접 실행해보게 합니다. 반크에 가입하는 방법을 찾아보거나 반크가 전개하는 활동에 적극적으로 동참하는 활동, 사이버 외교관 동아리 개설 계획을 세우는 활동을 직접 해보게 합니다. 본 활동은 개별적으로 진행해도 좋으나, 모둠별로 해보게 하여 다양한 아이디어를 바탕으로 디지털 시민성의 기술을 습득하게 합니다.

◎ 직접 해보는 과정에서 겪은 일들을 메모하게 합니다. 좋았던 점, 아쉬운 점, 잘한 점, 어려웠던 점, 느낀 점 등등을 자세하게 메모한 후, 활동을 마치고 친구들과 이야기를 나누며 자신의 부족한 점은 채워가고 보다 정교화된 디지털 시민성의 기술을 가질 수 있게 합니다.

☞ 사이버 외교관이 되어 봅시다. 그리고 사이버 외교관이 되어보는 과정에서 생겨나는 일들을 자세하게 적어봅시다.

1. 나는 이렇게 사이버 외교관이 될 것이다.

2. 사이버 외교관이 되는 과정에서 좋았던 점, 잘했던 점은 무엇인가요?

3. 사이버 외교관이 되는 과정에서 아쉬웠던 점, 어려웠던 점은 무엇인가요?

4. 내가 생각하는 사이버 외교관이란? 사이버 외교관이 가져야 할 가장 중요한 자질, 능력은 무엇일까요?

정리   지식과 절차 통일하기

◎ 전개2의 활동과 연결하여 모둠별 토론을 통해 사이버 외교관에게 필요한 디지털 시민성의 기술이 무엇인지 찾아보게 합니다. 이 때 교사는 각 모둠 활동에 관심을 가지고 개입하고 피드백을 제공해주어야 합니다. 또한 사이버 외교관으로서의 활동이 수업 활동으로만 그치는 것이 아니라, 학급 활동 및 동아리 활동 등으로 연계되어 학생들이 지속적으로 보다 참여적인 디지털 시민성의 기술을 꾸준히 함양할 수 있도록 지도해야 합니다.

☞ 모둠별로 다음 물음에 대해 자유로이 이야기를 나누어 봅시다.

1. 오늘 활동을 통해 배운 점, 느낀 점은 무엇인가요?

2. 사이버 외교관 활동 외에 우리가 참여할 수 있는 정치 참여 활동 혹은 시민적 활동은 어떤 것이 있을까요?

3. 오늘 익힌 사이버 외교관의 기술이 사이버 세계에서의 정치 참여 활동에 어떤 도움을 줄 수 있을까요? 그리고 어떤 기술이 더 필요할까요?

참고 문헌

강인구(2014), "청소년의 도덕적 사례 분석 행동과 도덕적 고양의 연구", 『아시아교육연구』, 15(2), 29-50.

강인구(2016), "초등학교 시절 경험한 교사의 도덕적 행동이 대학생의 긍정적인 도덕 정서에 미치는 영향", 『아시아교육연구』, 17(2), 257-282.

공수경(2017), "디지털 네이티브 세대를 위한 제안, 움직이는 픽토그램", 『한국디지털콘텐츠학회논문지』, 18(6), 1,017-1,024.

권경희(2017), "교육과정연계 교육연극수업 실천사례연구: 성남교육지원청 교육연극사업을 중심으로", 『교육연극학』, 9(2), 69-87.

김하민(2019), "도덕적 전문성 모델에 기초한 도덕과 인물학습", 『도덕윤리과교육연구』, 64, 145-167.

김하연(2017), "나바에츠(D. Narvaez)의 도덕적 전문성 모형의 도덕 교사 교육적 함의", 『윤리교육연구』, 44, 117-155.

김은미 · 양소은(2013), "디지털 네이티브의 시민성", 『한국언론학보』, 57(1), 305-334.

김정효(2017), "조형놀이의 교육적 가치 구현을 위한 교수학습 원리 탐색: 비고츠키의 사회문화적 상호작용과 반두라의 모델 관찰 학습 중심으로, 『미술교육연구논총』, 49, 255-283.

김주연(2019), "교육연극의 신체의 교육적 의미 정립-체화 학습(embodied learning)", 『교육연극학』, 53, 52-110.

김현주(2018), "교육연극을 활용한 대학생 리더십 프로그램 사례연구", 『교육연극학』, 10(2), 43-64.

박기범(2014), "디지털시대의 시민성 탐색", 『한국초등교육』, 25(4), 33-46.

박윤희(2019), "교육연극 기법을 활용한 중학교 도덕1 인권수업 사례", 『한국도덕윤리과교육학회 학술대회 자료집』, 553-573.

방송통신위원회 · 한국정보화진흥원(2018), 『디지털시민성+교육』, 서울: 공공미디어연구소.

석자춘 · 정창우(2017), "나바에츠 통합적 윤리 교육 모형을 활용한 도덕교육 개선 방향", 『도덕윤리과교육연구』, (54), 23-52.

송석재(2002), "반두라(Bandura)의 도덕발달 이론에 관한 연구", 『도덕교육학연구』, 3, 85-109.

안정임 · 서윤경 · 김성미(2013), "청소년의 디지털 시민성에 관한 연구: 미디어 리터러시와 교육경험의 영향력을 중심으로", 『시민교육연구』, 45(2), 161-191.

안종욱(2011), "Bandura의 관찰학습에 기반한 미디어 자료의 지리교육적 함의", 『한국사진지리학회지』, 21(2), 209-224.

이성식(2015), "SNS상의 범죄행위 설명에 있어 사회학습이론과 보완적 논의의 검증", 『정보화 정책』, 22(4), 91-104.

이지혜(2012), "도덕귀감자의 도덕역량에 관한 연구", 서울대학교 박사학위 청구논문.

정원섭(2004), "사이버 공간의 윤리학적 함축에 대한 연구 -J. Rawls의 원초적 입장과의 비교", 『철학사상』, 18, 1-20.

정종완 · 최보아(2013), "디지털 네이티브를 위한 스마트 교육콘텐츠 방향성 연구", 『한국과학예술포럼』, 13, 373-383.

정창우(2006), 『도덕교육의 새로운 해법』, 파주: 교육과학사.

정창우(2012), "나바이즈(D. Narvaez) 도덕발달 이론의 특성과 도덕교육적 함의", 『도덕윤리과교육연구』, 37, 329-361.

정창우(2013), 『도덕과 교육의 이론과 쟁점』, 서울: 울력.

정창우(2019), 『21세기 인성교육 프레임』, 파주: 교육과학사.

정창우 · 홍석영 · 문일호 · 정선우 · 김창훈 · 이상일 · 이수빈(2018), 『고등학교 생활과 윤리』, 서울: 미래엔.

정창우 · 홍석영 · 박학래 · 김형렬 · 문일호 · 정선우 · 이상일 · 강민지 · 신종섭 · 이수빈(2019), 『고등학교 윤리와 사상』. 서울: 미래엔.

정혜린 · 방희정(2014), "관찰학습에서 나타나는 아동의 모방 특성: 인과적 이해를 중심으로", 『한국심리학회지: 발달』, 27(2), 39-61.

조석환(2015), "도덕적 모범의 도덕교육적 의미와 활용 방안", 『도덕윤리과교육연구』, 46, 1-21.

조성희(2011), "대학생 도박 중독 인식 증진을 위한 사회극의 활용", 『한국사이코드라마학회지』, 14(1), 79-100.

최문선 · 박형준(2015), "탐색적 · 확인적 요인 분석을 통한 한국형 디지털 시민성 척도 타당화 연구", 『시민교육연구』, 47(4), 273-297.

최문선 · 박형준(2016), "대학생의 디지털 시민성에 영향을 주는 변인", 『시민교육연구』, 48(3), 211-237.

추병완(2000), 『열린 도덕과 교육론』, 서울: 하우.

추병완(2001), 『정보사회교육론』, 서울: 울력.

추병완(2004), 『도덕교육의 이해』, 서울: 백의.

추병완(2014), "고양의 도덕교육적 함의", 『교육과정평가연구』, 17(3), 65-86.

추병완(2018), "도덕 정서로서 고양에 관한 연구 동향", 『도덕윤리과교육연구』, 60, 1-31.

황용석(2015), "오피니언(opinion): 디지털 사회 문제 해결에 접근하는 방법: 디지털 시민성 교육", 『열린 충남』, 71, 63-66.

Choi(2016), "A Concept Analysis of Digital Citizenship for Democratic Citizenship Education in the Internet Age", *Theory & Research in Social Education,* 44, 565-607.

Rich, J., & DeVitis, J.(1994), Theories of Moral Development, 추병완 역(1999), 『도덕 발달 이론』, 서울: 백의.

Kirschenbaum, H.(1995), 100 Ways to Enhance Values and Morality in Schools and Youth settings, 추병완 · 김항인 · 정창우 역(2006), 『도덕 · 가치교육을 위한 100가지 방법』, 서울: 울력.

찾아보기

1. 번호

1인 미디어 ···· 98-99, 101, 260, 273,
　　280, 283, 285-286
1인 창작자(Creator) ···· 98-100, 106-
　　108, 119
3R(Reading, Writing, Arithmetic) ·· 78
4차 산업혁명 ·············· 13-14, 325
4C ·························· 61, 78
 - 비판적 사고(Critical Thinking) ······
　　44, 46, 55, 61, 69, 77-82,
　　84-85, 88-89, 91, 93, 96-
　　97, 102, 177-178, 183
 - 의사소통(Communication) ··· 39,
　　61, 70, 78, 88, 105, 124-
　　130, 132-133, 135-147,
　　191, 195, 212, 219, 249,
　　291, 304
 - 창의성(Creativity) ···· 42, 48, 50,
　　61, 78, 98, 101-107, 111-
　　112, 117-120, 122-123
 - 협업(Collaboration) ···· 78, 212,
　　218
21세기 기술 ················· 61

2. 로마자

S

STAR 기법 ·················· 69

U

UCC ········ 229-230, 232, 239-240

3. 한국어

ㄱ

가능권(enabling rights) ············· 22
가짜 뉴스 ··· 77-78, 86, 88, 176-177,
　　278, 293
가치 명료화 모형 ·············· 151
가치 분석(value analysis) 접근법 ·· 164
건설적 논쟁 ·· 70, 191-195, 198-199,
　　207, 325
격률(maxims) ········· 131-132, 142
 - 관련성의 격률(The maxim of
　　Relevance) ·········· 131
 - 방법의 격률(The maxim of
　　Manner) ········ 131, 142
 - 양의 격률(The maxim of
　　Quantity) ······· 131, 142
 - 질의 격률(The maxim of Quality)
　　··············· 131, 142
결속적 사회 자본(bonding social
　　capital) ················ 60
공감 ········ 42, 44, 46-48, 50, 127-
　　130, 132, 135, 137, 140-
　　141, 147, 176, 220-221, 261
공동체 ········ 15-18, 21-27, 36, 40,
　　45-46, 51, 56, 58-59, 64-

65, 101, 103, 106-108, 110-111, 117, 119, 121-123, 182, 193, 195, 213-214, 216-217, 244, 249, 267, 290, 294, 303, 305, 307, 309

공손성 ················· 127-128, 140

공화주의 ···················· 16-21

관찰 학습(observation learning) · 256-257

교량적 사회 자본(bridging social capital) ················· 60-61

교육연극 ················· 260-261

그라이스(Grice) ·············· 131

글레이저(Glazer) ·············· 79

긍정적 행동 지원(Positive Behavior Support, PBS) ············ 100

기본권(basic rights) ····· 22, 246, 252

기술 혁명 ···················· 13

ㄴ

나바이즈(Narvaez) ···· 301-302, 305, 307

나의 메시지(I-message) ····· 129, 141

내러티브(narrative) ·········· 265-266

넷세이프(Netsafe) ············ 55-56

뉴스 리터러시 교육 ···· 176, 179-180, 187

ㄷ

달톤(Dalton) ················· 27-28

도덕 이탈(moral disengagement) ··· 58

도덕적 귀감 ··········· 276, 290, 301

도덕적 정체성(moral identity) ····· 266

도덕적 창의성(moral creativity) ··· 98, 102-106, 111-112, 117-120, 122-123

도덕 정서 ···················· 276

듀이(Dewey) ············ 79, 261, 263

디스인포메이션(disinformation) ··· 176

디지털 격차 ············ 42, 243-254

디지털 기술 ···················· 13-14, 22, 28, 33-34, 38, 40, 44-45, 49, 51-52, 55-60, 67, 191-192, 211, 227-228, 242, 245-246, 278, 291, 297

디지털 네이티브(digital native) ··· 259-260, 297

디지털 리터러시(digital literacy) ··· 34-35, 44-45, 48, 50, 56-57, 60

디지털 법(digital law) ·········· 34, 37

디지털 상업(digital commerce) ···· 34, 37

디지털 시민 ···················· 14, 33-48, 50-51, 53-70, 78, 82, 84, 88, 100-101, 106, 108, 111, 128, 135, 192, 210-219, 226-228, 231-232, 234, 242, 246-248, 260, 265-267, 279-280, 283, 291-294, 307-309, 314-315

디지털 시민성 프레임워크 ········ 211

디지털 에티켓(digital etiquette) ···· 34, 36, 39, 226

디지털 원주민(digital native) ····· 125, 245

디지털 윤리 · 50-51, 57-58, 61, 211-

212, 226-229, 231, 234-237

디지털 이주민(digital immigrant) · 245

디지털 인식(digital awareness) ···· 51, 192, 227

디지털 접근(digital access) ···· 34-35, 51-52, 242

디지털 정서 지능 ················· 48-49

디지털 커뮤니케이션(digital communication) ······· 34-35

디지털 프로슈머 ··· 22-232, 234-235, 240

ㄹ

라이언(Ryan) ··············· 262, 291

라이온스(Lyons) ·················· 34

레스트(Rest) ···················· 302

루소 ··························· 17

리블(Ribble) ·············· 15, 33-34

리코나(Lickona) ··········· 262, 290

립먼(Lipman) ···················· 80

ㅁ

매킨타이어(McIntyre) ············· 290

멕펙(McPeck) ···················· 79

면대면(對面對) 의사소통 ········ 124, 127-128, 140

미디어 리터러시 센터(Center for Media Literacy) ················ 83

미디어 리터러시(media literacy) ··· 57, 78, 82-83, 85, 96, 176-178

미디어 및 정보 리터러시 ·· 42, 51-52, 56, 211, 227

미디어 생태계 ··················· 176

민주 시민성 ················ 44-45

민주적 결손(democratic deficit) ··· 23

민주적 역량 ···················· 44

민주주의 ·· 17, 23-24, 26, 28, 41, 44, 59, 177-178, 193, 304, 309

ㅂ

반성적 성찰 ······ 109, 143, 231, 233

밴두라(Bandura) ·· 256-257, 259, 300

뱅크스(Banks) ············· 24, 26, 54

베넷(Bennett) ················· 28-31

베이어(Beyer) ········· 79-80, 85, 91

변혁적 시민(transformative citizen) ························ 24-26, 54

부정적 창의성 ·················· 102

비판적 사고자(critical thinker) · 80-81

비판적 저항 ····· 51, 53-55, 57, 211-212, 214-215, 227

ㅅ

사이버 웰니스 ·················· 59

사이버 의사소통(Cyber-Communication, Computer Mediated Communication, CMC) ················· 124

사회 신뢰(social trust) ············ 23

사회 자본(social capital) ···· 23, 60-61

사회화(socialization) ··········· 29, 63

생태 명법(ecological imperative) ··· 22

성향(dispositions) ············· 56, 62-63, 68, 79-82, 91, 111, 205, 235, 326

세계화 ··········· 21-22, 33-34, 280

소셜 리딩(social reading) ···· 182, 187
수동적인 관여 ············· 213-215
시민의 자치(civic self-rule) ······· 17
실현적 시민(actualzing citizen) ··· 28-
32

ㅇ

아리스토텔레스 ················ 17
악의적 창의성 ················ 102
에니스(Ennis) ············· 79-80
역할놀이 ········ 132-137, 142-146
온라인 네트워크 ················ 29
온라인 참여 ··· 52, 210-215, 217-219,
221-225
와해성 기술(disruptive technology)
···························· 13
웰니스(wellness) ····· 34, 38, 42, 59
유럽 평의회 ········ 15, 39-41, 44
윤리 강령 ··· 229-230, 235, 237-241
윤리적 노하우(ethical know-how)
···························· 301
윤리적 소양 ················ 61
의무적 시민(dutiful citizen) ···· 28-32
의사소통 능력(communicative
competence) ············· 124-
128, 132, 135-136, 138-140,
146-147, 212
일반의지 ···················· 17

ㅈ

자유주의 ················ 16-21
자율성 ···················· 43
재그잽스키(Zagzebski) ········· 290

저자 의식(self-authorship) ········ 266
정보 격차 ··· 244-248, 251-252, 278
정의 지향 시민 ············· 26-27
정체성 ··· 16, 25, 30, 37, 50, 60, 126,
167, 169, 266, 279, 304-305
정치 공동체 ············· 14, 16
정치적 활동주의 ················ 54
정치 철학 ···················· 16
주체화(subjectification) ··········· 63

ㅊ

참여 ··· 15-19, 23-34, 39-40, 43-46,
48-49, 51-58, 60, 62, 65-
67, 100, 118, 126-129, 131-
133, 136, 140, 142, 144,
156-157, 159, 163, 166-
167, 171, 175-176, 180,
191, 193, 195-196, 198-
199, 203, 210-228, 242-
244, 247-248, 260, 265,
268-270, 291-299, 309-
310, 313, 315-316, 326
참여 민주주의 ················ 23
창의성의 어두운 면(the dark side of
creativity) ············· 101
체화된 인지 ················ 301
치비타스(civitas) ················ 14

ㅋ

카아(Carr) ················ 23, 26
커셴바움(Kirschenbaum) ··· 130, 132,
217, 234, 247-248
콘(Kohn) ···················· 300

쿰즈(Coombs) ·············· 164, 171

ㅌ

탈억제(disinhibition) ·············· 58
토론(debate) ··· 70, 88, 111, 132, 136,
153-154, 163, 164, 166-
167, 171, 174-176, 180,
182, 195, 198-199, 213-
214, 216, 219, 233, 235,
249, 267, 280, 294, 309, 315

ㅍ

파커(Parker) ····················· 80
퍼트남(Putnam) ·············· 22-23
페미니스트 ····················· 19-20
평등주의 ····················· 20
포노 사피엔스(phono sapiens) ···· 242
폴리스(polis) ·············· 14, 19
폴(Paul) ····················· 80
프라이버시 ······· 37, 43, 47-49, 55
프렌스키(Prensky) ·············· 124
프로젝트 수업 ······· 104-106, 109

ㅎ

하버마스(Habermas) ············· 124
하이트(Haidt) ············· 276-278
핫시팅 ················ 260-261, 271
핵심 역량 ····················· 61
향상 프로젝트 ··· 242, 247-249, 251-
252, 254
혁신 ······· 48, 50, 54, 78, 211, 325
협력 ····· 21-22, 34, 37, 39, 47-48,
61, 65, 105, 118, 127-128,
131, 140, 142, 156, 192-
194, 199, 261
회복탄력성 ·· 39, 48-49, 57, 283, 325

추병완

서울대학교 사범대학 및 대학원에서 윤리교육을 전공하고 미국 조지아대학교에서 철학박사 학위를 취득하였다. 1998년부터 춘천교육대학교 윤리교육과 교수로 재직하고 있으며 주요 관심 분야는 도덕교육, 시민교육, 도덕 심리학, 응용 윤리학이다. 현재 춘천교육대학교 시민교육 사업단장, 한국초등도덕교육학회 회장, 한국도덕윤리과교육학회의 고문으로 활동 중이다. 대표 저서로는 『신경윤리학과 신경도덕교육』, 『긍정 도덕교육』, 『도덕교육 탐구』, 『회복탄력성』, 『도덕교육의 이해』, 『문화 감응 교육학』, 『다문화 사회에서 반편견 교수 전략』, 『도덕교육의 새 지평』 등이 있고, 대표 역서로는 『4차 산업혁명 시대의 혁신 교수법: 건설적 논쟁의 이론과 실제』, 『긍정심리학의 강점과 약점』, 『평화교육』, 『신경과학과 교육』, 『감사와 행복한 삶』, 『미래 사회를 위한 준비: 도덕적 생명 향상』 등이 있다.

김하연

한국교원대학교 윤리교육과를 졸업하고 서울대학교 윤리교육과에서 교육학 석사 및 박사학위를 취득하였다. 현재는 광주교육대학교 윤리교육과 교수로 재직하고 있으며, 2019년부터 춘천교육대학교 시민교육사업단의 객원 연구원으로 활동하고 있다. 학문적 관심 분야는 도덕교육, 도덕심리학, 신경윤리학, 인성교육이다. 역서로 『신경과학과 교육』, 『평화교육』이 있고, 대표 논문으로 '비판적 신경과학의 도덕교육적 함의', '신경과학적 자아관에 대한 철학적 비판의 타당성과 한계: 자아의 신체화를 중심으로' 등이 있다. 그 밖에 2009 개정 교육과정에 따른 고등학교 교과서 '인문학적 상상여행'과 '인문학적 감성과 도덕적 상상력'을 집필하였다.

최윤정

춘천교육대학교 및 교육대학원을 졸업하고 현재 서울대학교 윤리교육과 박사 과정에 재학 중이다. 2001년부터 경기도에서 초등학교 교사로 재직하였으며, 현재는 천마초등학교에서 근무 중이다. 2019년부터 춘천교육대학교 시민교육사업단의 객원 연구원으로 활동 중이다. 주요 관심 분야는 도덕교육, 긍정심리학, 다문화교육이다. 2015 개정 교육과정 4, 6학년 도덕 교과서 및 지도서 집필에 참여하였으며, 2016년 다문화 특별학급 교사로 중도입국 학생들을 가르쳤다. 대표 저서로는 『긍정교육의 이론과 실제』, 『학교에서 긍정심리학 실천하기: 삶의 목적을 세우는 교육』 등이 있고, 대표 논문으로 '초등학생의 삶의 목적의식 함양을 위한 실천 연구', '초등학생의 학교 유대감 증진을 위한 감사 연습 방안', '초등 도덕 교과에서의 희망 성향 함양 방안'이 있다.

정나나

한국교원대학교 윤리교육과를 졸업하고 서울대학교에서 석사 학위를 취득하였으며 지금은 서울대학교 윤리교육과 박사 과정에 재학 중이다. 2009년부터 경기도에서 중학교 교사로 재직하였으며 현재 연무중학교에서 도덕을 가르치고 있다. 2019년부터 춘천교육대학교 시민교육사업단의 객원 연구원으로 활동하고 있다. 주요 관심 분야는 도덕교육, 도덕 심리학이다. 2015 개정 교육과정에 따른 중학교 도덕 교과서1, 2와 지도서를 집필하였고, 진로 · 인성 융합형 교육프로그램 늘품씨앗 프로젝트, 학교급별 인성교육 지도자료 중학교용 마음아람 프로젝트, 2015 개정 교육과정에 따른 초 · 중학교 도덕과 평가기준 개발 연구, 2015 개정 교육과정에 따른 초 · 중학교 교과 교육과정 성취기준 연계 분석, 2015 개정 교육과정에 따른 도덕 · 윤리 교과 연계 저작권 교육자료 개발, 2030년 미래사회 대비 유치원 및 초 · 중등학교 교수 · 학습 방향 연구, 초학문적 융합수업 프로그램 개발 및 실행 등 다수의 연구 프로젝트에 참여하였다.

신지선

성신여자대학교 윤리교육과를 졸업하고, 현재 서울대학교 대학원 윤리교육과 석사 과정에 재학 중이다. 2011년부터 경기도에서 중등교사로 재직하였으며, 현재는 송양고등학교에서 윤리를 가르치고 있다. 2019년부터 춘천교육대학교 시민교육사업단의 객원 연구원으로 활동하고 있다. 주요 관심 분야는 정치철학, 도덕교육, 시민교육이다. 한국교육과정평가원의 건강교육 교수 · 학습 자료 개발 등 다수의 연구 프로젝트에 참여하였다.

한국문화사 시민교육 시리즈

디지털 시민성 핸드북

1판 1쇄 발행 2019년 11월 26일
1판 2쇄 발행 2020년 12월 30일
1판 3쇄 발행 2022년 12월 15일

지 은 이 ｜ 추병완·김하연·최윤정·정나나·신지선
펴 낸 이 ｜ 김진수
펴 낸 곳 ｜ 한국문화사
등   록 ｜ 제1994-9호
주   소 ｜ 서울시 성동구 아차산로49, 404호(성수동1가, 서울숲코오롱디지털타워3차)
전   화 ｜ 02-464-7708
팩   스 ｜ 02-499-0846
이 메 일 ｜ hkm7708@daum.net
홈페이지 ｜ http://hph.co.kr

ISBN 978-89-6817-817-7 93370